DIE

ZUCKER-INDUSTRIE

IN IHRER

WIRTHSCHAFTLICHEN UND STEUERFISKALISCHEN

BEDEUTUNG

FÜR DIE STAATEN EUROPAS.

EIN BEITRAG

ZUM VERSTÄNDNISS

DER

ZUCKER-ZOLL- UND STEUER-FRAGE

VON

RICHARD VON KAUFMANN,

DR. JUR.

BERLIN.

VERLAG VON I. GUTTENTAG (D. COLLIN).

1878.

Sr. Durchlaucht

dem

FÜRSTEN VON HOHENLOHE-SCHILLINGSFÜRST,

Botschafter des Deutschen Reichs in Paris,

in tiefster Ehrfurcht

gewidmet

vom

VERFASSER.

In der Hoffnung, dass vorliegende Schrift, bei dem bisherigen Mangel einer die ausserordentlich verzettelten bezüglichen Quellen zusammenfassenden Arbeit, den interessirten Kreisen nicht unwillkommen sein möge und dass dieselbe sowohl für letztere wie auch für ein grösseres Publikum den oder jenen beachtenswerthen Gesichtspunkt — zumal was die immer dringender werdende Besteuerungsfrage des Zuckers angeht — biete, übergebe ich sie der Oeffentlichkeit.

Indem ich dies thue, fühle ich mich gedrungen, den hervorragenden Fachmännern, die mich mit aufopfernder Liberalität bei meinen einschlägigen Studien mit ihren Erfahrungen und durch ihre Bücherschätze unterstützten, namentlich den Herren Professor Dr. Wichelhaus, Dr. C. Scheibler, Landesökonomierath Dr. H. Thiel, Wilhelm Herbertz, Alle in Berlin, und Eugen Pfeifer in Cöln an dieser Stelle meinen wärmsten Dank zu sagen. Gleichzeitig will ich nicht unerwähnt lassen, dass auch Herr F. Stumpf aus Osnabrück, durch seine nicht zu unterschätzende Beihülfe bei Zusammentragung und Sichtung des Materials, recht dankenswerthen Antheil an dem Werden meiner Schrift genommen hat.

Berlin im Herbst 1877.

Dr. jur. **Richard von Kaufmann.**

Inhalts-Verzeichniss.

ERSTER ABSCHNITT.

Der Zucker und seine Geschichte.

ZWEITER ABSCHNITT.

Der Zucker als Finanz-Object.

Anhang.

ERSTER ABSCHNITT.

Der Zucker und seine Geschichte.

I. Allgemeines.

Unter den Produkten, welche in weiterer Folge der Gründung der überseeischen Kolonien und der Entdeckung Amerikas in Europa Artikel des täglichen Bedarfs wurden, nimmt der Zucker eine der ersten Stellen ein. Glücklicher als seine tropischen Kollegen, der Kaffee und der Taback, die dem stärksten Vorurtheil und Widerstande der Regierungen begegneten, gelang es diesem Kinde der heissen Zone leicht, sich in Europa einheimisch zu machen und überall siegreich vorzudringen. Die hervorragenden Eigenschaften des Zuckers, seine nährende, stärkende Kraft, welche ja den Hauptwerth einer Menge von Nahrungsmitteln ausmacht, seine angenehme Würze und Süsse machen diesen Erfolg natürlich.

Anfangs eine Curiosität in den Apotheken, dann ein Luxusartikel bevorzugter Stände, datirt sich die Einbürgerung des Zuckers in die Haushaltungen aller civilisirten Völker, zumal von dem Zeitpunkt als man im 15. Jahrhundert den Saft auf rationelle Weise aus dem Rohr zu extrahiren und festen Zucker darzustellen lernte, als es ein Jahrhundert später gelang, das rohe Produkt durch Raffination zu verfeinern. — Das Wort „Zucker“, das wir mit einer seltenen Gleichlautigkeit in fast allen Sprachen vorfinden, (französisch sucre, englisch sugar, dänisch sukker, schwedisch sukkar, holländisch zuiker, spanisch azúcar, russisch sachar, polnisch cukier, ungarisch czukor, türkisch seker) ist aus dem carkarâ des Sanskrit entstanden, dem sich das persische schakar und das arabische sokkar anschliessen.

Wann Europa den Zucker zuerst kennen lernte, ist nicht genau festzustellen. Aus den Andeutungen von Theophrast und Plinius, sowie der griechischen Aerzte Archigenes und Dioskorides geht hervor, dass die Griechen und Römer die Eigenschaften des Zuckerrohrs bereits kannten und seinen Saft in der Medicin verwandten.

Das Mutterland des Zuckerrohrs ist, wie schon aus der Etymologie hervorgeht, Asien, insbesondere Indien, wo Nearchos, der Feldherr Alexander des Grossen, es vorfand. Von dort verpflanzten es im neunten und elften Jahrhundert die Saracenen auf ihren Eroberungszügen nach Syrien, Aegypten, Cypern, Creta, Sicilien und Spanien. Und umgekehrt kam die Pflanze im fünfzehnten und sechszehnten Jahrhundert durch die Portugiesen nach Madeira und Brasilien, durch die Spanier nach den kanarischen Inseln und Westindien, durch die Holländer nach Guiana und Java. Erst seit dieser Zeit datirt die ausgedehnte Kultur, welche das Zuckerrohr in den Tropen findet. Jetzt wird in allen fünf Welttheilen diese segenspendende Pflanze in mehr oder weniger ausgedehntem Maasse gezogen.

An der Spitze aller Zuckerrohr produzirenden Länder steht Cuba, die Perle der Antillen, welches über $1/3$ des Rohrzuckers der ganzen Welt hervorbringt und begünstigt durch die wunderbare Fruchtbarkeit des Bodens und die noch bestehende Möglichkeit des Imports afrikanischer Arbeiter wohl im Stande sein dürfte, den ganzen Erdkreis zu versorgen, wenn nicht fortwährende Unruhen und Bürgerkriege das schöne Land zerrütteten. Auf Cuba folgen nach der Grösse ihrer Produktion Java, Manilla und Mauritius, denen sich die kleineren westindischen Kolonien, wie Demerara, Portorico, Trinidad, Martinique, Guadeloupe, Barbados und Jamaica anschliessen. In Nordamerika hat hauptsächlich Louisiana, in Südamerika Brasilien und Peru bedeutendere Produktion, während in Asien Java, China, Japan und Ostindien, in Australien die Sandwichs-Inseln, in Africa Aegypten und der Süden das Zuckerrohr in grösseren Mengen bauen. Auf dem europäischen Continent ist erst neuerdings, nachdem die in früheren Zeiten bedeutende Kultur ganz verschwunden war, und zwar in Spanien, der Anbau von Zuckerrohr, wenn auch in kleinerem Maassstabe, so doch mit Erfolg wieder aufgenommen worden.

In allen genannten Ländern ist die Art des Anbaues des Rohres und der Gewinnung des Zuckers aus demselben ziemlich die nämliche. Das Zuckerrohr (saccharum officinarum) wächst auf feuchtem niedrigen Boden, wo es $2\frac{1}{2}$ bis $4\frac{1}{2}$ Meter, zuweilen auch 5 bis 7 Meter hoch wird und ein Gewicht bis zu 10 Kilo Schwere erreicht. Das Rohr, welches man in der warmen Regenzeit durch Schnittlinge fortpflanzt, wird je nach der Güte des Bodens und seiner Varietät in 12 bis 18 Monaten völlig reif, was sich an seinem Dürrwerden und am Verdicken des Saftes zeigt[1]).

Das reife Rohr wird abgeschnitten und in Zuckermühlen ausgepresst und der so gewonnene Saft liefert nach mehrfachem Sieden und Filtriren den krystallisirten Rohrzucker, welcher dann in Fässern oder Kisten verpackt direkt in den Handel geht.

Die Rohrzuckerproduktion hat in den ihr gewonnenen Distrikten im Wetteifer der Nationen einen ungeheuer schnellen Aufschwung genommen. Die Insel Cuba z. B., welche im Jahre 1775 erst 475 Plantagen zählte, hat jetzt deren 2000, und während 1736 von sämmtlichen Colonieen nur 125,000 Tons, 1775: 235,000, 1825: 435,000, 1837: 500,000, 1847: 750,000 Tons ausgeführt wurden, betrug der Export 1,200,000 Tons im Jahre 1857 und 2,030,637 Tons im Jahre 1875. Umgekehrt waren alle seefahrenden Nationen bestrebt, den Import von Zucker im Austausch gegen die einheimischen Industrieprodukte möglichst zu heben, wobei übrigens alle von England bei weitem überholt wurden. Der Import in England hob sich von 4,905,108 Centner im Jahre 1841 auf 8,391,615 Centner 1857, während der Zoll von 66 Schillingen (66 Reichsmark) auf 13 Schill. 10 pence (13,80 Mark) herabgesetzt wurde, um 1874 ganz zu fallen[2]).

---

[1]) Welchen bedeutenden Nahrungswerth der Zucker hat, davon erhält man eben bei der Ernte des Rohrs einen deutlichen Beweis. Die Arbeiten, welche dabei den Negern zugemuthet werden, sind, namentlich in der tropischen Hitze, überaus anstrengend, und nur dadurch, dass man dem Arbeiter gestattet, während der Ernte von dem Safte des Zuckerrohrs zu geniessen, soviel er will, erhält er sich die zu diesen furchtbaren Arbeiten nöthige Kraft.

[2]) Wie segensreich diese Zollpolitik Englands auf das materielle Wohl des Volkes wirkte, zeigt der Umstand, dass der Verbrauch an

Hand in Hand mit der Einfuhr von Zuckerrohr-Rohzucker ging seit dem 16. Jahrhundert in fast allen europäischen Ländern, da die dunkleren Kolonialzucker im Gegensatz zu den helleren schon frühzeitig wenig beliebt waren, die Anlagen von Raffinerieen, d. h. Anstalten zur Reinigung und Bleichung des Zuckers. Diese Raffinerieen wurden von den Regierungen ausserordentlich begünstigt; der Schutz, welchen dieselben genossen, ging soweit, dass z. B. in Preussen zu Zeiten nur die Raffinadeure den Rohzucker einführen durften und in Folge dessen die unbemittelten Klassen geradezu gezwungen wurden, raffinirten Zucker zu consumiren, und lässt sich die zeitweise Grossartigkeit dieser Raffinerieen am besten daraus ermessen, dass in ihren blühendsten Epochen einzelne bis zu 3 Millionen Mark Steuern jährlich entrichtet haben sollen[1]).

Eine totale Verschiebung dieser Verhältnisse aber trat ein, als in der Runkelrübe, dem Kinde der nördlichen Zone, dem Zuckerrohr eine gefährliche Rivalin erstand, als die mächtig emporblühende kontinentale Rübenzuckerindustrie dem Kolonialzucker die Versorgung Europa's zuerst streitig zu machen sich bestrebte und dann, in wunderbarem Aufschwunge Europa vom Bezuge überseeischen Zuckers unabhängig machend, den Kampf siegreich bestand.

Die Auffindung des Zuckers als eines wesentlichen Bestandtheiles des Rübensaftes ist das Resultat langjähriger wissenschaftlicher Studien und Versuche, die der preussische Chemiker Andreas Sigismund Marggraf, Direktor der physikalischen Klasse der Berliner Akademie der Wissenschaften, auf Erforschung der Natur der Pflanzensäfte richtete und die ihn in Stand setzten, am 3. März 1747 der Akademie eine Abhandlung vorzulegen, in der er das Vorhandensein des Zuckerstoffes in der schlesischen Runkelrübe konstatirte und die Möglichkeit einer gewinnbringenden fabrikationsmässigen Darstellung des Zuckers aus derselben bewies. So grosses Aufsehen diese wichtige Entdeckung auch machte, so war doch das durch den fast gleich-

---

Zucker, der im Jahre 1849: 299,000 Tons (pro Kopf 24¼ Pfund), 1864: 499,000 (37¼ Pfund pro Kopf) betrug, 1875 bereits 900,000 Tons überstieg (57 Pfund pro Kopf).

[1]) Rede des Abgeordneten Freiherrn v. Diergardt in der Sitzung des preussischen Abgeordnetenhauses vom 14. April 1858.

zeitig wieder hergestellten europäischen Frieden hervorgerufene beträchtliche Sinken der Zuckerpreise die Ursache, dass man ihr zunächst keine praktischen Folgen gab. Dem Schüler und Nachfolger Marggraf's, Carl Franz Achard (geb. 1753, gest. 1821) gebührt das Verdienst, die Entdeckung seines Lehrers wieder aufgenommen und praktisch verwerthet zu haben. In dem patriotischen Wunsche, für das preussische Vaterland einen neuen Industriezweig zu schaffen, scheute er keine Thätigkeit, nicht die Sorgen und Misserfolge zweier Jahrzehnte, setzte er Vermögen und Stellung ein im Austausch gegen die Aufregungen und Mühen einer neu zu gründenden Industrie. Nachdem er schon in den neunziger Jahren unter Aufsicht der Regierung verschiedene Versuche gemacht hatte, wurde er durch die Liberalität Friedrich Wilhelm III., der das lebhafteste Interesse für die Sache zeigte, in den Stand gesetzt, auf dem ihm nachmals geschenkten Gute Cunern im Regierungsbezirk Breslau 1801 die erste Fabrik anzulegen, die zugleich eine Lehranstalt für In- und Ausländer war.

Die Verhandlungen zwischen Achard und dem Könige, welche Dr. C. Scheibler der zur Feier des 25jährigen Bestehens des Vereins für die Rübenzucker-Industrie Deutschlands verfassten Festschrift in extenso als Anhang beigegeben hat, sind von hohem Interesse und lassen wir Einiges aus denselben folgen. So legte Achard zuerst mit einer Eingabe vom 11. Januar 1799 dem Könige eine Abhandlung über die Bereitung des Zuckers aus der Runkelrübe vor, worin er die Vortheile für das Land, welche er von dieser neuen Industrie voraussetzt, wie folgt darstellt:

„Nach den ganz richtigen in meiner Abhandlung gemachten „Berechnungen und Vorschlägen, kann ohne allen Nachtheil für „den Kornbau, oder irgend einer andern Branche, durch die „Gewinnung des Zuckers aus den Runkel-Rüben, wenn zu deren „Anbau eine im ganzen und gegen die grossen Vortheile die sie „gewährt, gewiss sehr unbedeutende Etendue von 8264 quadrat „Morgen, oder $^1/_3$ quadrat Meile und 1070 quadrat Morgen an„gewendet wird.

„*a*) Eine jährliche sehr grosse Summe, welche bei den „jetzigen und zu Kriegszeiten wohl immer sehr hohen india„nischen Zucker-Preiss, sich auf 4,166,666 Thaler beläuft im

„Lande bleiben, da solche jetzt jährlich für dieses Bedürfniss „aus dem Lande gehet.

„*b*) Wird nach meinen Vorschlägen den Königl. Cassen „ausser der jetzt, durch die Accise welche auf dem indianischen „Rohzucker haftet und 360,000 Thaler beträgt, noch ein ver- „mehrtes Königliches Einkommen von 104,166 Thaler verschafft.

„*c*) Gewinnt das Publikum dabei im ganzen, jährlich „1,041,666 Thaler.

„*d*) Wird durch die Fabrikation des Runkel-Rüben-Zuckers „ein neuer Erwerbszweig entstehen, der vielen Menschen Unter- „halt geben wird, wodurch Population und Staatseinkünfte ver- „mehrt werden."

Er bittet darauf um die Gewährung eines Privilegium exclusivum auf 10 Jahre zu dieser Fabrikation und um Schenkung eines Gutes von hinreichendem Umfange und geeigneter Bodenbeschaffenheit, um seine Entreprise ausführen zu können. Der König wusste die Wichtigkeit der neuen Erfindung sofort zu würdigen und erliess schon unterm 15. Januar 1799 ein Reskript an das Generaldirektorium, in welchem er befahl, in allen Provinzen den Bau der Runkelrüben auf einem geeigneten Domanialterrain anzuordnen und mit dem daraus nach Achard's Verfahren zu gewinnenden Zucker in den verschiedenen Zuckersiedereien Versuche im Grossen anzustellen. Das 10jährige Privilegium nahm der Monarch übrigens Anstand zu gewähren, da er in Folge der neuen Fabrikation den Untergang der Zuckersiedereien als unausbleiblich betrachtete. Dieser Befürchtung trat Achard gleich am folgenden Tage mit der Erklärung entgegen, dass er selbst nicht die Absicht habe, den Zucker zu raffiniren und als Kaufmannswaare zu verkaufen, sondern, dass der von ihm producirte Rohzucker für die heimischen Raffinerieen zur weiteren Verarbeitung bestimmt sein solle. Daraufhin ging der König auf die wiederholte Bitte Achard's näher ein, stellte ihm die Schenkung eines Gutes in Aussicht, unterstützte ihn mit den nöthigen Fonds, empfahl ihn der Hülfe der Provinzialbehörden und ordnete zugleich eingehende Erhebungen, sowohl über die Erfolge der Achard'schen Versuche, sowie auch über die Rübenkultur an. Nachdem die unter Aufsicht einer vom Könige ernannten Kommission angestellten Versuche erwiesen hatten, dass aus der Runkelrübe Syrup und Rohzucker gewonnen werden konnten, machte Achard ferner darauf aufmerksam, dass es zum Zweck einer vortheilhaften Gewinnung des Zuckers nothwendig sei, ein besonderes Augenmerk auf die Kultur der Rübe selbst, behufs Erzielung einer geeigneten Qualität, zu legen und erbot sich nochmals, auf einem ihm in der Gegend von Posen an der Warthe zu überweisenden Gute, welches er zunächst als Pächter und erst dann als Eigenthum erbat, wenn seine Versuche nach Wunsch ausgefallen sein würden, der zweckmässigsten Culturmethode alle nur mögliche Publicität zu geben und auch Privatpersonen in dieser Kultur zu unterweisen. Als Ersatz für das seitens des Königs abgelehnte 10jährige Privileg erbat er ferner die Bewilligung einer Tantième von einem Pfennig pro Pfund oder $9\frac{1}{2}$ Sgr. pro Centner von allem in den ersten 12 Jahren im Lande fabricirten Rohzucker.

Die angestellten weiteren Versuche bestätigten vollkommen die von Achard gemachten Versprechungen und unterm 28. Nov. 1799 decretirte der König, zunächst eine kleine Fabrik auf königliche Kosten in den Gebäuden des Bergamts Alvensleben in Schlesien zu etabliren und der Leitung des Direktors Achard zu unterstellen, diesem letzteren aber, sobald er (der König) im Stande sei, den ganzen Werth der Achard'schen Entdeckung in Beziehung auf den praktischen Nutzen für den Staat zu würdigen, eine seinen Verdiensten angemessene Belohnung zuzusichern und bis dahin ihm zu seinem bisherigen Gehalte und seinen Pensionen eine ansehnliche Zulage, sowie den Ersatz der auf die Versuche verwendeten Kosten zu bewilligen.

Die Erfolge Achard's, die er in einer Schrift veröffentlichte, machten begreiflicher Weise die grösste Sensation. Während die Engländer, in der Ausbeutung der neuen Industrie eine Schädigung ihres Handels fürchtend, dem Gelehrten die Summe von 200,000 Thaler boten, wenn er bezeugen wollte, dass die Erfahrungen im Grossen, bezüglich der Darstellung von Rübenzucker, seine früheren Versuche nicht bestätigt hätten, veranlasste ein 1799 in den „Annales de Chimie“ veröffentlichter Brief Achard's das National-Institut in Frankreich, eine Kommission der bedeutendsten Chemiker (darunter Chaptal und Deyeux) mit der Wiederholung der Achard'schen Versuche zu beauftragen. Nachdem aber die in Folge dessen zu Saint Ouen und Chelles bei Paris errichteten Versuchsfabriken nicht die erwarteten Resultate geliefert hatten, ruhten die Versuche in Frankreich gänzlich und auch in Deutschland fing das Interesse für die neue Industrie an zu erkalten.

Während Achard und seine Freunde Nathusius, Koppe, Hermbstädt, Lampadius, hierdurch unbeirrt, unverdrossen ihr Ziel weiter verfolgten und die ihnen noch entgegenstehenden technischen Schwierigkeiten zu überwinden sich bestrebten, war im grossen Publikum keine Rede mehr von ihnen, ausser um sie als „Projektenmacher" lächerlich zu machen.

Erst dem Kontinentalsystem Napoleons, welches mit jenem berüchtigten Dekret vom 21. November 1806, welches England die Häfen des Kontinents verschloss und die Einfuhr seiner Kolonialprodukte verbot, praktisch wurde, war es vorbehalten, die vernachlässigte Rübenindustrie zu Ehren zu bringen. Die Kontinentalsperre hatte sowohl den Zweck, Englands Handel momentan brach zu legen, als auch und besonders sollte sich der Kontinent unter ihrem Eindruck für alle Zukunft von dem Bezuge englischer Kolonialprodukte unabhängig machen lernen. Darum galt es, Industrien mit allen Mitteln zu unterstützen, die diesem Zweck entgegenkamen und denen umgekehrt, in ihren ersten schwierigen Anfängen, die kolossale Preissteigerung der von ihnen zu erzeugenden, bisher hauptsächlich von England bezogenen Produkte (für einen Centner Zucker, für welchen man 1805: 22 bis 36 Thaler zahlte, forderte man 1811: 200 Thaler), zu Nutze kommen konnte. Von diesen Industrien war die Rübenzuckerindustrie, die in Deutschland früher schon mehrere Jahre hindurch ihre Lebensfähigkeit und Rentabilität bewiesen und die ersten technischen Schwierigkeiten siegreich überwunden hatte, eine der nächstliegendsten und scheute Napoleon in der That kein Opfer, diese deutsche Erfindung in Frankreich einheimisch zu machen. Nicht genug, dass er durch Dekret vom 25. März 1811 1,000,000 Franken zu Preisen ausgesetzt, wies er auch 32,000 Hektaren Land zum Anbau von Rüben an und gründete 5 Fachschulen für den theoretischen und praktischen Unterricht in der Rübenzuckerfabrikation. Nach solchen Aufmunterungen konnte es nicht fehlen, dass zahlreiche Fabriken entstanden, freilich meist unter den Händen von Spekulanten, die technisch nicht befähigt genug waren, die junge

Industrie zu heben, so, dass diese Etablissements den Sturz des Napoleonischen Systems nicht überdauerten. Nur wenige solider angelegte Fabriken blieben bestehen, die unter der Aegide namhafter Gelehrter wie Chaptal, Proust, Deyeux, Permentier, Derosne, Barruel, Isnard durch Einführung wesentlicher Verbesserungen, wie Benutzung des Dampfs für den Fabrikbetrieb und der gekörnten Knochenkohle für die Saftreinigung etc., aufblühten. Im Jahre 1828 war die Zahl der gesammten Etablissements Frankreichs bereits auf 58 Fabriken, mit einer Produktion von 600,000 Centner gestiegen.

Bis zum Jahre 1820 ruhte die Produktion in Deutschland vollständig, und erst von da ab sehen wir das Kind deutschen Geistes, das nothgezwungen, weil das Vaterland in schlimmen Zeiten es nicht hatte pflegen können, Deutschlands Grenzen überschritten hatte, zu uns zurückkehren. Die ersten, noch ziemlich primitiven Fabriken wurden vom Geheimrath Hartmann in Hohenheim, Herrn von Utzschneider bei München, Weinrich in Butzbach in Hessen und von Henning in Stassfurt (welche letztere, 1827 angelegt, noch heute besteht) begründet. — Aus den gleichen Zeiten datiren auch die ersten kräftigen Versuche der Rübenzuckerfabrikation in Oesterreich und Russland.

Anfangs in jeder Weise des ängstlichen Schutzes bedürfend, wächst die junge Industrie bald selbstständig und kräftig empor, und sind es die verschiedensten Faktoren, welche sich zur technischen Entwickelung derselben vereinigen; so der Wetteifer der Nationen, die stete Gefahr der Concurrenz des indischen Zuckers, die förderliche Gesetzgebung der einzelnen Staaten. Den wissenschaftlichen Entdeckungen deutscher Gelehrten aber und der festen Vereinigung der deutschen Fabrikanten hat Deutschland speciell zu danken, dass seine Rübenzuckerindustrie vor allen anderen Ländern voraus ist, dass in ihr ein technisches Gewerbe von höchster landwirthschaftlicher Bedeutung, eine Quelle deutscher Nationalwohlfahrt erstanden ist. Und in der That, der Einfluss des Rübenbaues auf die Landwirthschaft und den Nationalwohlstand ist nicht hoch genug zu schätzen.

Man hat zwar seiner Zeit vielfach die Behauptung gewagt, dass die Rübenkultur den Ackerbau im Allgemeinen schädige, und dass somit die neue Industrie nur auf Kosten der Landwirthschaft prosperire. Eingehende Untersuchungen und Diskussionen dieser Frage aber in landwirthschaftlichen, wissenschaftlichen und Regierungskreisen haben das Unbegründete derartiger Vorwürfe zum Ueberfluss dargethan. Ist es doch erwiesen, dass trotz der Ausdehnung des Rübenbaues, der sich jetzt in Deutschland auf 18 □Meilen erstreckt, der Getreideertrag nicht abgenommen, sondern sich grade in den Rübendistrikten verdoppelt und verdreifacht hat und dass dort besonders die Fleischproduktion stetig im Zunehmen begriffen ist. Denn einerseits kommt die, durch den Rübenbau geförderte intensivere Tiefkultur des Bodens auch den anderen in der Fruchtfolge gebauten Produkten zu Gute, andererseits liefern die bei der Fabrikation verbleibenden Rückstände ein vortreffliches Viehfutter und ein Düngmittel, welches ein erhebliches Quantum sonst erforderlichen künstlichen Düngers entbehrlich macht. Es ist aber nicht blos das Interesse der Landdwirthschaft selbst, es ist auch die Beschäftigung, die der ländliche Arbeiterstand durch diese Industrie gewinnt, mit anzuschlagen. Sie hat den Vortheil, kein Proletariat zu erziehen, weil sie das ganze Jahr Arbeit giebt, im Frühjahr und Sommer beim Rübenbau, im Herbst und Winter in den Fabriken. Diese Vortheile sind so gross, die vielen Millionen, die durch die einheimische Produktion dem Lande verbleiben, fallen so schwer in's Gewicht, dass die etwaigen Nachtheile, welche dagegen die Rhederei und die Raffinerieen, namentlich in der ersten Concurrenzperiode, durch die verminderte Einfuhr indischen Zuckers allerdings erlitten, nicht in Anrechnung kommen dürfen.

Da in erster Linie Klima und Boden auf Erzeugung solcher Rüben, aus denen der Zucker mit Gewinn dargestellt werden kann, ihren bestimmenden Einfluss ausüben, so sind naturgemäss nicht alle Gegenden Europas zum Anbau der Zuckerrübe geeignet, vielmehr zeigen sich nur die Landstriche zwischen dem 50° und 52° nördlicher Breite dem Rübenbau günstig. Das hauptsächlichste und ausgedehnteste Industriegebiet in Deutschland befindet sich in der Umgebung der Stadt Magdeburg, von wo aus es sich nördlich bis gegen Stendal, westlich, im breiten Gürtel den Nordabhang des Harzes umspannend, durch die Provinz Sachsen und Braunschweig bis zum südöstlichen

Theil Hannovers erstreckt, im Süden aber bis zum Herzogthum Anhalt und dem östlichen Thüringen reicht. Ein zweites Produktionsgebiet befindet sich in den Niederungen der Gegend von Breslau und Frankfurt a./O. Endlich liegt noch in der Gegend von Köln und Neuss eine Anzahl von Zuckerfabriken nahe beisammen, während im ganzen übrigen Deutschland die Rübenzuckerfabriken nur vereinzelt zu finden sind. In Frankreich sind es hauptsächlich die nördlichen Departements, in Oesterreich Mähren, Böhmen, Ungarn und in Russland Volhynien, Podolien, die Ukraine und Polen, wo sich, wie in Belgien und in Holland, ein zur Kultur der Zuckerrübe besonders geeigneter Boden findet.

Das Rohmaterial, dessen gute Beschaffenheit den Erfolg der Verarbeitung bedingt, ist die Runkelrübe, beta cicla, die, von der an der spanischen und portugiesischen Küste wild wachsenden beta maritima abstammend, in nicht weniger als 40 Arten, Abarten und Bastarden verbreitet ist.

Dass bei dieser grossen Zahl auch eine grosse Verschiedenheit in den Ernteerträgen und besonders dem Zuckerreichthum hervortreten musste, ist klar. Dies veranlasste die Rübenzüchter zu den angestrengtesten Bemühungen, um eine constant und möglichst zuckerreiche Rübe zu erzeugen. Zu diesen Versuchen drängte besonders der deutsche Besteuerungsmodus, der bei uns im Gegensatz zu andern Ländern das Gewicht roher Rüben einer Abgabe unterwirft, welche in ihrer gegenwärtigen Höhe (80 Pfg. pr. Centner) fast den landwirthschaftlichen Werth der Rübe erreicht.

Diese Art der Steuererhebung machte das Bestreben natürlich und nothwendig, auf einem Acker nicht nur möglichst viel Zucker aus möglichst wenig Rüben zu erzeugen, sondern auch Rüben zu erzielen, deren Säfte einen grossen Zuckergehalt neben wenig Nichtzucker liefern. Wenn dieses Ziel auch noch nicht vollständig erreicht ist, so haben doch die Versuche schon ein beachtenswerthes Resultat ergeben und haben besonders Vilmorin in Frankreich und Knauer in Deutschland um die Züchtung der Zuckerrüben sich grosse Verdienste erworben. Zunächst gelang es Vilmorin auf Grund eines Verfahrens, das sich auf die Ermittelung der Dichtigkeit des Saftes gründet, eine besonders zuckerreiche Rübe aufzufinden, die aber wegen ihrer geringeren Saftmenge und ihrer vielen Seitenwurzeln neben der von Knauer in Gröbers bei Halle 1848 entdeckten conischen Imperialrübe, (die nach den Angaben der Einen aus einer Kreuzung des Samens der französischen und sibirischen Rübe, nach anderen Angaben von einer besonderen, von den Aeckern verschwundenen Sorte herrührt,) in Deutschland hauptsächlich nur noch zwecks Züchtung gebaut wird.

Ueber das Ertragsverhältniss der hauptsächlich in Deutschland gebauten Rübenarten gilt die Angabe von Knauer als im Grossen und Ganzen für zutreffend, dass der Bau auf gutem Rübenboden pro preuss. Morgen unter gleichen und normalen Verhältnissen circa ergibt:

Bei der französischen Rübe mit schlanker Pfahlwurzel 115 Ctr., der Zuckergehalt 16½ %.

Bei der röthlichen Quedlinburger Rübe 110 Ctr., der Zuckergehalt 16¼ %.

Bei der grünrippigen schlesischen Schlangenrübe 130 Ctr., der Zuckergehalt 15½ %.

Bei der weissrippigen sibirischen Tellerrübe 140 Ctr., der Zuckergehalt 15 %.

Bei der Imperialrübe 120 Ctr., der Zuckergehalt 17¼ %[1].

Die Imperialrübe wusste auch auf ungünstigerem Boden ihre Vorzüge zu behaupten und spätere Versuche, wie mit der

[1]) Ueber den Ertrag an Rüben in verschiedenen Gegenden hat man folgende Angaben:

Es liefert ein Magdeburger Morgen:
(4 Morgen = 1 Hectar)

in	nach	Rüben überhaupt in Centnern.	Fabrikationsfähige Rüben in Centnern.	Zucker in Pfunden.
Oesterreich	Krause	104—145	88—123	770—1084
„	Burger	169—193	143—164	1256—1560
Böhmen	Neumann	112—145	95—123	836—1160
Preussen	Lüdersdorf	146	124	1088
„	Thaer	180	153	1336
Baden	Stölzel	120—160	102—136	896—1196
Frankreich:				
nördl. Departements	Dumas	198	168	1476
andere „	Dumas	124	105	924
Frankreich	Boussingault	149	127	1116

vom Handelsgärtner Bestehorn in Aschersleben gezüchteten sogenannten zuckerreichsten Rübe, einer Abart der Vilmorin'schen, sowie mit der grünköpfigen Riesenmöhre, carotte blanche et rouge à collet vert, vermochten die Imperialrübe nicht zurückzudrängen, welche den Forderungen des Zuckerreichthums und der Saftreinheit bis jetzt am meisten entspricht. Von Knauer wurde auch im weiteren Verlaufe der Zeit noch eine neuere Sorte, die Electoralrübe, eine Spielart seiner Imperialrübe, eingeführt, welche sich namentlich da vortheilhaft zur Kultur eignen soll, wo man, wie in Süddeutschland, mit weniger fettem Boden zu rechnen hat, während überall sonst die Imperialrübe den Vorzug verdienen dürfte.

Welch eine Lebensfrage für die Rübenzuckerindustrie in der Gewinnung einer besten Rübe liegt, welche vielen Momente bei der Kultur in Betracht zu ziehen sind, welche Pflege man dem Boden durch zweckmässige Düngung, Behackung etc. zu Theil werden lassen muss, welchen Einfluss Witterung, Zeit der Aussaat und Ernte auf den Ertrag und die Qualität der Rüben ausüben, welche Gefahren auch dem Rübenbau in den neuerdings hervortretenden Insekten und Schmarotzern sowie in der Rübenmüdigkeit des Bodens drohen, wie viel überhaupt noch zu thun ist, um die Kulturmethode der Rübe als vollendet und abgeschlossen betrachten zu können, hat man längst allseitig erkannt und darum schon zu verschiedenen Zeiten die Frage der Errichtung einer Versuchsstation angeregt, durch deren Forschungen man dahin gelangen könnte, die dem Rübenbau drohenden Gefahren abzuwenden, die der Kultur noch anhaftenden Mängel zu beseitigen und eine in Quantität und Qualität gleich vorzügliche Rübe zu gewinnen. Eine solche Versuchsstation ist zwar noch nicht eingerichtet, dass aber die derselben zu stellende Aufgabe mit der Zeit gelöst werden wird, steht nach den bis jetzt gemachten Erfahrungen in sicherer Aussicht.

Wenden wir uns nunmehr zur Darstellung des Zuckers aus der Runkelrübe, so kommen wir auf ein Gebiet, das im Laufe der Jahrzehnte die bedeutendsten Veränderungen erfahren hat. Ein grosser Theil der besten deutschen Chemiker und Techniker hat auch in dieser Industrie eine ruhmreiche Thätigkeit entfaltet und die auf deren Gebiete gemachten epochemachenden Erfindungen haben diesem Industriezweige den

Stempel deutschen Geistes aufgedrückt und die deutsche Technik vor der aller andern Staaten Europa's erhoben. Demgegenüber ist Frankreich anmaassend genug, den Ruhm der Ausbildung der Zuckerindustrie für sich allein in Anspruch nehmen zu wollen. Thatsächlich aber ist nur, dass, nachdem die Franzosen, erst durch die Bedrängniss der Kontinentalsperre veranlasst, von dieser wichtigen deutschen Erfindung Notiz genommen, sie dann allerdings das Pressverfahren vervollkommneten und eine zweckmässigere Verwendung thierischer Kohle herbeiführten. Dann aber war es deutscher Fleiss und deutsche Gründlichkeit, die die junge Industrie, als sie mit diesen Errungenschaften französischer Intelligenz in ihre Heimath Deutschland zurückkehrte, zu der hohen Stufe ihrer heutigen Entwickelung brachten.

Die Darstellung des Zuckers aus Rüben umfasst, je nach der Verarbeitung der Rüben, folgende Arbeiten und Operationen:

Die Rübe wird, wenn sie vom Felde kommt, zunächst gewaschen und vorerst die schlechten Stellen ausgeschnitten (eine Operation, die einen Abgang des Gewichts der Rüben von 10—20 % bewirkt) und wird sodann zur Gewinnung des Rübensaftes geschritten. Dabei lassen sich wesentlich bei den in Anwendung stehenden Methoden zwei Systeme unterscheiden. Das eine öffnet, um den Saft zu gewinnen, die Rübenzellen durch Zerreiben der Rüben zu Brei fast vollständig, das andere lässt die Zellen geschlossen und wird der Saftinhalt durch dialytische Vorgänge gewonnen. Für das erste System der Saftgewinnung, welche die ursprüngliche war, sind vier Methoden seit längeren Jahren in Gebrauch. Nämlich das Pressen, Centrifugiren, die Maceration und die Methode durch Walzenpressen, während nach dem zweiten die Saftgewinnung durch Diffusion erzielt wird[1]).

---

[1]) Während bis zum Jahre 1867 die Gewinnung des Rübenzuckers allgemein in geschlossenen Etablissements betrieben wurde, hat sich seitdem, zunächst in Frankreich und Belgien, das sogenannte System der Centralfabriken eingebürgert, welches, von Linard eingeführt, darin besteht, dass die Rübe in den inmitten der Rübenfelder gelegenen Reibereien gepresst und die Säfte mit etwas Kalk vermischt, dann mittelst der Druckpumpe durch (unter Umständen) Kilometer lange eiserne Röhren in die Hauptfabrik geleitet werden. Die Vortheile dieses

Die Saftgewinnung aus dem Rübenbrei durch Auspressen geschieht fast durchgehends durch hydraulische oder Brahma'sche Pressen, die mit einer Kraft von 500—600 Pfund auf jeden Quadratzoll Pressfläche wirken. In der Presse liegen 25—50 durch Geflecht, Tücher, Blechplatten u. s. w. getrennte Pressschichten und werden die nach Abfliessen des Saftes verbleibenden Pressrückstände in manchen Fabriken nach vorhergegangener Aufweichung im Wasser wiederholt unter die Presse gebracht, bis sich dieselben auf 18—20 % der behandelten Rübenmasse reduciren. Die letzten Rückstände (Kuchen) werden meist zu Mastfutter, vielfach auch zur Bereitung von Branntwein, Essig, Papier und Leuchtgas benutzt.

Die Ausschleuderungsmethode, eingeführt durch Frickenhaus, beruht darauf, dass der Saft aus dem Rübenbrei in Centrifugalmaschinen, bei einer Geschwindigkeit von 1000 Umdrehungen in der Minute, herausgeschleudert wird. Auf diese Weise erhält man 50—60% Saft und wird der Rest gewonnen, indem man zur Auswaschung der letzten Saftreste Wasser in die Centrifuge einspritzt.

Das Macerations-Verfahren, von Schützenbach erfunden, besteht in der systematischen Auswaschung von Rübenbrei in eigenthümlichen, mit Rührvorrichtung versehenen Gefässen. Es hat in früheren Jahren wegen seiner geringen Anlagekosten eine ziemliche Verbreitung gefunden, ist aber in neuerer Zeit durch das Diffusionsverfahren mehr und mehr verdrängt worden. [Die ebenfalls von Schützenbach angegebene

---

Systems sind die, dass der Rübenbau von den grossen Kosten und Schwierigkeiten des Transportes befreit und die eigentlichen Fabrikationskosten durch den dadurch möglich gemachten ausgedehnteren Betrieb vermindert werden. Nach diesem Verfahren arbeiten in Frankreich und Belgien bereits viele grössere Fabriken und hat dasselbe für diese Länder eine ähnliche Umwälzung in den Fabrikationsverhältnissen hervorgerufen, wie in Deutschland und Oesterreich das Diffusionsverfahren. Im Anfange der Campagne 1872 und 1873 bestanden in Frankreich schon 81 Reibereien, d. h. Saftstationen, welche den Saft nach 34 Hauptstationen lieferten und hat sich die Anzahl dieser Reibereien bis jetzt auf 142 vermehrt. Die grösste nach obigem System errichtete Fabrik in Frankreich ist die zu Cambrai, welche allein 25 Reibereien mit 150 Kilometer Röhrennetz besitzt und, wenn in vollem Betrieb, 5 Millionen Centner Rüben verarbeiten soll.

Maceration getrockneter Rübenschnitzel ist bisher nur in einer Fabrik (Waghäusel in Baden) in Anwendung gewesen].

Die Walzenpressen (Pressen für ununterbrochene Arbeit) als Ersatz für die kostspieligen hydraulischen Pressen, sind in den letzten Jahren in Aufnahme gekommen, namentlich seit die Arbeiterfrage für die Zuckerfabriken immer schwieriger geworden; die zahlreichen Systeme und Konstruktionen derselben, welche sich gegenwärtig noch den Rang streitig machen, sind jedoch zur Zeit noch nicht so aus- und durchgebildet, wie man es von einem guten Saftgewinnungsverfahren verlangt.

Das Diffusionsverfahren endlich, welches zwar schon im Jahre 1821 von Mathieu de Dombasle angegeben, jedoch erst seit dem Jahre 1860 von Florentin Robert in Seelowitz zu seiner jetzigen Gestalt entwickelt worden ist, bezweckt den Saft aus den Rübenzellen auf dialytischem Wege zu erzielen, wobei also die Rüben nicht zu Brei zerrieben, sondern nur zu dünnen Lamellen (Schnitzeln) zerschnitten zu werden brauchen. Nach diesem Verfahren werden die grünen Schnitzel mit reinem Wasser von 50° C. digerirt. Der Zucker und einige Nichtzuckerstoffe gehen durch die Zellenwand hindurch und lösen sich in dem Wasser, während andere Nichtzuckerstoffe in den Zellen zurückbleiben. Die erhaltene Flüssigkeit kann zum Theil von der ihr noch anhaftenden Menge fremder Stoffe geschieden werden, so dass die Diffusionsrückstände 93 % Wasser und nur 7 % Trockensubstanz enthalten. Die grosse und schnelle Verbreitung, welche die Diffusion, zumal in Deutschland und Oesterreich, gefunden hat, erklärt sich aus ihren Vorzügen vor den anderen Verfahren, sowohl was Betriebskraft, als was Arbeitspersonal und Zuckerverlust angeht.

Der nach einer der vorstehend erwähnten Methoden gewonnene Rübensaft ist nicht nur eine Lösung von Zucker, sondern eine Lösung sämmtlicher löslicher Bestandtheile der Rübe, also besonders einer Menge stickstofffreier, stickstoffhaltiger, sowie mineralischer Substanzen; seine Farbe ist dunkel.

Die möglichste Abscheidung jener fremden, die Krystallisationsfähigkeit des Zuckers hemmenden Stoffe ist die Aufgabe der Läuterung oder Scheidung. Zwecks dessen wird der Saft in einer Scheidepfanne möglichst rasch und gleichmässig erhitzt, damit die im Saft vorhandene freie Säure keinen nachtheiligen Einfluss auf den Zucker ausübe und die Eiweisssubstanzen coagulire. Sobald die Coagulation (bei circa 85° Cels.) erfolgt ist, wird verdünnte Kalkmilch dem Saft zugesetzt und mit demselben vermischt. Der Kalk sättigt die freie Säure und scheidet die stickstoffhaltigen Substanzen aus, sich mit einem Theil des Zuckers zu Zuckerkalk verbindend. (Die Menge des zuzusetzenden Kalkes variirt je nach der Rübe, gewöhnlich beträgt dieselbe aber 1 Pfund auf 2 Centner Rüben.) Die in Form eines Schlammes (Scheideschlamm) ausgeschiedenen unlöslichen Verbindungen des Kalkes werden sodann mittelst der Filterpresse von dem übrigen Zuckersaft (geschiedener Saft) getrennt.

Der geläuterte Saft ist abermals noch keine reine Zuckerlösung; er enthält ausser dem freien Zucker noch Zuckerkalk, freies Kali und Natron, Ammoniak, geringe Mengen stickstoffhaltiger organischer Substanzen und Alkalisalze organischer Säuren. Die fernere Behandlung bezweckt nun die möglichste Entfernung auch dieser fremden Stoffe, namentlich die Zersetzung des Zuckerkalkes. Die Entkalkung kann auf physikalischem Wege durch die Knochenkohle, oder auf chemischem Wege durch Kohlensäure bewirkt werden; letztere Art macht aber die Knochenkohle keineswegs entbehrlich, sondern erspart nur eine Menge von Kohle. Bei der Behandlung mit Knochenkohle wird der zuerst durch ein Kohlenfilter gelaufene Saft sofort abgedampft, während bei der anderen Behandlung zuerst Kohlensäure zugeführt wird, um den zugesetzten Kalk zu entfernen, und dann die Knochenkohlenfiltration stattfindet. Anstatt der Kohlensäure (und der Knochenkohle) hat man zum Entkalken des geläuterten Rübensaftes noch eine Menge anderer Mittel vorgeschlagen und theilweise angewandt, von denen aber an dieser Stelle nur gesagt zu werden braucht, dass sie grösstentheils in der Anwendung solcher Säuren oder Substanzen bestehen, welche mit dem Kalk des Zuckerkalkes unlösliche Verbindungen eingehen, ohne dabei den Zucker zu verändern. Von solchen Substanzen scheint sich in neuerer Zeit allein die Phosphorsäure bei der Fabrikation bleibend einzubürgern, nachdem Dr. Scheibler auf den grossen Nutzen und Werth derselben wiederholt aufmerksam gemacht hat.

Das obige Abdampfen des geläuterten Saftes soll zunächst eine Concentration bezwecken, welche soweit fortzusetzen ist, bis der Saft von Neuem mit Vortheil gereinigt werden kann. Das Abdampfen muss möglichst rasch geschehen, da die Qualität des Zuckers durch eine längere Einwirkung einer höheren Temperatur um so mehr leidet, je unvollkommener er geläutert wurde, und wird der Saft dann zum zweiten Male durch Filtration über Kohle gereinigt. Wandte man die Kohlensäure beim Entkalken an, so kommt der ebenfalls zum zweiten Male über Knochenkohle filtrirte Saft fast kalkfrei zum Kochen. Nach der zweiten Filtration gelangt der bis auf 50° Brix verdampfte Saft, der bisher Dünnsaft hiess, aber nun Dicksaft heisst, in die Kochpfanne, um bis zum Krystallisationspunkt verkocht zu werden. Nachdem der Dicksaft (jetzt zumeist in den sogenannten Vacuumpfannen) auf die erforderliche Concentration gebracht worden ist, findet mit dem Erkalten die Krystallbildung und Ausscheidung der Krystalle statt, und zwar um so vollständiger und schneller, je reiner der Saft war. Die fernere Behandlung der Masse bezweckt eine möglichst vollständige Abscheidung der Zuckerkrystalle von allen fremden Bestandtheilen und das Ueberführen der ersteren in das Rohzucker genannte Produkt.

Wenn die Zuckermasse zum ersten Male krystallisirt und sodann der Syrup abgeschieden ist, so wird der erhaltene Zucker als erstes Produkt bezeichnet. Der zurückbleibende Syrup enthält aber noch eine bedeutende Menge krystallisirbaren Zuckers, welchen man durch Weiterabdampfen und Erkalten gewinnt und zweites Produkt nennt. Durch ähnliche Behandlung des hierbei zurückbleibenden Syrups ist dann noch ein drittes und viertes Produkt zu erzielen. — Das zweite Produkt wird entweder als solches verkauft, oder durch Wiederauflösung, Abdampfen und Krystallisiren in ein dem ersten gleiches Produkt verwandelt; ebenso wird durch Umarbeiten des dritten ein zweites Produkt erzielt u. s. f. Zweites, drittes und viertes Produkt. werden gewöhnlich Nachprodukte genannt.

Die nach Gewinnung des letzten Produkts schliesslich zurückbleibende flüssige Masse, die Melasse, — beim Rohrzucker noch ein wohlschmeckendes Genussmittel — ist beim Rübenzucker wegen ihres unangenehmen Beigeschmacks und ihrer geringen Süssigkeit zum direkten Konsum nicht mehr geeignet und wird hauptsächlich von den Destillateuren weiter auf Spiritus verarbeitet. Es ist natürlich, dass bei einer an sich gefärbten Substanz die Massen, aus welchen man den Zucker erhält, nach jeder Operation durch die verhältnissmässig grösser werdenden Rückstände dunkler werden, so dass die übrig bleibende Melasse beinahe schwarz ist. In gleicher Weise differiren auch die Zucker nach der Reihenfolge ihrer Gewinnung in der Farbe. Während das erste Produkt hellgelb ist, hat das zweite eine bräunlichgelbe und das dritte eine braune Farbe, da es eine Eigenthümlichkeit des Zuckers ist, dass derselbe durch die theilweise Zersetzung bei jedem Produkt dunkler gefärbt erscheint. Die Herstellung dieser verschiedenen Sorten Rohzucker erfordert auch eine sehr verschiedene Zeitdauer, da die in den eingekochten Massen nach jeder Operation in zunehmendem Verhältniss verbleibenden unreinen Bestandtheile auf die Krystallisation einen erheblichen Einfluss ausüben.

So erfolgt das erste Produkt schon nach 24 Stunden, das zweite erst nach ca. 4 Wochen, während das dritte bis 4 Monate zu seiner Bildung erfordert.

Um die Rohzucker in den Konsum überzuführen, müssen dieselben raffinirt werden, da sie immer noch eine bestimmte Menge Unreinigkeiten enthalten, welche sie zum direkten Genuss ungeeignet machen. Selbst die gewaschenen weissen Zucker, welche vielfach Verwendung in der Conditorei und bei der Fabrikation von Conserven finden, haben noch einen erheblichen Rübenbeigeschmack, sowie ein wenig appetitliches Aussehen.

Die Raffination dient dazu, diese fremden Bestandtheile, welche die Reinheit der Farbe und den Geschmack des Zuckers beeinträchtigen, von demselben auszuscheiden und geschieht entweder in mit den Rohzuckerfabriken verbundenen Anstalten oder in besonderen Etablissements, den Raffinerieen. In den ersteren ist vorwiegend die Darstellung von s. g. Saftmelis gebräuchlich, welcher gewonnen wird, indem man reinen Dicksaft durch Einwerfen der Nachproducte in der Weise verbessert, dass ein gleichartiges Klärsel entsteht, aus welchem man guten, zum directen Verbrauch geeigneten Melis gewinnen kann. Die Raffinerieen verarbeiten die fertigen Rohzucker, indem dieselben durch Umschmelzen wieder in Syrup verwandelt, durch verschiedene Läuterungsprozesse weiter gereinigt und auf's neue in Krystalle übergeführt werden. Die Raffinaden und Meliszucker kommen hauptsächlich unter dem Namen Brot- oder Hutzucker in den Handel.

Um die unter letzterem Namen bekannte Handelswaare zu erhalten, wird die, wie vorstehend behandelte Zuckermasse in die bekannten — meist aus Blech gefertigten — konischen Formen gefüllt, in welchen dieselbe zunächst erkaltet. Da sie in diesem Zustande indessen noch unkrystallisirten Zucker, Wasser und unreine Bestandtheile enthält, wird das am Boden der Form befindliche kleine Loch geöffnet, durch welches man diese flüssige und gefärbte Masse ausfliessen lässt. Zur Beförderung dieses Zweckes wird die Füllmasse in der Form mit einer concentrirten Lösung von ganz weissem Zucker übergossen, welche schliesslich auch zum Ersatz der ausfliessenden Masse und zur Füllung der Form dient. Das auf diese Weise erhaltene Brot weissen Zuckers wird getrocknet und geht dann direct in den Consum. Die aus den Formen ausfliessende Masse wird gesammelt, um auf's Neue einer Reinigung und Concentration unterzogen zu werden.

Produkte, welche sich zur Form der Hutzucker nicht eignen, werden auch häufig als gemahlene Waare (Stampfmelis) in den Handel gebracht. Die Masse, welche bei dieser Operation noch zurück bleibt, wird in der gleichen Weise behandelt wie oben, ebenso die folgenden Rückstände, bis abermals Melasse übrig bleibt, welche, soweit sie durch die Osmose und Elution — von denen noch zu sprechen sein wird — nicht weiter auf Zucker verarbeitet werden soll, als Syrup in den Handel gebracht oder zur Spritfabrikation benutzt wird.

Mit dem Namen Kandiszucker bezeichnet man den in grossen und harten Krystallen dargestellten Zucker, zu dessen Fabrikation man früher fast nur Kolonialzucker, jetzt aber auch Rübenzucker verwendet. Der wieder aufgelöste Rohzucker wird mit 3 bis 4% feiner Knochenkohle, dann mit Eiweiss geklärt und filtrirt, und das so erhaltene Klärsel zum Kochen gebracht, wozu man gewöhnlich eine Schaukelpfanne über freiem Feuer benutzt. Aus den Kühlern gelangt die Masse alsdann in die Krystallisirgefässe, in deren Wänden sich Löcher befinden, durch welche

Fäden gezogen sind. In diesen Gefässen wird die Masse in einer Trockenstube einer ziemlich hohen Temperatur ausgesetzt und der Zucker entwickelt sich an den aufgespannten Fäden zu schönen Krystallen, welche soviel grösser werden, je länger die Gefässe in der Trockenstube verbleiben. Die Rückstände werden in gleicher Weise behandelt, wie diejenigen, welche bei der Raffinade vorkommen.

Das früher stets gescheiterte Problem, den in der Melasse enthaltenen unkrystallisirbaren Zucker auszuscheiden, ist jetzt durch das Scheibler'sche Elutionsverfahren, nach welchem die Melasse in Melassenkalk verwandelt und aus diesem der Zucker dargestellt wird, gelöst und hat das Bekanntwerden dieser Erfindung die Aufmerksamkeit auf eine frühere, der der Elution ähnliche Resultate erzielende Erfindung des Franzosen Dubrunfaut, die sogenannte Osmose, zurückgelenkt. Mit der sich verallgemeinernden Anwendung beider Verfahren, die wir in unserem Kapitel „Steuerreform" des Näheren schildern werden, ist eine tiefeinschneidende Umwälzung der Rüben-Zuckerindustrie angebahnt, die mitbestimmend auf die Nothwendigkeit einer Steuerreform einwirkt, für die um so mehr der Zeitpunkt gekommen erscheint, als die genannten Verfahrungsarten die Zuckerfabrikation auf eine Stufe technischer Vollendung bringen, mit welcher ihr vorläufiges Ziel, soweit möglich jedes Atom Zucker aus der Rübe zu gewinnen, als nahezu erreicht betrachtet werden kann.

Der aus der Rübe gewonnene Zucker kommt in den verschiedensten Formen in den Handel (als Raffinade, Melis [Hut- und Brotzucker], Lumpen- oder Kochzucker, Farinzucker, Sand- oder Puderzucker, Krystallzucker etc.). Die bisher in Deutschland beliebteste Form ist die der Brode oder Hüte, welche nach Dr. Moseler die Venetianer, nach Dr. Duncan die Chinesen zuerst angewandt haben. Erst in neuerer Zeit werden bei uns Platten (Tafeln) allgemeiner[1]), mit deren Herstellung eine bedeutende Ersparniss an Zeit und Arbeit, gegenüber der Herstellung der Hutzucker, erzielt wird. Diese Tafeln werden für den kleineren Verkehr weiter auf Würfel verarbeitet (zerschlagen)[2]).

---

[1]) System: Eugen Langen.

[2]) Als beste Maschine zur Herstellung von Würfelzucker gilt die

In England ist das Publikum mehr an den Gebrauch losen Farins gewöhnt, doch sind dabei weit mehr Verfälschungen möglich, als in Broden, welche freilich gerade ihrer eingebürgerten Form wegen sehr theure Herstellungskosten erfordern, ohne dass die Qualität des Zuckers irgendwie dadurch beeinflusst würde.

Rübenzucker ist, wenn völlig raffinirt, vom Kolonialzucker schwer oder gar nicht zu unterscheiden, denn beide Zuckerarten sind in allen chemischen und physikalischen Eigenschaften identisch. Bei den in Hutform vorkommenden Zuckern gewähren zwar Härte und Durchscheinenheit und das grössere Korn des Rohrzuckers einigermassen Anhaltspunkte, die aber, nach den neueren Fortschritten der Fabrikation, heute schon nicht mehr als stichhaltig anerkannt werden können. Vollkommen gesunder, trockener Zucker ist nach der Formel $C_{12} H_{22} O_{11}$ zusammengesetzt; er pflegt im Dunkeln, wenn man ihn zerschlägt oder in Stücken aneinander reibt, zu phosphoresziren. Reiner fester Brodzucker, in dem die Krystalle sich fest aneinander schliessen, klingt.

Haben wir uns bis jetzt auch nur mit dem Rohr- und Rübenzucker, welch letzterer für den Zweck unserer Arbeit hauptsächlich in Betracht kommt, beschäftigt, so dürfen wir an dieser Stelle doch nicht unterlassen, hervorzuheben, dass mit dem Rohr und der Rübe die Zahl der zuckerhaltigen Pflanzen, aus denen man Zucker zu gewinnen versucht hat und theilweise mit Erfolg gewinnt, nicht abgeschlossen ist. Vielmehr hat sich die Zahl dieser Pflanzen so vermehrt und die Bedeutung einiger derselben sich so gesteigert, dass, wenn sie auch niemals dem Rohr- und Rübenzucker Konkurrenz machen oder diese gar verdrängen werden, ihre Erwähnung hier dennoch wohl am Platze scheint.

Die zuerst neben dem Zuckerrohr als zur Zuckerfabrikation geeignet befundene Pflanze ist der Zucker-Ahornbaum in Amerika, aus dem man seit der ersten amerikanischen Ansiedelung Zucker gewinnt, anfangs in roher Weise, jetzt rationeller; indem man den Baum ein Paar Fuss über der Erde anbohrt und

---

von Fritz Scheibler in Burtscheid-Aachen konstruirte Zuckerschlag-Maschine, welche die Würfel gleich in rangirter Form herstellt und somit die Kosten der Emballage auf ein Minimum reduzirt.

den Saft durch Röhren auslaufen lässt, wobei der Baum sich 10 Jahre erhalten lassen soll. Die Reinigung geschieht durch einfaches Filtriren. Die Ausbeute belief sich im Jahre 1872 auf 1,125,000 Centner Zucker, der einen kleinen, aber keineswegs unangenehmen Beigeschmack hat, und 18 Millionen Quart Syrup. Wichtiger noch ist die ostindische Dattelpalme für die Zuckerproduktion. Aus ihr wird der Zucker in einer kaum von der Gewinnung des Rohrzuckers zu unterscheidenden Art gewonnen und betrug die Produktion im Jahre 1872 bereits 2,160,000 Centner. In den funfziger Jahren kam die Zuckermoorhirse aus China nach Europa und Amerika. Während man jedoch anfangs für die Pflanze enthusiasmirt war und sie in Frankreich und Deutschland zu bauen versuchte, zeigte dagegen der Erfolg der von Reichlen in Stuttgart gemachten Versuche, dass sie sich bei uns für die Zuckergewinnung nicht sonderlich eignet, da sie nur 4 % Rohrzucker, dagegen 10 % Schleimzucker enthält und ausserdem, um reif zu werden, ein feuchtes, südliches Klima verlangt. Dagegen ist die genannte Hirse für die Syrupfabrikation nicht unerheblich, weil ihr Syrup sich leichter reinigen lässt, als der der Rübe, und sehr wohlschmeckend ist, ebenso bietet sie wegen der grossen Ausbeute (durchschnittlich 300 Centner vom Magdeburger Morgen) für die Erzeugung von Spiritus ein brauchbares Material. In den Nordstaaten der Vereinigten Staaten von Amerika, die sich s. Z. aus Feindschaft gegen die Sklavenstaaten lebhaft dem Anbau der Zuckerhirse zuwandten und in Missouri, Illinois, Indiana, Ohio dieselbe kultivirten, ergab sich, dass der Saft der Zuckerhirse unter dortigen Verhältnissen, wenn diese ganz reif wird, was aber im nördlichen Klima nicht immer der Fall ist, 50 % Rohzucker liefert, der unreife Saft dagegen zur Herstellung von Spiritus zu verwenden ist, von dem 1862 10 Millionen Gallonen im Werthe von 3 Millionen Dollars gewonnen wurden. Endlich fand Corenwinder in dem Fruchtsaft der Banane oder Pisang 15—16 % krystallisirbaren Zucker und soll die Banane auf 1 Hectare 36,000 Kilo Zucker, d. h. 5 bis 6 mal so viel, als die gleiche Fläche mit Rüben bestellt bringt, liefern. Auch hat man im Mais, in der Krappwurzel, Zwiebel und zahllosen anderen Pflanzen Zucker gefunden, dessen Gewinnung bisher jedoch nicht praktisch geworden ist.

Eine grössere Bedeutung indess hat in neuerer Zeit der Stärkezucker erlangt, welcher in den meisten süssen Früchten (Glucose, Traubenzucker) und auch im Harne zuckerkranker Menschen (Harnzucker) sich vorfindet und seit der Entdeckung Kirchhofs 1811 auch künstlich aus Stärkemehl von Kartoffeln, durch Kochen mit verdünnter Schwefelsäure, gewonnen wird. Es stellte sich jedoch heraus, dass dieser Zucker nicht von derselben chemischen Beschaffenheit[1]) ist, wie der Rohr- und Rübenzucker, eine bedeutend geringere Süssigkeit und unangenehmen Nach- und Beigeschmack hat und ausserdem sich in festem Zustande nur als sogenannter Krümelzucker darstellen liess. Erst in der Neuzeit gelangte die Darstellung des Stärkezuckers in fester Form zu erhöhter Bedeutung (in flüssiger Form als Syrup verwandte man ihn schon lange), zuerst, als man anfing, denselben zum Verbessern des Weinmostes und geringer junger Weine in grossen Mengen anzuwenden[2]), namentlich aber, seitdem derselbe als Malzsurrogat für die Brauerei gebraucht wird, was auch zur Anlegung neuer, grosser Fabriken Veranlassung gab. Die fortdauernden Bemühungen, dem Stärkezucker sein hässliches Aeussere zu nehmen und ihn in krystallinischer Form darzustellen, führten endlich zu einem Erfolg, indem der Chemiker E. F. Anton in Prag 1867 ein Verfahren erfand, den Stärkezucker frei von Beigeschmack, in dichtem festen Korn, überhaupt in solcher Qualität darzustellen, dass seine Verwendnng auf grösserer Basis dadurch gesichert erscheint. 1872 produzirte der Zollverein in 60 Fabriken 300,000 Centner Stärkesyrup und 200,000 Centner Stärkezucker.

Das Gesagte wird genügen, um zu zeigen, dass die vorstehend genannten Zuckerarten neben dem Rohr- und Rübenzucker nur von sekundärer Bedeutung sind und dass an ihre Verwendung in annähernd derselben Menge wie der des Rohr- und Rübenzuckers nicht zu denken ist, weil ihre Herstellung in grösserem Maassstab wie bisher, theils wegen klimatischer Verhältnisse, theils wegen technischer Schwierigkeiten, theils

---

[1]) Seine Zusammensetzung wird durch die Formel $C_6 H_{12} O_6 + H_2O$ oder $C_6 H_{12} O_6$ (wasserfrei) ausgedrückt, während die des Rohrzuckers $C_{12} H_{22} O_{11}$ ist.

[2]) Diese Verwendung datirt in Frankreich seit Chaptal, in Deutschland seit Dr. Gall (chaptalisirte und gallisirte Weine).

wegen ihrer unvollkommenen Eigenschaften einerseits unausführbar, andererseits nicht lohnend erscheint. Wir begnügen uns deshalb damit, sie an dieser Stelle genannt zu haben, ohne im weiteren Verlauf unserer Arbeit ihrer noch Erwähnung zu thun. Vielmehr sind es nur der Rohr- und speziell der Rübenzucker, auf welche unsere Aufmerksamkeit sich richtet, und deren immense Bedeutung für den Welthandel zu illustriren wir zunächst eine statistisch-historische Uebersicht über die hauptsächlich in Betracht zu ziehenden Verhältnisse, wie Konsumtion, Produktion, Besteuerung, folgen lassen.

II. Historisch-statistische Uebersicht über Konsumtion, Produktion und Besteuerung des Zuckers.

Bei dem Versuche, einen möglichst eingehenden und vollständigen Ueberblick über die Lage der gesammten Zucker-Industrie zu geben, erwachsen die mannigfachsten Schwierigkeiten aus der Mangelhaftigkeit der zu Gebote stehenden Statistik, die es nicht ermöglicht, einen alle Länder und alle Perioden der Entwicklung gleichmässig umfassenden Bericht zu liefern.

Wie wir überhaupt darüber klagen müssen, dass erst von jenem Augenblicke an statistische Erhebungen über die Zuckerindustrie angestellt wurden, als die Regierungen dieselbe zum Gegenstand einer Steuer machten, so ist es zumal bedauerlich, dass die Nachrichten aus den ersten Jahrzehnten der Rübenzuckerindustrie nur höchst unvollkommen sind. Speciell auch in Deutschland haben wir erst seit 1841, als der Rübenzucker ein Finanz-Object wurde, genauere statistische Aufzeichnungen. Aehnlich steht es mit den übrigen europäischen und überseeischen Ländern. So war es für uns ausserordentlich schwierig, wirklich genaue und übereinstimmende Nachweise zu erlangen und mussten wir zu solchem Zwecke vielfach auf einzelne Monographieen, auf die Marktberichte und Mittheilungen der Zeitschriften zurückgreifen. Wenn indessen auch eine erschöpfende Auseinandersetzung über die Industrie der einzelnen Länder nicht gegeben werden kann und absolute Genauigkeit nicht zu erwarten ist, so hoffen wir doch, dass die nachfolgenden Zahlen, welche von uns mit Sorgfalt geprüft und gesichtet worden sind, einen thunlichst klaren Einblick in die Lage der Zuckerindustrie der verschiedenen Länder und in deren Stellung auf dem Weltmarkte ermöglichen.

I. Konsum.

Nachdem der Zucker einmal in die Zahl derjenigen Bedürfnisse aufgenommen ist, welche den meisten Völkern der Erde unentbehrlich geworden sind, hat sich sein Verbrauch fortwährend gesteigert und hat besonders die fortschreitende Kultur des letzten Jahrhunderts den Genuss dieses angenehmen Nahrungsmittels ausserordentlich verallgemeinert. So betrug der Konsum der handelsstatistisch controlirten Welt im Jahre 1857/58 = 1,365,000 Tons, im Jahre 1870/1 = 2,765,000 Tons und im Jahre 1875/6 = 3,503,622 Tons, — vermehrte sich demnach in 18 Jahren um fast $2\frac{1}{2}$ mal. Diese Konsumtion berechnete sich in den verschiedenen Ländern im Jahre 1875 nach Köpfen der Bevölkerung, wie folgt:

	Tons	Einwohner	Consum pr. Kopf.
England	900,000	31,629,300	28,450 Kg.
Deutschland	315,000	42,337,874	7,360 -
Frankreich	275,000	36,377,600	7,550 -
Russland	250,000	82,135,700	3,090 -
Oesterreich-Ungarn	148,800	37,200,000	4,000 -
Spanien	50,000	16,835,000	2,950 -
Holland	30,000	3,579,400	8,400 -
Türkei	25,000	23,610,000	1,080 -
Portugal	15,000	4,324,000	3,400 -
Schweden	20,000	5,870,300	3,400 -
Dänemark	18,000	1,785,000	12,500 -
Schweiz	18,500	2,659,600	7,350 -
Griechenland	3,000	1,457,100	2,100 -
Belgien	50,000	4,827,800	10,300 -
Vereinigte Staaten	750,000	38,925,000	19,240 -

Aus dieser Uebersicht lässt sich erkennen, dass die Behauptung des englischen Statistikers Porter, „der Zuckerkonsum richte sich nach dem materiellen Wohlbefinden der Nationen", im Allgemeinen als richtig anzunehmen ist, wenn sich auch nicht verkennen lässt, dass noch andere Umstände, wie Klima, Lebensweise eines Volkes (z. B. starker Theeverbrauch), Steuer-Verhältnisse und die wachsende Erkenntniss der Bedeutung des Zuckers als Nahrungsmittel, den Konsum mit bestimmen.

So ist es erklärlich, dass der Konsum in England, welches Industrie und Handel reich gemacht haben, den der völlig zerrütteten Türkei um das 27fache übersteigt, dass das verarmte Spanien um $^{6}/_{7}$ hinter den emporstrebenden Vereinigten Staaten zurücksteht. Geradezu exorbitante, fast unerklärliche Ziffern liefern dagegen die englisch-australischen Kolonieen, in denen sich der Verbrauch nach dem Wiener-Ausstellungsbericht für das Jahr 1867, wie folgt, stellte:

Neu-Süd-Wales	pr. Kopf.	46	Kg.
Victoria	-	44	-
Süd-Australien	-	32	-
Neu-Seeland	-	41.5	-
Queensland	-	39.5	-

In Neu-Süd-Wales soll der Konsum im Jahre 1875 sogar die Ziffer von 50 Kg. pro Kopf erreicht haben.

Nachstehende Tabelle über England giebt ein interessantes Bild, wie sich der Verbrauch der beliebtesten Kolonialproducte überhaupt mit dem Steigen des National-Wohlstandes und der Steuerfähigkeit eines Volkes mehrt (s. S. 28).

Die Zuckerstatistiken fast aller Länder geben uns das instruktive Resultat, dass zwar Theuerung und schlechte Zeitverhältnisse den Zuckerverbrauch gleich dem Konsum vieler anderen Verzehrungs-Gegenstände momentan vermindern, dass aber doch die wirkliche Konsumtion in constanter Progression fortschreitet und sich in 20—25 Jahren mindestens verdoppelt. Hierfür liefert die den Zuckerverbrauch Deutschlands angebende Tabelle den sichersten Beweis (s. S. 29).

Hiernach hat sich die Konsumtionsmasse in Deutschland vom Jahre 1836—1874 um das 5fache gesteigert, während der Konsum pro Kopf der Bevölkerung sich mehr wie verdreifachte. Ein ähnlich günstiges Verhältniss tritt uns in Russland entgegen, wo 1848 bei einer Bevölkerung von 58 Mill. 1,4 Pfd., 1860 bei einer solchen von 65 Mill. 3 Pfd., 1870 bei einer Be-

Jahr.	Bevölkerung am 31. Dec.	Verbrauch an Zucker.		Thee.		Cacao.		Reis.		Das in Eisenbahnen angelegte Capital.			Einkommensteuer, zu Grunde gelegte Erträge vom Vermögen und Verdienst.	
		Tons	Pfund pro Kopf	Pfund	Pro Kopf	Pfund	Pro Kopf	Tons	Pfund pro Kopf	Total in £	Pro Kopf	Durchschnittlicher Ertrag	Total in £	Pro Kopf
1849 .	27,632,000	299,041	24,24	50,021,576	1,81	3,206,746	0,12	25,474	2,06	197,000,000	142/7	3,44		
1850 .	27,423,000	310,391	25,35	51,172,302	1,87	3,080,641	0,11	20,051	1,63	230,522,730	168/3	3,31		
1851 .	27,529,000	328,581	26,74	53,949,059	1,96	2,978,344	0,11	19,173	1,56	236,841,420	172/1	3,67		
1852 .	27,570,000	358,643	29,14	54,713,034	1,98	3,328,527	0,12	27,601	2,24	248,083,520	179/11	3,44		
1853 .	27,663,000	374,379	30,32	58,834,087	2,13	3,997,198	0,14	38,917	3,15	263,636,320	190/7	3,80		
1854 .	27,788,000	416,620	33,58	61,953,041	2,23	4,452,529	0,16	41,748	3,36	273,860,000	197/1	3,93		
1855 .	27,899,000	384,267	30,86	63,429,286	2,27	4,383,023	0,16	48,345	3,88	293,903,000	210/8	3,90		
1856 .	28,154,000	374,978	29,69	63,272,212	2,25	3,634,135	0,13	71,032	5,65	302,946,260	215/3	4,00	268,338,109	190/7
1857 .	28,359,000	382,294	30,20	69,130,482	2,44	2,656,233	0,09	74,523	5,85	311,153,670	219/5	4,19	274,114,003	193/4
1858 .	28,566,000	450,203	35,31	73,217,484	2,57	3,071,115	0,11	88,093	6,91	319,950,000	224/0	3,91	292,694,508	204/11
1859 .	28,774,000	457,449	35,61	76,362,008	2,65	3,480,987	0,12	65,334	5,09	328,219,100	228/2	4,13	293,666,988	204/1
1860 .	28,944,000	448,070	34,61	76,859,428	2,66	3,481,484	0,12	76,778	5,94	337,827,200	233/5	4,39	299,232,878	206/9
1861 .	29,196,000	478,040	36,06	77,949,465	2,67	3,576,384	0,12	79,172	6,07	352,386,100	241/4	4,30	301,345,865	206/5
1862 .	29,400,000	485,856	37,24	78,817,060	2,68	3,926,500	0,13	132,357	10,08	370,107,280	251/9	4,22	317,070,986	215/8
1863 .	29,600,000	495,050	37,46	85,206,776	2,88	4,106,468	0,14	73,225	5,54	387,246,200	270/8	4,25	323,949,129	218/11
1864 .	29,820,000	499,604	37,53	38,637,099	2,98	4,171,082	0,14	80,518	6,05	408,396,680	273/11	4,49	326,696,050	219/1
1865 .	30,000,000	545,781	40,75	97,921,944	3,26	4,286,635	0,14	27,264	2,04	433,556,100	289/0	4,46	349,301,654	232/10
1866 .	30,050,000	559,166	41,68	102,325,067	3,41	4,606,997	0,15	48,726	3,63	463,746,800	318/8	4,29	364,430,553	248/6
1867 .	30,200,000	593,358	44,01	111,057,705	3,68	4,585,517	0,15	78,868	5,85	479,167,300	317/4	4,18	374,342,902	247/11
1868 .	30,450,000	561,135	41,03	106,918,118	3,51	5,730,223	0,19	134,729	9,91	486,893,400	319/10	4,13	386,542,366	253/11
1869 .	30,750,000	583,369	42,17	111,889,118	3,64	6,564,216	0,21	175,038	12,75	490,950,770	319/4	4,45	389,421,002	253/3
1870 .	31,100,000	666,368	48,00	117,622,575	3,78	6,943,109	0,21	92,802	6,72	504,381,000	324/4	4,49	398,222,811	256/1
1871 .	31,500,000	702,201	49,93	123,529,642	3,92	7,333,988	0,23	103,649	7,37	520,400,000	330/5	4,69	419,850,798	266/7
1872 .	31,750,000	715,400	50,47	127,792,412	4,02	7,853,165	0,25	189,796	13,39	537,285,640	338/5	4,83	434,802,952	271/9
1873 .	32,000,000	786,033	55,02	132,022,155	4,12	8,311,023	0,26	162,042	11,37	569,047,346	355/8	4,75	453,585,000	283/6
1874 .	32,200,000	853,845	59,40	137,422,563	4,27	8,863,579	0,28	144,010	10,02	578,320,308	359/2	4,80	481,002,000	298/9
1875 .	32,400,000	942,703	65,17	145,458,120	4,36	9,973,926	0,31	168,687	11,66	590,000,000	364/2	5,00	490,000,000	310/6

Kalenderjahr.	Bevölkerung.	Consumtion		Zucker-Consumtion pro Kopf	
			pro Kopf.	im 5jährigen Durchschnitte.	nach der aus nebenstehender Spalte sich ergebenden Progression.
	Köpfe.	ZCtr.	Pfd.	Pfd.	Pfd.
1836 . . .	25,402,000	1,014,094	3,99		4,09
1837 . . .	25,703,000	945,905	3,68		4,28
1838 . . .	26,049,000	1,235,199	4,74	4,44	4,44
1839 . . .	26,382,000	1,345,608	5,10		4,58
1840 . . .	26,746,000	1,253,170	4,69		4,71
1841 . . .	27,142,000	1,260,225	4,64		4,84
1842 . . .	27,870,000	1,323,650	4,75		4,98
1843 . . .	28,207,000	1,418,561	5,03	5,12	5,12
1844 . . .	28,498,000	1,588,292	5,57		5,26
1845 . . .	28,795,000	1,612,775	5,60		5,40
1846 . . .	29,113,000	1,492,568	5,13		5,53
1847 . . .	29,461,000	1,720,919	5,84		5,67
1848 . . .	29,560,000	1,774,687	6,00	5,80	5,80
1849 . . .	29,673,000	1,783,188	6,01		5,99
1850 . . .	29,800,000	1,790,300	6,01		6,18
1851 . . .	30,011,000	1,801,347	6,00		6,37
1852 . . .	30,242,000	2,241,667	7,42		6,57
1853 . . .	30,493,000	2,124,937	6,97	6,76	6,76
1854 . . .	32,682,000	2,061,415	6,31		7,08
1855 . . .	32,832,000	2,331,367	7,10		7,40
1856 . . .	32,993,000	2,317,250	7,02		7,71
1857 . . .	33,195,000	2,538,659	7,65		8,03
1858 . . .	33,461,000	3,065,923	9,16	8,35	8,35
1859 . . .	33,542,000	3,214,201	9,58		8,50
1860 . . .	33,903,000	2,820,784	8,32		8,65
1861 . . .	34,279,000	2,692,400	7,85		8,81
1862 . . .	34,670,000	2,985,448	8,61		8,96
1863 . . .	35,052,000	3,158,896	9,01	9,11	9,11
1864 . . .	35,458,000	3,322,616	9,37		9,26
1865 . . .	35,887,000	3,838,006	10,69		9,41
1866 . . .	36,104,000	3,248,583	9,00		9,55
1867 . . .	36,445,000	3,305,664	9,07		9,70
1868 . . .	36,860,000	3,728,363	10,12	9,87	9,87
1869 . . .	38,302,000	3,946,124	10,30		10,40
1870 . . .	38,750,000	4,199,225	10,84		10,93
1871 . . .	39,000,000	3,951,909	10,14		11,46
1872 . . .	40,786,000	5,100,339	12,54	12,23	12,00
1873 . . .	40,940,000	5,664,090	13,83		12,53
1874 . . .	41,300,000	5,129,669	12,42		13,06

völkerung von 80 Mill. 6 Pfd. Zucker auf die Person verbraucht wurden. Das Wachsen der Konsumtion in England haben wir schon in Anmerkung 2 zu Seite 3 kennen gelernt und beweist auch Frankreich, dass bei emporblühendem Handel und einträglicher Industrie und Landwirthschaft das Verlangen der Bevölkerung nach Zucker sich immer stärker regt (der Konsum Frankreichs, der 1852 nicht 120,000 Tons überstieg, hatte sich 1860 bereits auf 260,000 Tons gesteigert). In den Vereinigten Staaten betrug der Konsum an Kolonialzucker

1861 . .	363,819	Tons
1864 . .	220,660	-
1867 . .	400,568	-
1870 . .	530,692	-
1873 . .	652,025	-
1876 . .	658,369	-

Rechnet man hierzu den Verbrauch von Melasse, Ahorn- und Rübenzucker, so ergiebt sich ein Gesammt-Verbrauch von 745,269 Tons, der sich also in 16 Jahren mehr wie verdoppelt hat.

Dasselbe Bild bieten uns auch die meisten andern Länder. Zur besseren Uebersicht und Vergleichung des Konsums von Deutschland, Frankreich und England verweisen wir auf die nebenstehende graphische Darstellung.

2. Produktion und Besteuerung.

A. Rohrzucker.

Wie bereits bemerkt, beträgt die Gesammt-Komsumtion der Erde momentan ca. 3,500,000 Tons. Hierzu liefern die Rohrzucker bauenden Länder trotz der zunehmenden Ausdehnung der Rübenzuckerfabrikation noch immer den grössten Beitrag, nämlich 1875 mit 1,745,484 Tons. An dieser Produktion betheiligten sich im Jahre 1875 nach einer Schätzung von Rueb und Ledeboer in Rotterdam folgende Länder:

Graphische Darstellung des Zucker-Consums in Deutschland, Frankreich u. England.[1)]

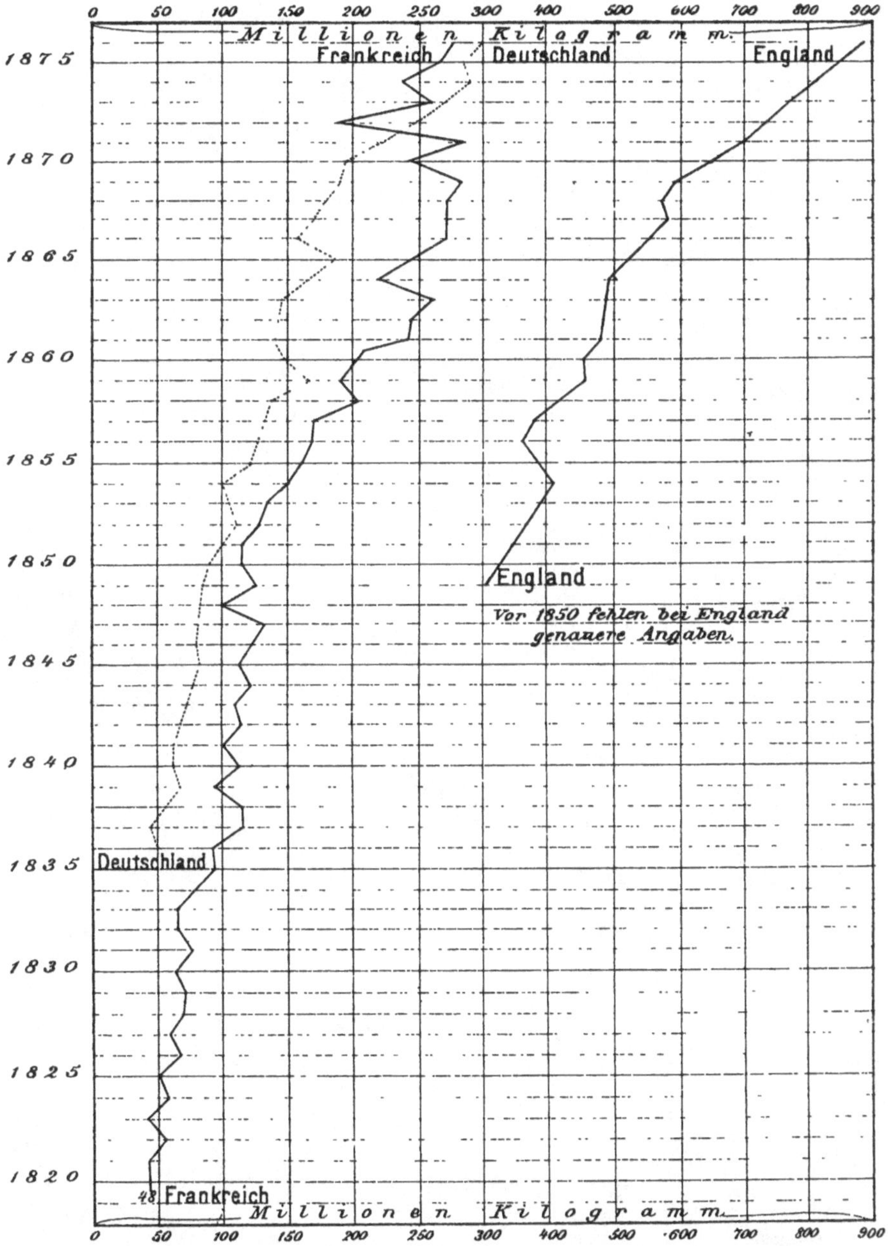

1) Die Consumtion Oesterreichs und Russlands konnte in diese Darstellung leider nicht hineingezogen werden, weil sich die Bewegung derselben bei der mangelhaften Steuerstatistik dieser Länder auch nicht annähernd zuverlässig feststellen lässt.

mit	1853. Tons	1863. Tons	1872. Tons	1874. Tons	1875. Tons
Java und Madura	100,000	125,287	207,842	167,298	206,612
Surinam	16,520	13,683	12,791	12,298	8,903
Cuba	322,025	506,860	711,795	796,179	661,058
Manilla	40,000	83,151	91,701	82,912	126,198
Porto Rico . . .	111,975	63,000	89,559	87,639	72,128
Brasilien	138,000	238,280	157,809	126,395	102,509
Mauritius . . .	80,811	158,209	124,806	126,446	83,137
Antillen engl. . .	61,000	13,849	21,279	34,087	28,383
Natal	—	1,317	8,872	7,210	7,892
Jamaica	21,361	28,444	26,296	19,899	23,005
Barbados	25,556	29,583	37,762	26,266	54,369
Trinidad	24,010	37,421	60,023	66,745	58,607
Engl. Guyana . .	38,096	53,974	73,556	76,579	72,052
Australien . . .	2,485	2,988	4,920	5,497	5,433
Louisiana . . .	224,662	—	69,800	59,300	64,277
Martinique . . .	20,700	30,459	39,699	37,515	50,526
Guadeloupe . . .	14,800	30,266	31,786	35,845	48,032
Reunion	33,100	68,616	30,450	30,450	32,176
Cayenne	300	420	324	285	69
Egypten	1,303	341	20,359	41,884	40,118
	1,276,704	1,486,148	1,821,429	1,840,986	1,745,484

Vergleichen wir die Gesammtzahl des Jahres 1875 mit den aus den letzten 10 Jahren über die Rohrzucker-Produktion vorliegenden Nachrichten, nach welchen dieselbe betrug

1867 . .	1,378,407	Tons
1868 . .	1,636,096	-
1869 . .	1,585,309	-
1870 . .	1,661,834	-
1871 . .	1,599,064	-
1872 . .	1,821,429	-
1873 . .	1,710,763	-
1874 . .	1,840,986	-
1875 . .	1,745,484	-

so tritt uns das überraschende Resultat entgegen, dass die Kolonialzucker-Produktion jetzt sich beinahe auf derselben Höhe befindet, wie vor 8 Jahren und die schwankenden Ziffern sich nur auf ein mehr oder weniger günstiges Ernte-Ergebniss zurückführen lassen. Gegenüber der schnellen Steigerung früherer Jahrzehnte ist dieser Stillstand um so auffälliger als der Konsum der Erde sich, wie bereits gezeigt, kolossal vermehrt hat. Würde nicht die Rübenzucker-Industrie für den Mehrbedarf eintreten, so ständen wir heute vor der Thatsache, dass die Kolonieen den

Bedarf des Weltmarkts an Zucker nicht mehr deckten und deshalb der Konsum eingeschränkt werden müsste, oder dass die Welt eine enorme Preissteigerung dieses Artikels zu erdulden hätte. Die Ursachen dieser Erscheinung sind mannigfacher Art.

Wenn einerseits der durch Aufhebung der Sklaverei in den meisten Kolonieen hervorgerufene Arbeiter-Mangel die Herstellungskosten vermehrt hat, so haben andererseits die Pflanzer es nicht für nöthig befunden, diesen Ausfall der Arbeitskraft durch bessere Maschinen auszugleichen, während in Europa die Fortschritte der Technik und Wissenschaft die Produktionskosten auf das erreichbarste Minimum herab minderten. So betrugen nach einer Zusammenstellung der Zeitschrift „Sugar cane“ bezügl. der Erndte 1875, in 7 der besten Fabriken indischen Zuckers, die nach dem System der franz. Centralfabriken arbeiten, im Durchschnitt die Kosten des Zuckers pr. 100 Ko. M. 35,30 bis M. 43,60 oder zuzügl. M. 18,80, Parität der deutschen Steuer M. 54,10 bis M. 62,40, gegenüber einem Satze von ca. M. 60, in Deutschland. Dieses Preisverhältniss, welches, wenn man die Transportkosten für die Kolonialzucker mit in Anschlag bringt, dem Rübenzucker in Europa den Sieg sichert, hat eine Entmuthigung der Pflanzer hervorgerufen, die, verbunden mit der Angst vor einer fortwährenden Zunahme der Rübenzucker-Produktion Europa's, sie ihren Zuckerrohrbau einschränken lässt. Dazu kommt die durch den ununterbrochenen Zuckerrohrbau bewirkte Aussaugung des Bodens, die jetzt in manchen Ländern zu fortwährenden Misserndten Anlass giebt. So hat in Louisiana, früher einem der Hauptzuckerländer, der Anbau des Zuckerrohrs einen gewaltigen Stoss erlitten, weil man seit 1751, wo das Rohr eingeführt wurde, stets auf demselben Boden nur Zuckerrohr baute, ohne demselben die für das Gedeihen der Pflanze nöthigen Stoffe, Phosphorsäure und Kalisalze, wieder zuzuführen.

Während man in Mauritius . 6000 Pfd.
\- Brasilien . 5000 -
\- Cuba . . . 4000 -
\- Bourbon . . 3300 -
\- Guadeloupe 2000 -
\- Martinique . 1700 - vom Acker gewinnt,

liefert in Louisiana der Acker nur 1000 Pfd. Zucker. Nimmt man dazu die Abschaffung der Sklaverei und den Umstand, dass wegen der 6monatlichen Ueberschwemmung des Landes in den Zuckerrohrbauenden Distrikten die Einführung der vortheilhaften französischen Central-Fabriken unstatthaft ist, so hat man die Gründe, die die Produktion der Ver. Staaten von 263,500 tons vor dem Bürgerkriege auf 81,700 im Jahre 1876 herab minderten.

Ein weiteres redendes Beispiel für das oben Gesagte liefert uns die dänische Insel St. Croix. Diese, 4 □Meilen gross mit 25,000 Einwohnern, war einst berühmt wegen Klima, Schönheit und Fruchtbarkeit. Ihre Zuckerproduktion war in den Jahren 1820—1850 bedeutend und höchst lucrativ, die dortigen Pflanzer waren vornehme Cavaliere, die indessen nicht daran dachten, Verbesserungen in ökonomischer und mechanischer Beziehung auszuführen. Die Erde wurde ausgesogen, mit alterthümlichen Siedereien und schlechten Maschinen fortgearbeitet und 1874 war die Insel nach 3jähriger Misserndte, bei gleichsam düngerlosem Zustande so heruntergekommen, dass sie am Rande einer traurigen Katastrophe steht und man damit umgeht, von Europa aus mit Hülfe der Regierung durch eine Aktiengesellschaft derselben zu Hülfe zu kommen.

Eine Produktionstabelle der englisch-westindischen Inseln von 1813, welche die Erndte

von	Jamaica	auf	90,000	Tons
-	Barbados	-	9,000	-
-	St. Vincent	-	13,500	-
-	Grenada	-	12,500	-
-	Trinidad	-	8,000	-
-	Antigua	-	10,000	-
-	St. Christoph	-	7,000	-
-	Dominica	-	2,500	-
-	Nevisete	-	7,500	-
		Sa.	160,000	Tons angiebt,

lässt, verglichen mit der von 1875, den Stillstand respective Rückgang noch deutlicher erkennen. Denn 1875 betrug die Erndte nach der mitgetheilten Aufstellung von Rueb und Ledeboer auf den englischen Antillen zwar noch 164,000 Tons; dabei ist jedoch die Ernte Jamaica's um 76,000 Tons zurückgegangen, nur Trinidad (58,600) und Barbados (54,300) haben sich bedeutend gehoben.

Auch aus Brasilien, wo besonders in den heissen Provinzen Para, Bahia und Pernambuco das Zuckerrohr gebaut wird, hört man, dass man in letzterer Provinz die Theekultur auf passenden Ländereien versucht und den Kaffeebau mehr und mehr anregt, in Folge herrschenden Bestrebens die entmuthigenden Resultate des Zuckerrohrbaues durch lohnendere Kulturen zu ersetzen.

Aehnliche Kalamitäten herrschen in den meisten anderen Kolonieen und müssen die Pflanzer ernstlich daran denken, den Boden und die Fabriken zu verbessern, wenn sie nicht durch die steigende Rübenzuckerproduktion in noch ungünstigere Lage gebracht werden wollen. Nach den neuesten Berichten scheint sich diese Erkenntniss denn auch allmälig Bahn zu brechen, da man bereits in einzelnen Distrikten der zuckerrohrbauenden Länder beginnt, der Kultur des Bodens durch Einführung des Dampfpfluges und anderer landwirthschaftlicher Maschinen grössere Aufmerksamkeit zu widmen.

Gegenüber der verhältnissmässig ungünstigen Lage des Zuckerrohrbaues in den genannten Kolonieen können wir aber einen beachtenswerthen Productionsfortschritt konstatiren, den einige andere Distrikte in den letzten Jahren gemacht haben und der, den Ausfall bereits deckend, zu den besten Erwartungen für die Zukunft berechtigt. Wir nennen in erster Linie Peru, welches bei besonders günstigen Temperatur-Verhältnissen (regelmässige Wärme von 28° R. ohne Regen, Nachts genügende Feuchtigkeit durch Bethauung) und dadurch ermöglichter fortwährender Abberndtung des Rohres, sowie mit Hülfe sehr vollkommener fabrikativer Einrichtungen einen solchen Aufschwung erlangt hat, dass es 1873: 16,080 Tons, 1875: 37,900 Tons auf den Liverpooler Markt brachte und insgesammt jetzt 50—60,000 Tons produzirt. Nur Mangel an Arbeitskräften und schwierige Finanz-Verhältnisse hinderten eine noch weitere Ausdehnung des Anbaues. Ebenso hat der Anbau von Zuckerrohr in Queensland (Australien) seit den letzten Jahren bedeutend zugenommen, was auch wohl zu erwarten war, wenn man das günstige Klima und die geeignete Bodenbeschaffenheit der genannten Kolonie berücksicht. Die Zahl der Zuckerrohrmühlen ist in

Queensland von 28 im Jahre 1869 auf 71 im Jahre 1874 gestiegen, die mit Zuckerrohr bebaute Fläche ist von 607 Acker auf 14,495 gewachsen und hat sich die Production in denselben Jahren von Tons 1,490 auf Tons 12,168 gesteigert, um im Jahre 1875 schon ca. 15,000 Tons zu betragen.

Eine geradezu rapide Entwicklung hat jüngst der Zuckerrohrbau Egyptens genommen. Die wunderbare Fruchtbarkeit, welche der Nil dem Lande ununterbrochen zuführt, bürgt dem Zuckerrohr dort üppiges Gedeihen. Während man früher fast nur Baumwolle kultivirte, hat man jetzt mehr wie 200,000 Feddahn (à $1^2/_3$ preuss. Morgen) mit Rohr bepflanzt und gewinnt vom Morgen 1800 Pfd. Zucker und 500 Pfd. Syrup. Die Produktion, soweit sie sich in der Ausfuhr zeigt, hat in 9 Jahren um das 17fache zugenommen, während sich die Rübenzucker-Produktion in Frankreich, Belgien und Deutschland in demselben Zeitraume nur verdoppelte. Die Ausfuhr Egyptens betrug:

1867	Tons	2,749.	1872	Tons	22,822.
1868	-	7,260.	1873	-	35,566.
1869	-	14,664.	1874	-	44,346.
1870	-	14,191.	1875	-	45,076.
1871	-	17,823.			

wovon ca. 58 pCt. nach Frankreich, 21 pCt. nach England, 12 pCt. nach Italien gingen.

Spanien hat in seinen Provinzen Malaga, Granada, Alicante und Valentia eine Zuckerrohr-Industrie, die immerhin Beachtung verdient. Die Pflanzungen, die sich von Marbella auf der westlichen bis nach Cidra auf der östlichen Küste erstrecken, erfreuen sich eines zunehmenden Ergebnisses. Das Zuckerrohr, welches dieselbe Grösse erreicht wie in den Tropen, lieferte 1864: 9000 Tons; in Granada sind allein 25 Fabriken, darunter 12 ersten Ranges. Die jetzige Produktion beträgt 6 bis 7 Millionen Arroben (ca. $1^3/_4$ Millionen Ctr.).

Besonders Asien aber hat ungeheure Gebiete in Siam, Cambodja, Japan, Bengalen und China, deren Produktion noch unendlich gesteigert werden kann und bereits im Aufblühen begriffen ist. Die Produktion China's, welches den Zucker noch auf sehr primitive Weise gewinnt, lässt sich auch nicht annähernd berechnen; die Quantitäten, welche die 4 den Ausländern geöffneten Häfen passiren, beziffern sich auf ca. 50,000 Tons jährlich. Jedenfalls ist bei Anwendung der neuen Technik und Schiffbarmachung der Flüsse eine bedeutende Steigerung der Produktion und Ausfuhr zu erwarten. Auch Japan baut besonders in Sotzema auf Schikohu und in den südlichen Distrikten der Hauptinsel Zuckerrohr, doch decken die Erträge bei der unglaublichen Menge Süssigkeiten, welche die ärmere Bevölkerung hauptsächlich zu Ernährungszwecken verzehrt, noch nicht annähernd den Bedarf des Landes, der von Jahr zu Jahr in riesigen Dimensionen wächst[1]).

Die Hauptrohrzucker-Produktion hat noch immer, wie seit den ersten Zeiten der Kolonieen, Kuba zu verzeichnen. Dieselbe belief sich

			im Preise pr. Ctr. in sh. und d.	
1867	auf	565,529 Tons	25 sh.	3 d.
1868	-	710,609 -	25 -	9 -
1869	-	664,155 -	29 -	—
1870	-	684,032 -	27 -	7 -
1871	-	527,000 -	30 -	—
1872	-	711,795 -	29 -	7 -
1873	-	738,000 -	26 -	8 -
1874	-	796,179 -	25 -	—
1875	-	661,058 -	23 -	4 -
1876	-	566,000 -	—	—

ist also absolut stehen geblieben.

Der Export, von dem 1851: 28 % nach Spanien, 27 % nach den Vereinigten Staaten, 19½ % nach England und 25½ % nach andern Ländern gingen, richtet sich jetzt hauptsächlich nach Nordamerika, wohin

1872	327,168 Tons
1873	361,711 -
1874	425,973 -
1875	400,931 -
1876	382,369 -

ausgeführt wurden.

Die Gesammteinfuhr der Kolonieen nach Europa und Nord amerika betrug überhaupt

[1]) Die Hauptquantitäten für den japanischen Konsum werden (nach No. 14 des preussischen Handelsarchivs) von China und Formosa bezogen und belief sich die Einfuhr im Jahre 1876 auf 534,347 pikuls (1 pikul = 60,479 Kg.) gegen 366,808 pikuls im Vorjahre.

a) in Europa.

	Kontinent ohne Frankreich.	Frankreich.	England.	Total in Europa.
1870	206,160	180,000	639,790	1,025,950 Tons
1871	221,650	159,991	595,930	977,571 -
1872	199,220	189,871	684,650	1,073,741 -
1873	201,120	181,431	725,620	1,108,171 -
1874	181,980	156,222	844,430	1,019,502 -
1875	154,220	221,133	953,879	1,329,232 -
1876	201,790	165,000	918,489	1,285,279 -

b) in den Vereinigten Staaten

1870 . .	447,026 Tons
1871 . .	548,396 -
1872 . .	548,769 -
1873 . .	619,270 -
1874 . .	639,610 -
1875 . .	648,949 -
1876 . .	589,985 -

B. Rübenzucker.

Seitdem die Rübenzucker-Industrie, die, wie im vorigen Abschnitte dargelegt, in Deutschland und Frankreich ihre erste Entwicklung durchgemacht, in den dreissiger Jahren sich Bahn gebrochen und auf dem Weltmarkt eine Stellung zu erobern begonnen hatte, sehen wir sie eine Ausdehnung und Bedeutung gewinnen, die man anfangs nicht geahnt und die wohl keine Industrie in gleicher Zeit und unter gleichen Verhältnissen errungen zu haben sich rühmen kann. Von kleinen Anfängen ausgehend, hat sie es verstanden, die Aufmerksamkeit des gesammten Europas auf sich zu lenken und sich über den grössten Theil desselben auszubreiten. Mit Ausnahme von Spanien, Portugal, Griechenland und der Türkei betheiligen sich sämmtliche europäische Staaten an der Rübenzucker-Produktion in mehr oder weniger grossem Maassstabe und selbst in das zum Heimathland des Kolonialzuckers gewordene Amerika hat die Rübenzuckerfabrikation einen siegreichen Einzug gehalten, indem man sie auch in den Vereinigten Staaten wie in Canada heimisch zu machen sucht. Auch in den englischen Colonieen Süd-Afrikas wird neuerdings Rübenzucker producirt, der auf der Wiener Ausstellung seiner schönen Qualität wegen Aufsehen zu machen vermochte. Die Länder, in denen jetzt hauptsächlich diese Industrie blüht, sind Deutschland, Frankreich, Oesterreich-Ungarn, Russland, Belgien und Holland. Indem man die Rübenzuckerproduktion für das Betriebsjahr 1870/71 nach dem Wiener Weltausstellungsbericht auf 18,851,774 Ctr. annimmt, vertheilte sich dieselbe auf nachbenannte Länder, wie folgt:

Frankreich	mit	5,781,660 Ctr.
Deutschland	-	5,259,734 -
Oesterreich-Ungarn	-	3,645,600 -
Russland	-	2,700,000 -
Belgien	-	1,114,780 -
Niederlande und andere Länder	-	350,000 -
		18,851,774 Ctr.[1]),

welche Masse in ca. 1700 Fabriken gewonnen wurde. Deutschland nimmt in der Produktion also seit den letzten Jahren mit die erste Stelle ein, und an derselben Stelle steht es seit länger allein was Rübenqualität und maschinelle Einrichtungen betrifft. So beginnen wir auch unsere Darstellung der Bedeutung der Rübenzuckerproduktion in den einzelnen europäischen Ländern mit Deutschland, und halten uns dabei hauptsächlich an die Nachweise, die sich in den Vierteljahrs-Heften des statistischen Amtes des Deutschen Reichs und bei F. O. Licht finden.

---

[1]) F. O. Licht gibt die Europäische Rübenzuckerproduktion in den Jahren 1874/75 bis 1877/78 wie folgt an.

	1874/75	1875/76	1876/77	1877/78
	Ctr.	Ctr.	Ctr.	Ctr.
Deutsches Reich .	5,014,164	6,932,914	5,824,077	7,100,000
Frankreich . . .	9,017,540	9,245,180	4,865,900	6,500,000
Russland	4,450,000	4,900,000	5,000,000	5,000,000
Oesterreich-Ungarn	2,803,839	3,602,769	4,105,335	4,700,000
Belgien	1,421,580	1,595,920	889,340	1,200,000
Niederlande und andere Länder . .	600,000	600,000	500,000	500,000
Summa	23,307,123	26,876,783	21,184,652	25,000,000
Oder Tons à 1000 Kilo	1,165,356	1,343,839	1,059,233	1,250,000

(Bei diesen Zahlen, welche mit der amtlichen Statistik der verschiedenen Länder und speciell mit der Deutschen Reichsstatistik nicht übereinstimmen, halten wir besonders Russland für zu hoch und Oesterreich-Ungarn für zu niedrig geschätzt.)

a. Deutschland.

Wir haben bereits die kleinen Anfänge der Rübenzuckerfabrikation in Deutschland kennen gelernt und die vielen Schwankungen und Fährlichkeiten ermessen, welche dieselbe bis zum Jahre 1836 durchmachen musste. Die ersten Anlagen in Schlesien waren nach kurzem Bestehen wieder eingegangen, offenbar wegen der mangelhaften Apparate und der schlechten Beschaffenheit der Rüben, welche keinen günstigen Ertrag der Fabrikation gestatteten. Erst, nachdem in Frankreich das Fabrikationsverfahren zu einer gewissen Entwicklung gebracht war, kam in den zwanziger Jahren, begünstigt durch die in Folge niedriger Getreidepreise eingetretene Entwerthung der Landgüter, die neue Industrie auch bei uns wieder lebhafter in Aufnahme und gingen Techniker vielfach nach Frankreich, um die verbesserte Fabrikation kennen zu lernen. Doch wandte man anfangs leider nicht die genügenden Capitalien darauf, alle jene dort erzielten Fortschritte auch für uns praktisch nutzbar zu machen, man scheute namentlich die Anwendung von Dampf zum Verdampfen und Verkochen des Saftes, welche kostspielige Anlagen erheischte, und begnügte sich mit freiem Feuer für diesen Zweck.

Bei der allgewaltigen Herrschaft des indischen Zuckers in Europa war es natürlich, dass eine in den Anfängen begriffene Industrie nicht aus eigener Kraft sich gegenüber einem so mächtigen Konkurrenten, wie der Kolonialzucker es in den 30ger Jahren noch war, hätte emporschwingen können, wenn ihr nicht in den ersten Jahren der möglichste Schutz zu Theil geworden wäre, der sie in Stand setzte, zu erstarken und Kräfte zu sammeln, um gegen den Feind, mit dem der Kampf noch heute fortdauert, siegreich vorzudringen.

Unter solchem Schutze und der Steuerfreiheit, die die Rübenzucker-Fabrikation anfangs genoss, sehen wir im Jahre 1836, von wo ab genaue Nachrichten beginnen, die Fabriken bereits in der Anzahl von 122 vertreten, wovon 90 auf Preussen und 32 auf die übrigen Zollvereinslande entfallen, und bis zum Jahre 1840 die Zahl derselben auf 152 anwachsen. Namentlich finden wir im Magdeburgischen und Anhaltischen zahlreiche Fabriken um diese Zeit neu errichtet, von welchen freilich die meisten wieder zu Grunde gingen. In denen jedoch, welche sich erhielten, waren eine Menge jener theuren, aber werthvollen Erfahrungen gesammelt worden, welche zum gewünschten Ziele führten. Man hatte das Bedürfniss erkannt, möglichst zuckerreiche und salzarme Rüben bei genügendem Ertrage zu erzielen, sah die Nothwendigkeit des Gebrauches zwar kostspieliger, aber zweckmässiger Apparate ein, ersetzte nun auch das freie Feuer durch Dampf, wendete die Knochenkohle in grosser Menge als Reinigungsmittel des Saftes an, lernte überhaupt die Fabrikation des Zuckers auf die Stufe der durch Wissenschaft und Praxis gewonnenen Resultate heben.

Diese günstige Entwicklung der Rübenzucker-Fabrication vollzog sich zunächst hauptsächlich in der preussischen Provinz Sachsen. Vor Allem war dort der zum Anbau guter Rüben geeignete Boden vorhanden, welcher namentlich in der Nähe der Städte durch den seit langer Zeit betriebenen Cichorienbau die beste Vorbereitung erhalten hatte und welcher neben der daselbst allgemein verbreiteten Kenntniss für Bau der Wurzelgewächse die Herbeischaffung des Hauptmaterials, der Rüben, in bester Qualität sicherte. Die in Sachsen blühenden Maschinen-Fabriken lieferten die maschinellen Einrichtungen und bei den meisten Unternehmungen fand sich die Intelligenz des Landwirthes, des Fabrikanten und des Kaufmannes mit den erforderlichen Kapitalien glücklich gepaart.

Unter ähnlichen günstigen Verhältnissen wie in der Prozinz Sachsen blühte auch die Rübenzucker-Fabrikation in dem benachbarten Anhalt und Schlesien auf. In Braunschweig entwickelte sich nach einigen Fehlversuchen die Zuckerindustrie so günstig und in dem Maasse, dass dieses Land sehr bald nächst Anhalt die verhältnissmässig grösste Anzahl der Fabriken besass. In den anderen Ländern des Zollvereins hat sich die Rübenzucker-Fabrikation bei weitem nicht so kräftig Bahn gebrochen.

Als im Jahre 1841 der Centner verarbeiteter grüner Rüben mit $1/4$ Sgr. Steuer belegt wurde, ging die Zahl der Fabriken auf 135 und bei der im nächsten Jahre erfolgenden Verdoppelung der Steuer auf 98 herab, weil die kleineren, weniger gut ausgerüsteten Fabriken mit den grossen neu eingerichteten, sowie mit der alles aufbietenden Konkurrenz des Kolonialzuckers nicht gleichen Schritt zu halten vermochten. Erst das

Jahr 1846/47 machte diesem Rückgang ein Ende und jetzt beginnt der riesenhafte Aufschwung, den selbst die successive Steuererhöhung nicht aufzuhalten vermochte. Während die Steuer auf 8 Sgr. pr. Ctr. stieg, d. h. um das 32fache, betrug die Anzahl der Fabriken im Jahre 1873/74: 337, hob sich also gegen 1841 um 202, d. h. um das Anderthalbfache.

Die Fabriken vertheilen sich auf die im vorigen Abschnitte erwähnten Produktionsgebiete wie folgt:

Centralgebiet (Provinz Sachsen, Anhalt, Braunschweig, Hannover, Thüringen)	237
Odergebiet (Schlesien, Brandenburg, Pommern)	75
Niederrhein	9
Uebriges Norddeutschland	8
Süddeutschland	8
zusammen	337

wovon allein auf Preussen 253 entfallen.

In noch grösserem Maasse steigerte sich die Menge der zur Zuckergewinnung benutzten Rüben. Im Jahre 1836/37 nur 506,923 Ctr., 1840/41 nur 4,829,734 Ctr., betrug sie 1873/74: 70,575,277 Ctr., es fand zwischen diesen letzteren Campagnen also eine Vermehrung auf fast das 15fache statt. Während jede Fabrik im Jahre 1836/37 durchschnittlich nur 4,155 Ctr. Rüben verarbeitete, stieg diese Ziffer auf 209,422 im Jahre 1873/74, also um mehr wie das 50fache.

Wenn die steigende Steuer die Zahl der Fabriken nicht mehr herunterzudrücken vermocht hat, so zwang sie andererseits zur grössten Anstrengung, zur Hebung der Rübenkultur und der Technik der Fabrikation. Wenn man in den Jahren 1836/1837: 18 Ctr., 1840/41 noch durchschnittlich 17 Ctr. Rüben, 1846 noch 14 Ctr., 1857: 13 Ctr., bis 1870 aber nur noch 12 Ctr. grüne Rüben gebrauchte, um einen Centner Rohzucker darzustellen, so beweisen diese Ziffern am besten diese glänzenden Fortschritte. Im Jahre 1874/75 bedurfte man sogar nur noch 10,75 Ctr. Rüben zur Gewinnung eines Centners Rohzucker, oder stellte mit andern Worten 9,45 Pfd. Zucker aus 1 Ctr. Rüben dar. Diesen neuen Erfolg verdankt die Industrie besonders neben der Vervollkommnung der Rübenkultur dem früher besprochenen Diffusions-Verfahren, welches immer weitere Verbreitung findet, wie folgende Ziffern zeigen:

Betriebs-jahr.	Fabri-ken.	Hiervon gewannen den Saft mittelst: Pressens,	Macerirens,	Ausschleuderns,	Diffusion.
1871/72	311	216 = 69,5%	25 = 8 %	18 = 5,8%	52 = 16,7%
1872/73	324	220 = 67,9%	26 = 8 %	15 = 4,6%	63 = 19,5%
1873/74	337	214 = 63,5%	31 = 9,2%	12 = 3,6%	80 = 23,7%
1874/75	333	181 = 54,3%	30 = 9 %	9 = 2,7%	113 = 34 %
1875/76	332	137 = 41,3%	29 = 8,7%	9 = 2,7%	157 = 47,3%

Hand in Hand mit der wachsenden Zuckerausbeute aus einem Centner Rüben stieg die Gesammt-Rohzucker-Produktion in kolossalem Maassstabe. Wenn man im Betriebsjahre 1840/41 erst 284,102 Ctr. Rohzucker producirte, so erreichte man 1873/74 nach der Reichsstatistik das gewaltige Resultat von 5,820,813 Ctr. und 1875/76 sogar 7,160,964 Ctr., wodurch Deutschland an die Spitze der Rübenzucker producirenden Länder trat. Das pro Fabrik durchschnittlich producirte Quantum betrug 1840/41 1959 Ctr., 1875/76 dagegen 21,569 Ctr., mithin trat eine 11fache Vermehrung ein, während die Gesammt-Produktion sich um das 25fache steigerte.

Um die Steigerung der Fabrikation im Zollverein resp. Deutschland zu veranschaulichen, möge die nachstehende Tabelle, aus den amtlichen statistischen Daten zusammengestellt, hier eine Stelle finden.

Campagne [1])	Zahl der Fabriken.	Verarb. Rüben Ctr.	Rohzucker-Produktion Ctr.	Steuerertrag Thlr.
1836/37	122	506,923	28,162	—
1837	156	2,763,942	153,552	—
1838	159	2,904,208	163,158	—
1839	152	4,405,637	253,198	—
1840	145	4,829,734	284,102	40,248
1841	135	5,131,516	314,817	85,425
1842	98	2,475,745	154,734	41,262
1843	105	4,349,667	286,162	72,494
1844	98	3,890,404	259,360	194,520
1845	96	4,455,092	303,068	222,755
1846	107	5,633,848	402,418	281,692
1847	127	7,676,772	536,837	383,839
1848	145	9,896,718	717,154	494,836
1849	148	11,525,671	847,475	576,284
1850	184	14,724,309	1,066,979	1,472,431

[1]) Zwischen Campagnejahr (1. September bis 31. August) und Kalenderjahr ist, wo der eine oder der andere Ausdruck gebraucht wird, wesentlich zu unterscheiden.

Campagne	Zahl der Fabriken.	Verarb. Rüben Ctr.	Rohzucker-Produktion Ctr.	Steuerertrag Thlr.
1851	234	18,289,901	1,261,372	1,828,990
1852	238	21,717,096	1,696,648	2,171,710
1853	227	18,469,890	1,420,761	3,693,978
1854	222	19,188,402	1,572,820	3,837,680
1855	216	21,839,799	1,747,184	4,367,960
1856	233	27,551,208	2,071,519	5,510,242
1857	249	28,915,134	2,409,594	5,783,027
1858	257	36,668,557	2,887,288	9,167,139
1859	256	34,399,317	2,915,196	8,599,829
1860	247	29,354,032	2,530,520	7,338,508
1861	247	31,692,394	2,515,267	7,923,099
1862	247	36,719,259	2,760,847	9,179,815
1863	253	39,911,520	3,023,606	9,977,880
1864	270	41,641,204	3,413,214	10,410,301
1865	295	43,452,773	3,713,912	10,863,193
1866	296	50,712,709	4,024,818	12,678,171
1867	293	40,593,392	3,300,276	10,148,348
1868	295	49,953,656	4,162,805	12,488,414
1869	296	51,691,738	4,343,844	13,784,463
1870	304	61,012,912	5,259,734	16,270,110
1871	311	45,018,363	3,728,363	12,004,897
1872	324	63,631,015	5,251,021	16,968,271
1873	337	70,575,277	5,820,813	18,820,074
1874	333	55,134,902	5,128,247	14,702,640
1875/76	332	83,225,683	7,160,964	22,193,515

Die Produktion der letzten Campagne vertheilte sich unter den Ländern Deutschlands wie folgt.

	Anhalt.	Luxemburg.	Preussen.	Bayern.	Würtemberg.	Baden.	Mecklenburg	Thüringen.	Braunschweig.	Summa.
Zahl der Fabriken . . .	34	2	263	2	5	1	2	5	28	332
Verarbeitete Rüben . . .	7,477,846	311,045	63,863,295	320,225	1,684,038	555,794	300,424	1,188,598	7,524,418	83,225,683
Entrichtete Steuer. Mark	5,982,277	248,836	51,090,637	256,180	1,347,230	444,635	240,339	950,878	6,019,534	66,580,546
Rohzucker-Produktion . . .	654,996	27,948	5,487,440	26,380	135,656	44,035	24,177	103,396	656,936	7,160,964

Was das verarbeitete Rübenquantum anlangt, das im Durchschnitt der letzten Jahre auf etwa 115,000 Hectaren gewonnen wurde, so sind bezüglich der Beschaffung dieses Rohmaterials zwei Systeme zu unterscheiden. Entweder baut die einzelne Fabrik die zur Verarbeitung erforderlichen Rüben selbst, — bei den auf Association beruhenden Etablissements in der Weise, dass jeder betheiligte Landwirth sich kontraktmässig zur Lieferung eines bestimmten jährlichen Quantums verpflichtet

— oder die Rüben werden aus nicht mit der Fabrik in Verbindung stehenden, landwirthschaftlichen Betrieben angekauft. Nach den amtlichen Ermittelungen stellt sich heraus, dass das Verhältniss der von den Fabrikanten selbst angebauten Rüben zu den zugekauften Rüben im Durchschnitt 69 : 31 beträgt und in der Provinz Sachsen, in Braunschweig und in Anhalt die Rübe überwiegend durch Selbstkultur der Etablissements gewonnen wird, während man in Schlesien, am Niederrhein und in Süddeutschland den grössten Theil des Bedarfs von Lieferanten bezieht. Doch ist das Bestreben vorherrschend, den Ankauf von Lieferanten einzuschränken, weil man einsieht, dass die bessere Qualität des eigenen Erzeugnisses und die Unabhängigkeit des Betriebs von fremdem Einfluss die billigeren Preise der gekauften Rüben völlig aufwiegen.

Die Fabrikationskosten der deutschen Zucker-Industrie kann man nach den Mittheilungen der Direktivbehörden jetzt pro 1 Centner Rohzucker auf 30—35 Mark anschlagen, was für den Centner Rüben etwa 3 Mark ausmachen würde. Diese Ziffer ist jedoch je nach der Lage der Fabrik, den Arbeitslöhnen, der Leichtigkeit der Beschaffung von Rüben und Brennmaterial etc. vielfachen Modifikationen unterworfen.

Ein interessantes Bild von dem Werth der Rübenzuckerproduktion und ihrem Einfluss auf den Nationalwohlstand liefert nachfolgende Berechnung. Es wird eine Produktion von 5,779,442 Ctr. für das Campagnejahr 1876/77 angegeben. Der Werth des Rohmaterials, d. h. schmutzfreier, ungeputzter Rüben ergiebt, den Centner zu M. 1,10 gerechnet, M. 80,584,587. Die 5,779,442 Ctr. produzirten Rohzuckers à M. 31,25 ergeben:

	M.	180,607,563
Hierzu treten 2,115,266 Ctr. Melasse à M. 5,— .	„	15,570,329
ferner 14,101,774 Ctr. Pressrückstände à M. 1,50 .	„	21,152,661
2,749,845 Ctr. Rübenabschnitte à M. 0,30	„	824,952
Summa	M.	213,161,505.

Mithin wurde durch die Rübenzucker-Industrie der Werth des Rohmaterials im Betrage

von 80,584,587 Mark auf 213,161,505 M.,

also um das zwei und zweidrittelfache erhöht und dabei noch der Landwirthschaft fast ein Viertel des Rohmaterialwerthes in den Pressrückständen und Rübenabschnitten restituirt, ungerechnet die bedeutenden Werthe, welche durch die Abfälle der Fabriken dem Ackerbau als Dünger zu Gute kommen.

Bei der riesig gesteigerten einheimischen Zuckerproduktion konnte es natürlich nicht fehlen, dass die Einfuhr von Kolonialrohzucker gedrückt wurde und von Jahr zu Jahr abnahm. Nachdem sie noch im Jahre 1847 in Folge kolossaler Anstrengungen sich auf 1,414,210 Ctr. vermehrt, musste sie von da ab vor dem inländischen Rübenprodukt stetig zurückweichen und die Ermässigung des Eingangszolles im Jahre 1861 konnte nur einen vorübergehenden Aufschwung bewirken, der nicht lange anhielt. Im Jahre 1870 betrug das eingeführte Quantum noch 140,683 Ctr., sank also gegen 1874 auf den zehnten Theil. Wenn dagegen die Einfuhr im Jahre 1872 plötzlich wieder auf 1,028,685 Centner stieg, so müssen wir den Grund für diese auffallende Erscheinung neben dem Ausfall in der eigenen Produktion in dem Unwesen der Exportprämien suchen, welche Oesterreich und besonders Frankreich ihrer Zuckerindustrie gewähren und die jede Konkurrenz auf dem Weltmarkt ausschliessen. Indess scheint doch nach den letzten Berichten des statistischen Amtes diese Einfuhr nicht vorzuhalten, indem umgekehrt bei der schlechten Rübenernte unserer westlichen Nachbarn grosse Anforderungen an unsere Bestände gestellt werden.

Was die Ausfuhr betrifft, so konnte diese in den ersten Jahrzehnten unserer Rübenzucker-Industrie natürlich nicht von Belang sein, da das gesteigerte Konsumtions-Bedürfniss die Produkte der einheimischen Industrie fast ganz in Anspruch nahm und ausserdem bis zum Jahre 1861 Export-Vergütungen von Seiten der Regierungen nicht gewährt wurden. Merkwürdigerweise war es erst der schlimmen Krisis, welche die deutsche Zucker-Industrie in den Jahren 1866 und 1867 zu überstehen hatte, vorbehalten, in indirekter Folge eine bedeutende Steigerung des Exports herbeizuführen.

Die reiche Zuckerausbeute, welche die Rüben in der Campagne von 1865 auf 1866 bei einer Versteuerung von $43^1/_2$ Mill. Centner lieferte, die verminderte Konsumtion, welche durch allgemeine Geschäftsstockungen des Kriegsjahres herbeigeführt wurde, das geschwundene Vertrauen, welches in der deutschen Handelswelt an Stelle des früheren Kredits getreten war: diese und manche andere Umstände waren die Ursachen jener

Krise, der manches alte Geschäft zum Opfer fiel. Während der Abzug gänzlich stockte, hatten sämmtliche Fabriken, die sich in den letzten Jahren um 50 grosse Etablissements vermehrt hatten, grosse Bestände; kurz, es war eine Ueberproduktion eingetreten, die, verbunden mit einer Entwerthung des Fabrikats, zur Vernichtung der deutschen Zucker-Industrie hätte führen müssen, wenn es nicht gelungen wäre, mit Hülfe der Exportbonificationen, das Ausland als Käufer für den Zucker zu gewinnen, ein Export, der zwar ohne nutzenlassende Preise der vorhandenen Ueberproduktion nur Luft schaffte, als dauernden Vortheil aber für den Fabrikanten die Thatsache neu eröffneter Abzugskanäle, neuer Verbindungen hinterliess. Die Ausfuhr betrug im Jahre 1866: 859,504 Centner und 1867: 733,004 Centner Rohzucker, was eine 16fache Steigerung gegen das Jahr 1836 ergeben würde. Eine wie gute Aufnahme die deutschen Fabrikate wegen ihrer Güte und Billigkeit im Auslande finden, zeigt sich in dem Umstande, dass in letzter Zeit erhebliche Ausfuhren nach Nord-Amerika stattgefunden haben und dass Magdeburger Waare sogar in Mexico und Valparaiso einen Markt findet.

Folgende Tabelle des Kaiserl. statistischen Amtes giebt eine detaillirte Uebersicht über Ein- und Ausfuhr von Rohzucker aus den Jahren 1841—1876[1]):

Kalenderjahr.	Einfuhr. Ctr.	Ausfuhr. Ctr.
1841	1,016,490	59,281
1842	1,147,567	49,064
1843	1,263,691	42,419
1844	1,347,469	55,905
1845	1,413,836	97,785
1846	1,361,927	200,370
1847	1,414,210	140,169
1848	1,287,797	178,963
1849	1,214,416	245,820
1850	1,057,730	195,697
1851	784,297	185,821
1852	811,832	156,304
1853	779,831	220,323

[1]) Die Ziffern für die Jahre 1867 bis 1870 sind nach den von F. O. Licht berechneten Zahlen (siehe die Gesammttabelle zu Seite 48) abgeändert.

Kalenderjahr.	Einfuhr. Ctr.	Ausfuhr. Ctr.
1854 . .	773,971 . .	220,203
1855 . .	934,052 . .	190,895
1856 . .	713,699 . .	204,423
1857 . .	358,010 . .	161,474
1858 . .	549,820 . .	80,590
1859 . .	250,530 . .	87,282
1860 . .	107,739 . .	77,257
1861 . .	168,479 . .	50,966
1862 . .	506,452 . .	74,830
1863 . .	468,592 . .	172,859
1864 . .	288,269 . .	158,776
1865 . .	284,554 . .	130,292
1866 . .	129,425 . .	859,504
1867 . .	112,724 . .	733,004
1868 . .	283,155 . .	167,076
1869 . .	118,994 . .	460,324
1870 . .	140,683 . .	424,013
Campagne:		
1871/72 . .	995,106 . .	288,086
1872/73 . .	548,827 . .	369,443
1873/74 . .	594,203 . .	456,932
1874/75 . .	568,930 . .	240,250
1875/76 . .	426,489 . .	1,147,820

Die Preise in den letzten 3 Campagnen waren im Durchschnitt die folgenden:

	Krystallzucker.	1. Produkt.	Rohzucker	I. Nachprod.		Farin.	Raffinade.	Melis.	Melasse.
	98 %	95—98 %	94 %	92—93 %	89—93 %				
1873/74 „	38.0	35.0	33.0	31.0	27.0	35.0	47.0	44.0	5.0
1874/75 „	39.0	36.0	33.0	32.0	28.0	34.0	46.0	43.0	4.3
1875/76 M.	35.5	30.0	27.5	26.5	25.5	32.0	42.5	40.0	2.5

Nach diesen Preisen zeigt es sich, dass die Herstellungskosten des Rohzuckers durch den Verkaufswerth des Hauptproduktes nicht gedeckt werden und dass diejenigen Fabriken, welche nicht beim Verkaufe der Nebenprodukte ihren Ersatz fanden, mit Verlust gearbeitet haben müssen. Im Jahre 1876/77 haben sich die Aussichten bedeutend gebessert und sind die Konjunkturen für steigende Preise im Laufe des Jahres glänzend erfüllt worden.

In demselben Maasse, wie die Rübenverarbeitung zunahm, stiegen natürlich auch die Einnahmen des Staates; während die Regierungen die Steuer um das 32fache erhöhten, hob sich der Steuerbetrag der verarbeiteten Rüben um das 551 fache. Die Produktionssteuer, die noch 36,012,691 M. im Betriebsjahre 1871/72 betrug, gewann 1875/76 die Höhe von 66,580,546 M., mithin eine Zunahme von 50,9 %. Rechnet man davon die für den Export bezahlten Steuerrückvergütungen mit 8,888,698 M., sowie die Verwaltungskosten mit 2,663,225 M. ab, so ergiebt sich ein Netto-Ertrag der Produktionssteuer von 55,028,725 M. Somit würde sich unter Hinzunahme der Eingangszölle mit 5,672,131 M. ein Ertrag von 63,364,069 M. für Zucker oder pro Kopf der Bevölkerung 1,51 M. herausstellen, der 1875/76 in die Reichskasse geflossen ist. Wenn wir diese Einnahme mit der aus den verschiedenen anderen wichtigsten Verbrauchsartikeln vergleichen, so stellt sich ein Resultat heraus, das die Blüthe unserer Rübenzucker-Industrie, und deren Wichtigkeit auch von fiskalischem Standpunkt betrachtet, am besten dokumentirt, dass nämlich kein anderer Artikel der Reichskasse gleich hohe Erträge zuführt. Wenn wir den Durchschnittsertrag der 3 Jahre 1872—1874 annehmen, so ergaben:

Zucker	53,370,000 M.
Branntwein	40,428,000 -
Salz	37,800,000 -
Kaffee	32,355,000 -
Tabak	15,387,000 -
Bier	14,667,000 -

Die nebenstehende Tabelle giebt noch einmal eine vollständige Uebersicht über die Resultate der vorstehenden Ausführungen.

Die Preise der einzelnen Rübenzuckerprodukte Deutschlands, wie sie nach F. O. Licht im Juli 1877 in Magdeburg notirt wurden, betragen in Reichsmark pro 50 Kg. (= 1 Ctr.) incl. Fastage:

	Muster No.	Polarisation %	Niedrigster und höchster Preis. Rmark. von	bis
Rohzucker:				
Cristallzucker I . .	2	über 98	—,—	—,—
II . .	3		—,—	—,—
Kornzucker				
weiss	5	98	—,—	—,—
blond	6	97	42,50	43,—
gelb	7	96	41,50	42,—
		95	40,50	41,—

Kalenderjahr.	Bevölkerung.	Einfuhr-Verzollun[g]				
		Brod- und **Kandiszucker** sowie **raffinirter Zucker aller Art**		**Rohzucker** zum Consum resp. **Rohzucker** unter No. 19 Holl. Stand.	**Rohzucker** für inländische Raffinerieen	
		wirkliches Gewicht	auf Rohzucker reducirt (100 = 125)			wirk[liches] Ge[wicht]
	Köpfe	ZCtr.	ZCtr.	ZCtr.	ZCtr.	Z[Ctr.]
1.	2.	3.	4.	5.	6.	
1836	25,402,000	30,387	37,984	.	983,928	23
1837	25,703,000	9,127	11,409	563	866,363	7
1838	26,049,000	40,946	51,182	328	1,049,531	2
1839	26,382,000	12,014	15,017	223	1,133,760	
1840	26,746,000	7,170	8,963	143	1,017,587	11
1841	27,142,000	2,762	3,452	196	994,953	47
1842	27,870,000	4,153	5,191	323	1,133,447	22
1843	28,207,000	3,731	4,664	518	1,253,018	14
1844	28,498,000	2,769	3,461	236	1,342,595	3
1845	28,795,000	2,635	3,294	189	1,409,023	3
1846	29,113,000	2,223	2,779	161	1,358,648	
1847	29,461,000	2,513	3,141	198	1,410,701	
1848	29,560,000	2,090	2,612	131	1,284,560	1
1849	29,673,000	2,207	2,759	138	1,211,218	
1850	29,800,000	2,144	2,680	135	1,051,365	1
1851	30,011,000	2,071	2,589	134	779,476	5
1852	30,242,000	1,835	2,294	132	811,723	20
1853	30,493,000	1,906	2,382	111	774,858	6
1854	32,682,000	2,416	3,020	392	746,585	63
1855	32,832,000	2,712	3,390	382	908,072	59
1856	32,993,000	2,212	2,765	1,457	697,636	31
1857	33,195,000	1,953	2,441	316	339,743	41
1858	33,461,000	2,165	2,706	277	526,631	53
1859	33,542,000	1,612	2,015	281	229,891	48
1860	33,903,000	1,522	1,902	334	78,566	71
1861	34,279,000	2,145	2,681	367	130,426	93
1862	34,670,000	2,516	3,145	368	464,569	102
1863	35,052,000	2,551	3,189	750	430,530	90
1864	35,458,000	2,350	2,937	423	251,243	89
1865	35,887,000	1,944	2,430	426	243,709	101
1866	36,104,000	1,922	2,402	567	92,989	89
1867	36,445,000	2,387	2,984	1,049	68,497	107
1868	36,860,000	4,569	5,711	3,593	207,823	132
1869	38,302,000	5,877	7,346	14,150	37,670	11
1870	38,750,000	29,771	37,214	49,515	—	107
1871	39,000,000	60,856	76,070	150,378	—	12
1872	40,678,000	304,717	380,896	573,836	—	14
1873	40,940,000	255,596	319,495	235,717	—	13
1874	41,300,000	294,329	367,911	130,166	—	11

ıcker-Einfuhr und Production, Ausfuhr und Consumt

in den 39 Kalenderjahren 1836 bis 1874, sowie die **Zoll- und**

867 zu von da zu ½ auf zucker lucirt ZCtr.	Zusammen Rohzucker (Sp. 4. 5. 6. und 8.) ZCtr.	Zahl der Fabriken.	Inländische Rüben-zucker-Production ZCtr.	Summa der Zucker-Production und Einfuhr (Sp. 9. u. 11.) ZCtr.	A ı Brod- u. Kandiszucker, sowie weisser gestossener Zucker: wirkliches Gewicht ZCtr.	Brod- u. Kandiszucker, sowie weisser gestossener Zucker: auf Rohzucker reducirt (100 = 120) ZCtr.	Consumzuc Brodzucke zucker, ger: wirkliches Gewicht ZCtr.
8.	9.	10.	11.	12.	13.	14.	15.
,627	1,030,539	122	28,162	1,058,701	35,679	44,599	.
,924	881,259	156	103,187	984,446	30,788	38,485	.
878	1,101,919	159	160,725	1,262,644	21,936	27,420	.
229	1,149,229	152	223,149	1,372,378	21,257	26,571	.
,261	1,030,954	145	276,036	1,306,990	42,808	53,510	.
,889	1,016,490	135	303,016	1,319,506	47,334	59,168	.
,616	1,147,577	98	225,137	1,372,714	39,230	49,038	.
,491	1,263,691	105	197,289	1,460,980	33,916	42,395	.
,177	1,347,469	98	296,728	1,644,197	44,712	55,890	.
,330	1,413,836	96	296,724	1,710,560	78,040	97,550	.
339	1,361,927	107	331,011	1,692,938	160,251	200,314	.
170	1,414,210	127	446,878	1,861,088	111,855	139,819	.
494	1,287,797	145	665,853	1,953,650	143,091	178,864	.
301	1,214,416	148	814,592	2,029,008	196,635	245,794	.
550	1,057,730	184	931,267	1,985,997	154,567	193,209	.
,098	784,297	234	1,202,871	1,987,168	145,463	181,829	.
,683	811,832	238	1,586,139	2,397,971	125,002	156,252	.
,480	779,831	227	1,565,429	2,345,260	175,844	219,805	.
,974	773,971	222	1,507,647	2,281,618	176,076	220,095	.
,208	934,052	216	1,588,210	2,522,262	152,463	190,579	.
,841	713,699	233	1,807,974	2,521,673	163,083	203,854	.
,510	358,010	249	2,342,123	2,700,133	128,928	161,160	.
,206	549,820	257	2,596,693	3,146,513	64,040	80,050	.
,343	250,530	256	3,050,953	3,301,483	69,780	87,225	.
,937	107,739	247	2,790,302	2,898,041	61,788	77,235	.
,005	168,479	247	2,574,887	2,743,366	37,019	46,274	.
,370	506,452	247	2,553,826	3,060,278	32,903	41,129	.
,123	468,592	253	2,863,163	3,331,755	56,857	71,071	.
,666	288,269	270	3,193,123	3,481,392	8,408	10,510	.
,989	284,554	295	3,683,744	3,968,289	4,804	6,005	.
,467	129,425	296	3,940,518	4,069,943	30,515	38,144	.
,194	112,724	293	3,925,944	4,038,668	58,280	72,850	.
,026	283,153	295	3,612,286	3,895,439	39,080	48,850	.
,828	118,994	296	4,287,454	4,406,448	88,501	110,626	67,305
,954	140,683	304	4,482,555	4,623,238	129,159	161,449	144,506
,584	291,032	311	4,998,430	5,289,462	195,075	243,844	315,443
,953	1,028,685	324	4,332,906	5,361,591	67,177	83,971	38,951
,789	623,001	337	5,206,582	5,829,583	46,747	58,434	34,442
,670	557,747	333	4,984,771	5,542,518	72,923	91,154	50,831

…tion des Zollvereins resp. des Deutschen Zollgebietes

Steuer-Einnahme von Zucker innerhalb desselben Zeitraumes.

…usfuhr			Consumtion		Zucker-Consumtion pro Kopf		
…cker (geringerer …r sowie Cristall- …nahl. Melis etc.) auf Rohzucker reducirt (100=116 ⅔) ZCtr.	Rohzucker und Farin etc. ZCtr.	Zusammen Rohzucker (Sp. 14. 16. und 17.) ZCtr.	ZCtr.	pro Kopf Pfd.	im 5jährigen Durchschnitte Pfd.	nach der aus nebenstehender Spalte sich ergebenden Progression Pfd.	au…
16.	17.	18.	19.	20.	21.	22.	
.	8	44,607	1,014,094	3,99		4,09	5
.	56	38,541	945,905	3,68		4,28	4
.	25	27,445	1,235,199	4,74	4,44	4,44	5
.	199	26,770	1,345,608	5,10		4,58	5
.	310	53,820	1,253,170	4,69		4,71	5
.	113	59,281	1,260,225	4,64		4,84	5
.	26	49,064	1,323,650	4,75		4,98	5
.	24	42,419	1,418,561	5,03	5,12	5,12	6
.	15	55,905	1,588,292	5,57		5,26	6
.	235	97,785	1,612,775	5,60		5,40	7
.	56	200,370	1,492,568	5,13		5,53	6
.	350	140,169	1,720,919	5,84		5,67	7
.	99	178,963	1,774,687	6,00	5,80	5,80	6
.	26	245,820	1,783,188	6,01		5,99	6
.	2,488	195,697	1,790,300	6,01		6,18	5
.	3,992	185,821	1,801,347	6,00		6,37	3
.	52	156,304	2,241,667	7,42		6,57	4
.	518	220,323	2,124,937	6,97	6,76	6,76	3
.	108	220,203	2,061,415	6,31		7,08	3
.	316	190,895	2,331,367	7,10		7,40	4
.	569	204,423	2,317,250	7,02		7,71	3
.	314	161,474	2,538,659	7,65		8,03	1
.	540	80,590	3,065,923	9,16	8,35	8,35	2
.	57	87,282	3,214,201	9,58		8,50	1
.	22	77,257	2,820,784	8,32		8,65	
.	4,692	50,966	2,692,400	7,85		8,81	
.	33,701	74,830	2,985,448	8,61		8,96	2
.	101,788	172,859	3,158,896	9,01	9,11	9,11	2
.	148,266	158,776	3,322,616	9,37		9,26	1
.	124,287	130,292	3,838,006	10,69		9,41	1
.	821,360	859,504	3,248,583	9,00		9,55	
.	660,154	733,004	3,305,664	9,07		9,70	
.	118,226	167,076	3,728,363	10,12	9,87	9,87	1
78,522	271,176	460,324	3,946,124	10,30		10,40	
168,590	93,974	424,013	4,199,225	10,84		10,93	
368,017	725,692	1,337,553	3,951,909	10,14		11,46	1
45,443	131,838	261,252	5,100,339	12,54	12,23	12,00	4
40,182	66,877	165,493	5,664,090	13,83		12,53	2
59,303	262,392	412,849	5,129,669	12,42		13,06	2

Steuer per Centner Rüben.	Inländische Rübenzucker-Steuer Thaler.	Summa der Einnahme vom Zucker Thaler.	Für exportirten Zucker sind zurückgezahlt Thaler.	Nach Abzug derselben verbleiben an Zoll- und Steuer-Einnahme Thaler.	pro Kopf Sgr.	Kalender-jahr
24.	25.	26.	27.	28.	29.	30.
.	.	5,312,537	159,580	5,152,957	6,08	1836
.	.	5,470,153	128,934	4,341,219	5,07	1837
.	.	5,681,924	20,216	5,661,708	6,52	1838
.	.	5,906,768	39,206	5,867,562	6,67	1839
1/4	26,832	5,444,316	163,943	5,280,373	5,92	1840
1/2	70,433	5,451,631	208,336	5,243,295	5,79	1841
„	60,895	5,925,491	145,225	5,780,266	6,22	1842
„	49,915	6,407,317	101,895	6,305,422	6,71	1843
1 1/2	160,532	6,908,641	173,006	6,735,635	7,09	1844
„	219,725	7,300,414	457,684	6,842,730	7,13	1845
„	233,440	7,046,844	851,062	6,195,782	6,38	1846
„	316,243	7,390,720	750,814	6,639,906	6,76	1847
„	464,271	6,906,041	852,931	6,053,110	6,14	1848
„	556,062	6,630,084	1,135,505	5,494,579	5,56	1849
3	1,039,913	6,318,262	1,108,831	5,209,431	5,24	1850
„	1,705,141	5,640,543	779,360	4,861,183	4,86	1851
„	2,128,457	6,233,444	668,768	5,564,676	5,52	1852
6	3,206,513	7,121,025	934,601	6,186,424	6,09	1853
„	3,745,863	7,679,126	648,558	7,030,568	6,42	1854
„	3,934,924	8,678,074	656,810	8,021,264	7,33	1855
„	4,684,236	8,294,606	899,174	7,395,432	6,72	1856
„	5,869,915	7,696,966	466,195	7,230,771	6,53	1857
7 1/2	7,416,682	10,220,153	330,099	9,890,054	8,87	1858
„	9,305,895	10,619,940	402,407	10,217,533	9,14	1859
„	8,157,801	8,783,430	183,600	8,599,830	7,61	1860
„	7,869,970	8,731,971	149,794	8,582,177	7,51	1861
„	8,044,899	10,295,318	208,771	10,086,547	8,73	1862
„	9,475,949	11,556,056	302,930	11,253,126	9,63	1863
„	10,053,023	11,364,458	384,291	10,980,167	9,29	1864
„	11,027,937	12,334,403	394,514	11,939,889	9,98	1865
„	12,053,132	12,688,645	2,269,936	10,418,709	8,66	1866
„	12,193,371	12,681,356	1,943,221	10,738,135	8,84	1867
„	10,874,442	12,143,087	238,714	11,904,373	9,69	1868
8	13,436,331	13,988,701	1,312,156	12,676,545	9,93	1869
„	13,783,850	14,400,532	1,233,505	13,167,027	10,20	1870
„	15,671,930	16,900,642	3,149,286	13,751,356	10,58	1871
„	14,104,228	18,292,919	737,181	17,555,738	12,95	1872
„	17,320,560	19,880,258	1,041,875	18,838,383	13,80	1873
„	19,205,209	21,495,931	1,264,807	20,231,124	14,70	1874

(Zu Seite 48.)

	Muster No.	Polarisation %	Niedrigster und höchster Preis. Rmark. von	bis
Rohzucker:				
Ablaufzucker				
blond	10	94	40,—	40,25
hellgelb	11	93	—,—	—,—
gelb	12	92	—,—	—,—
Nachprodukte		95—93	33,50	36,50
		92—89	30,—	33,75
Raffinirte Zucker:				
Brodzucker				
Raffinade ffein		. . . . . .	—,—	—,—
fein			51,50	—,—
mittel			51,—	—,—
Melis ffein		excl. Fastage.	50,—	—,—
fein		excl. Fastage.	49,75	—,—
mittel		excl. Fastage.	49,50	—,—
ordinair		excl. Fastage.	—,—	—,—
Würfelzucker			—,—	—,—
Gemahlene Raffinade I			—,—	—,—
II			47,50	43,—
Melis I			47,—	—,—
II			46,—	—,—
Farine			41,—	45,—
Raffinirter Rübensyrup			—,—	—,—
Rübenmelasse 42/43 Bé. excl. Tonne			3,80	4,—

Bevor wir diesen Theil unserer Darstellung über Deutschland schliessen, können wir nicht umhin, eines Instituts zu gedenken, dessen Thätigkeit für die Hebung der gesammten Zuckerindustrie, nicht allein der deutschen, sich ausserordentlich segensreich erwiesen hat, wir meinen den Verein für die Rübenzucker-Industrie des Deutschen Reiches. Die deutsche Industrie ist gross geworden, wesentlich durch die feste Einigkeit, das energische Zusammengehen aller Zuckerfabrikanten, die im Jahre 1851 jenen Verein gründeten, der sich nicht auf die Vertretung der handelspolitischen und ökonomischen Interessen seiner Mitglieder beschränkt, sondern und in hervorragender Weise durch ernste wissenschaftliche Forschungen und die eingehendste Diskussion aller das gesammte Gebiet seines Industriezweiges berührenden technischen und wirthschaftlichen Fragen den Rübenbau und alle Theile der Fabrikation erfolgreich zu fördern gewusst hat. Der

Verein benutzt in Berlin ein dem als erste Autorität in allen Fragen der Zuckerfabrikation anerkannten Chemiker Dr. Scheibler gehöriges Laboratorium, welches unter Scheiblers Leitung die bedeutendsten Resultate in der Lösung wichtiger chemischer und technischer Fragen erzielt hat und welches demnächst durch die Fürsorge des Ministers Dr. Friedenthal ein neues Heim in den Räumen des im Bau begriffenen landwirthschaftlichen Lehrinstituts erhalten wird. Zumal aber ist die Zeitschrift des Vereins, die ebenfalls Dr. Scheibler redigirt und die auch unserer Arbeit vielfach als schätzenswerthe Quelle diente, ein verdienstvolles Unternehmen, aus ihr lernt man ermessen, welch' eine Fülle von Intelligenz auf diesem Gebiete einheimischer Industrie vorhanden ist, aber auch welche gewaltigen Anstrengungen gemacht werden mussten und müssen, um das Wohl und Gedeihen jenes für unser Vaterland so überaus wichtigen Industriezweiges sicherzustellen.

b. Frankreich.

In der von uns am Anfang unserer Mittheilungen über die Rübenzucker-Industrie gegebenen Tabelle steht Frankreich an der Spitze der Rübenzucker produzirenden Länder und hat es diese erste Stelle erst in neuester Zeit an Deutschland abtreten müssen. Während in Deutschland und Oesterreich die Fabrikation, hauptsächlich auf Grund des zu primitiven Betriebes, in ihren ersten Anfängen zu keinen rentablen Resultaten gelangte, war man in Frankreich bald dahin gekommen, durch Vervollkommnung der Saftgewinnung, durch reichliche Anwendung von weiter zu benutzender (regenerirter) Knochenkohle zur Reinigung der Säfte mittelst Filtration, sowie durch Anwendung von Dampf zum Erhitzen und Krystallisiren der Säfte, ebensowohl eine grössere Ausbeute, als eine bessere Qualität des Zuckers zu erzielen.

Wie früher bereits bemerkt, finden wir in Frankreich schon im Jahre 1828 eine blühende Industrie, die in 58 Fabriken 500,000 Ctr. und 1836/37 980,000 Ctr. Zucker fabrizirte. Das Hauptproduktionsgebiet befindet sich in den nördlichen Departements, wo ein besonders günstiger Boden den Anbau der Rübe befördert, namentlich in den Departements Nord, Aisne, Pas-de-Calais, Somme, Oise[1]). Im Jahre 1852 arbeiteten 282 Rübenzuckerfabriken in Frankreich und steigerte sich die Anzahl derselben 1857 auf 338, 1863 auf 362, 1866 auf 434 und endlich 1873 auf 528, um 1876 wieder auf 493 herabzugehen.

Die Produktionstabellen von 20 Jahren, 1857 bis 1876, zeigen die folgenden Ziffern:

1857	1,115,980	metr. Ctr.	1866	2,468,060	metr. Ctr.
1858	1,584,450	- -	1867	2,369,010	- -
1859	1,317,630	- -	1868	2,381,116	- -
1860	1,087,820	- -	1969	2,421,500	- -
1861	1,409,030	- -	1870	2,777,310	- -
1862	1,615,660	- -	1871	3,362,490	- -
1863	1,429,340	- -	1872	3,755,970	- -
1864	1,351,500	- -	1873	4,157,270	- -
1865	2,096,480	- -	1874	4,319,130	- -

Die Campagne 1875/76 brachte die Produktion auf 4,500,000 metr. Ctr. Die Erzeugung von Rübenzucker hat sich somit in den letzten 10 Jahren verdoppelt, allerdings ist erst die Periode 1870—1875 jene, wo die Steigerung eine ganz besondere war, und wir werden später sehen, auf wessen Rechnung vorzugsweise dieser riesige Fortschritt zu stellen ist.

Betrachten wir die Elemente jener Produktion an der Hand der von der französischen Regierung herausgegebenen offiziellen Industrie-Statistik (Statistique des industries principales 1873, Paris 1874), so finden wir, dass Frankreich im Jahre 1873 528 Zuckerfabriken zählte, welche 73,165 Arbeiter und zwar 53,142 Männer, 10,728 Weiber und 9,295 Kinder beschäftigte und eine Dampfkraft von 62,189 Pferdekraft verwendete. Diese Fabriken erzeugten im Jahre 1873 (die oben gegebenen Ziffern sind für die Campagne berechnet) 3,999,162 metr. Ctr. im Werthe von 237 Mill. Franken, nach Abzug der Steuer und ohne Hinzurechnung der Melasse und der Nebenprodukte.

Die Raffinerieen an der Zahl 45 erzeugten 2,971,376 metr. Ctr. an raffinirtem Zucker, im Werthe von 260 Mill., mit Hinzurechnung der Steuer von 446 Mill. Franken. Der Werth der

[1]) Die genannten 5 Departements liefern $^{8}/_{00}$ der gesammten Zuckerausbeute Frankreichs und zwar produziren Nord ca. 1,200,000, Aisne ca. 870,000, Pas de Calais ca. 598,000, Somme ca. 452,000 und Oise ca. 313,000 metr. Ctr.

Rübenmelasse betrug über 26, jene der Raffinerieen 27 Mill. Franken. Die bedeutendsten Raffinerieen befinden sich in Paris, ihre Produkte umfassen fast die Hälfte der gesammten Erzeugung, ihnen zunächst folgen jene des Departements Bouches du Rhône und Loire inférieure.

Ein wesentlicher Unterschied zwischen der französischen und den Industrieen der übrigen Länder liegt darin, dass, während die anderen Länder die zuckerreichsten Rüben verarbeiten und die besten Zuckersorten produziren, Frankreich sich aus Gründen, welche mit der Besteuerung wie mit dem Exporte zusammenhängen, in hohem Maasse auf die Erzeugung der minderen Zuckersorten geworfen hat. Während bei uns die Rübe ein Rendement von 8—9 % ergiebt, finden wir in Frankreich die Ergebnisse mit 5.66 %, 5.70 %, allenfalls 5.91 % angesetzt.

Die verschiedenen Gattungen Zucker, welche in der Campagne 1872/73, nach den Aufzeichnungen der Regie, erzeugt wurden, sind folgende:

unter No. 7	7,374,710	Kilo.	No. 15—18	6,065,500	Kilo
No. 7—9	129,213.983	-	No. 19—20	776,400	„
No. 10—12	83,574,438	-	poudres blanches	113,346,883	„
No. 13—14	41,665,650	-	Raffinirt	7,183,504	„
			Zusammen	389,587,045	Kilo

Daraus geht hervor, dass in Frankreich die untersten Klassen über die Hälfte der Produktion ausmachen und dass das weisse Zuckermehl, das zu Raffinationszwecken nothwendig und stark exportirt wird, das dritte Viertel der Erzeugung weitaus in Anspruch nimmt.

Die grösste Masse des in Frankreich erzeugten Zuckers wird als Raffinade konsumirt. Frankreich exportirt Roh-Zucker in nicht unbedeutenden Quantitäten, hauptsächlich nach England. Die Hauptausfuhr Frankreichs aber besteht in Raffinaden, da die Exportprämien den Raffinadeur in Stand setzen, jede Konkurrenz auf dem Zuckermarkte zu bezwingen. Während die Ausfuhr an raffinirtem Zucker 1859 noch 52,554 Tons, 1862: 77,566 Tons betrug, stieg dieselbe im Jahre 1872, als die 100 Kilo mit 73,30 Frcs. Steuer belegt wurden und in derselben Proportion die Exportprämien für die Raffinadeure sich hoben, auf 138,000 Tons und 1875 auf 215,160 Tons, bei einem mittleren Rohzuckerpreise von 68 resp. $53\frac{1}{2}$ Frcs. Das Hauptabsatzgebiet findet die Raffinade in England und Italien und auf dem billigen Seewege über Marseille, in der Levante.

Die französischen Handelsausweise werden die Wichtigkeit der Rübenzucker-Industrie und die Tendenz, welche dieselbe verfolgt, noch deutlicher darthun. Es betrug in metrischen Centnern:

	die Einfuhr:		die Ausfuhr:	
	an Rohzucker.	an raffinirtem Zucker.	an Rohzucker.	an raffinirtem Zucker.
1860	1,618,650	—	193,573	501,794
1861	1,983,583	4,051	24,573	511,820
1862	2,131,589	9,312	85,657	779,007
1863	2,374,450	29,102	112,626	1,007,268
1864	2,103,442	46,383	93,451	785,998
1865	2,095,850	96,295	282,785	1,122,298
1866	1,676,686	151,671	266,281	900,631
1867	1,644,103	134,345	277,880	873,002
1868	1,725,632	189,218	309,370	820,922
1869	1,832,406	226,973	261,591	993,483
1870	1,686,590	233,201	822,091	992,750
1871	1,173,545	433,350	926,053	1,066,640
1872	1,652,463	277,582	785,863	1,644,347
1873	1,479,672	345,996	444,404	1,817,491
1874	1,269,590	312,660	712,430	2,283,040
1875	1,840,810	393,260	548,890	2,564,320

Der Werthumsatz der Ein- und Ausfuhr und der erhobenen Steuer bezifferte sich in den letzten 10 Jahren wie folgt:

(Zahlen in Einheiten von Tausend Francs.)

	Einfuhr:	Ausfuhr:	
		Raff. Zucker.	Rohzucker.
1868	15,748	12,622	5,710
1869	26,032	17,518	8,784
1870	23,081	21,814	9,803
1871	—	—	—
1872	17,004	27,111	21,362
1873	19,286	31,007	20.193
1874	13,472	29,291	12,337
1875	13,474	33,485	17;519
1876	17,423	39,931	17,110
1877	19,055	21,808	954

Die Steuer betrug für

	fremde Rohzucker.	franz. Kolonialzucker.	Rübenzucker.
1868	1,677	5,114	16,612
1869	3,078	6,016	14,896
1870	2,359	7,340	20,233
1871	—	—	—
1872	2,163	4,562	18,517
1873	4,868	5,983	31,409
1874	2,786	4,779	31,038
1875	1,445	5,166	30,803
1876	3,195	3,677	26,215
1877	9,904	2,285	12,458

Die Zuckersteuer, die sich 1868 auf 56,583,000 Frcs. bezifferte, warf dem Staat im Jahre 1875 einen Ertrag von rund 117,000,000 Frcs. ab, gleich 93,600,000 M.

c. Oesterreich-Ungarn.

Oesterreich, das in denselben Jahren wie Deutschland mit der allgemeinen Einführung der Rübenzuckerindustrie begann, besitzt jetzt besonders in seinen Provinzen Böhmen und Mähren, sowie in Ungarn, eine Zuckerproduktion, welche sich eine bedeutende Stellung auf dem Weltmarkte errungen hat. Auf einem urkräftigen Boden, unter einem feuchten, milden Klima gedeiht in diesen Ländern eine vortreffliche Rübe, die mit Hülfe der besten Saftgewinnungsmethoden eine lohnende Zuckerausbeute gewährleistet.

Auch in Oesterreich waren die Anfänge der Rübenzucker-Industrie nicht vielversprechend und ging die erste Fabrik, 1829 in Mähren zu Dalschilz gegründet, als Rübenzuckerfabrik bald ein und bestand nur noch als Raffinerie für Kolonialwaare weiter. Im Jahre 1830 wurde die zweite Fabrik auf den Besitzungen des Grafen Colloredo in Böhmen errichtet, welcher fast gleichzeitig noch etliche zwanzig in Böhmen, Ungarn, Galizien, Krain und Steiermark folgten. Auch hier suchte man zuerst mit ziemlich einfachen Mitteln die Fabrikation zu betreiben, was aber misslang, obwol sich insbesondere die böhmischen Zuckerfabriken in den günstigsten Verhältnissen in Bezug auf Rübenbau, Preis des Brennstoffs und der Arbeit befanden. Viele Fabriken beschränkten sich darauf, einen konzentrirten Zuckersyrup für Raffinerieen herzustellen, was sich aber als unpraktisch erwies, weil es zu jener Zeit an Mitteln fehlte, die Beschaffenheit eines solchen Syrups, namentlich dessen Gehalt an krystallisirbarem Zucker, mit Sicherheit zu erkennen.

Im Jahre 1835 finden wir in Oesterreich 17 Fabriken, welche eine Rübenmenge von 210,000 metr. Centnern verarbeiteten. Im Jahre 1840: 41 Fabriken mit einer Rübenmenge von 725,000 metr. Centnern, 1845 deren 48 mit 975,000 metr. Centnern, 1850: 84 Fabriken mit 2,970,000 metr. Centnern, 1860: 138 Fabriken mit einer Rübenmenge von 8,394,066 metr. Centnern.

Die folgende Tabelle veranschaulicht den ferneren Aufschwung, welchen die österreichische Zuckerindustrie nach s. g. authentischen Daten genommen hat.

	Zahl der Fabriken		davon arbeitend mit				
Verwaltungs-jahr.	Ueber-haupt	in Betrieb.	Pressen.	Centri-fugen.	Diffusion.	Mace-ration.	Rübenmenge metr. Cent.
1860	138	124	116	5	—	3	8,394,066
1861	132	125	117	5	—	3	8,018,018
1862	131	130	123	4	—	3	7,759,317
1863	139	139	132	4	—	3	9,558,597
Campagne.							
1863/64	136	136	129	4	—	3	8,292,949
1864/65	144	144	139	3	—	2	10,971,994
1865/66	147	140	135	3	—	2	8,642,489
1866/67	150	139	132	3	2	2	11,452,641
1867/68	153	151	135	3	12	1	10,054,380
1868/69	162	162	133	3	25	1	7,934,382
1869/70	186	181	137	3	40	1	12,291,160
1870/71	219	215	145	3	66	1	15,931,191
1871/72	253	251	144	3	103	1	13,624,246
1872/73	262	256	129	3	123	1	17,333,189
1873/74	259	244	108	3	133	—	13,773,879
1874/75	256	226	86	2	138	—	9,832,973
1875/76	249	231	54	1	176	—	12,780,932

Diese wenigen Daten genügen jedoch, um zu zeigen, dass aus den amtlichen Erhebungen die Rübenzuckerproduktion Oesterreich-Ungarns auch nicht annähernd erkannt werden kann. Im Kalenderjahre 1863 sollen nach diesen Angaben 139 Zuckerfabriken, wovon 132 mit Pressen arbeiteten, fast gerade so viel Rüben verarbeiten, als 12 Jahre später 226 Fabriken, wovon 86 mit Pressen, 138 mit Diffusionsapparaten produzirten!?

Noch deutlicher wird die gänzliche Unwahrscheinlichkeit der Aufstellung, wenn wir den Ertrag der Rübenzuckersteuer, der Zölle und die Summe der Rückvergütungen in Erwägung ziehen.

Es betrug:

im Jahre	der Steuerbetrag	der Einfuhrzoll	zusammen	die Rückvergütung	Staatseinnahme
	fl.	fl.	fl.	fl.	fl.
1860	5,665,995	309,543	5,975,538	—	5,975,538
1861	5,412,162	210,747	5,622,909	1,387	5,621,522
1862	5,237,539	1,201,878	6,439,417	—	6,439,417
1863	6,989,724	571,351	7,561,075	42	7,561,033
Campagne.					
1863/64	6,064,219	247,496	6,311,715	71,289	6,240,426
1864/65	8,023,270	32,560	8,055,830	2,016,462	6,039,368
1865/66	6,319,820	29,080	6,348,900	744,092	5,604,808
1866/67	8,374,744	13,374	8,388,118	2,669,610	5,718,508
1867/68	7,352,266	16,010	7,368,276	1,805,117	5,563,159
1868/69	5,802,017	267,600	6,069,617	77,528	5,992,089
1869/70	8,987,911	23,886	9,011,797	4,742,147	4,269,650
1870/71	11,649,684	10,056	11,659,740	7,306,653	4,353,087
1871/72	9,962,730	14,482	9,977,212	5,817,097	4,160,115
1872/73	12,674,894	23,032	12,697,926	6,410,106	6,287,820
1873/74	10,072,149	23,409	10,095,558	7,152,491	2,943,067
1874/75	7,190,361	10,646	7,201,007	5,458,683	1,742,324
1875/76	9,330,081	7,354	9,337,435	9,472,991	135,566

Diese Tabelle zeigt nur in einer Rubrik dieselbe Erscheinung, wie wir sie bei allen Rübenzucker erzeugenden Ländern antreffen, nämlich die Abnahme des Importes. Während Oesterreich-Ungarn im Jahre 1862 noch fl. 1,201,878 Steuer für Zuckereinfuhren, offenbar in Folge einer schlechten Rübenernte, eingenommen, ist der Ertrag aus den Einfuhrzöllen 1876 auf 7354 fl. gefallen. Im Jahre 1862 konsumirte Oesterreich noch so viel Zucker, dass der Staat daraus eine Einnahme von 6 $^1/_2$ Millionen fl. erzielte. Von diesem Jahre aber angefangen, scheint Oesterreich-Ungarn nach dieser Tabelle trotz des wachsenden Wohlstandes, den Zuckerkonsum allmälig zu vermindern, ja in der letzten Campagne ihm nicht nur vollständig entsagt zu haben, sondern was geradezu wunderbar ist, mehr an Zucker auszuführen, als es importirt und produzirt hat!? Der Staat hat nicht nur nichts eingenommen, sondern sogar aus der eigenen Tasche noch fl. 135,566 auf den Export verwendet. Bedenkt man, dass im Jahre 1862 die Steuer und der Zoll fl. 6,439,417 betrugen, ein Export von Zucker nicht stattgefunden, dagegen der Import von Kaffee an 376,000 Ctr. betrug, so ist es interessant zu erfahren, dass im Jahre 1875, wo der Kaffeeimport fast auf das Doppelte, nämlich auf 722,000 Ctr. gestiegen ist und die Bevölkerung mächtig zugenommen hat, ganz Oesterreich-Ungarn nicht ein einziges Pfund Zucker konsumirt haben soll!? Es dürfte nicht ungerechtfertigt sein, die Produktion des Zuckers wenigstens auf das Doppelte der vom Staate ausgewiesenen Mengen anzunehmen.

Es betrug nämlich der Export an Rohzucker und raffinirtem Zucker die folgenden Mengen und Werthe:

	Rohzucker.		Raffinirter Zucker.	
	Menge in Z.-Ctr.	Werth in Guld.	Menge in Z.-Ctr.	Werth in Guld.
1869	310,556	4,037,228	92,774	1,664,932
1870	754,656	9,810,528	348,055	6,264,990
1871	841,269	10,936,497	810,097	14,581,746
1872	779,967	10,139,571	346,366	6,334,588
1873	1,144,137	14,837,781	597,053	10,746,954
1874	730,879	9,501,427	606,428	9,115,704
1875	898,352	11,678,576	702,030	11,113,150

d. Russland.

Wenn auch in Europa lange Zeit wenig beachtet, besitzt doch Russland eine Zuckerindustrie, welche hinter der Deutschlands nicht sehr weit zurücksteht. Die unermesslichen Ebenen des Landes enthalten einen vielfach äusserst günstigen Rübenboden; von der türkischen bis zur sibirischen Grenze dehnt sich ein Produktionsgebiet aus, auf welchem Rüben gedeihen, die oft sogar die deutschen um 2—4 % Polarisationszucker übertreffen. Der Hauptsitz der Rübenzuckerindustrie befindet sich in Volhynien, Podolien, in der Ukraine und in Polen[1]) und hat dieselbe

[1]) In jüngster Zeit sucht die Russische Regierung auch im Kaukasus die Anlage von Zuckerfabriken durch Steuererlasse und Erleichterungen aller Art zu fördern.

der thätigen Unterstützung der russischen Regierung und russischer Grossen viel zu danken.

Schon im ersten Jahre des Jahrhunderts hatte Russland sich der Rübenzuckerfabrikation zugewendet, zu welcher Zeit der General Blankennagel im Tula'schen Gouvernement die erste Rübenzuckerfabrik errichtete, wofür ihm die Regierung im Jahre 1803 eine Subvention von 50,000 Rubeln gewährte. Die Regierung liess es seit dieser Zeit an Aufmunterung und Unterstützung nicht fehlen; sie opferte zu diesem Zwecke sehr bedeutende Summen und unterstützte, nachdem bereits 1809 durch Maltzoff und einige andere Gutsbesitzer weitere Etablissements in's Leben gerufen waren, namentlich die Anstrengungen des Grafen A. Bobrinsky, der es sich zur Lebensaufgabe gemacht hatte, die Rübenzuckerindustrie Russlands zu gestalten und alle Hindernisse zu beseitigen, welche sich ihr und dem Rübenbau entgegenstellten. Die von ihm gegründeten Rübenzuckerfabriken und Raffinerieen behaupten noch heute in der Reihe ähnlicher Anstalten einen hervorragenden Platz, obwol sich seit jener Zeit eine grosse Anzahl neuer und reich mit Mitteln ausgestatteter Etablissements diesem Produktionszweige gewidmet haben.

Seit ihrer ersten Einführung hat die Rübenzuckerindustrie allerdings auch hier lange Zeit gebraucht, bis sie zur vollen Blüthe gelangte. Zwar bestanden schon im Jahre 1820 38 Fabriken, sie beschäftigten aber im Ganzen nur 1100 Arbeiter, so dass auf eine Fabrik durchschnittlich nur 29 Arbeiter entfielen, während in der Campagne 1871/72 die Durchschnittszahl der in den Zuckerfabriken beschäftigt gewesenen Arbeiter auf 335 gestiegen war. Hieraus ersehen wir, von welch' geringer Leistungsfähigkeit die russischen Fabriken in den ersten Decennien des Jahrhunderts waren, trotz ihrer nicht geringen Zahl, welche sich überdies so rasch steigerte, dass es nach Tengoborski im Jahre 1849 bereits 346 Zuckerfabriken in Russland gab, von denen 49 mit Dampf betrieben wurden. (Der Zollverein zählte damals nur 148, Oesterreich nur 90 Zuckerfabriken, während beide auch jetzt noch nur 333 resp. 249 besitzen.) Im Jahr 1850 war die Zahl der Fabriken nach den statistischen Daten des Domänenministeriums auf 362, im Jahre 1852 auf 380 gestiegen und im Jahre 1860 gab es in Russland bereits 427 Rübenzuckerfabriken, unter denen 117 auf Dampfbetrieb eingerichtet waren. In dem letztgenannten Jahre, in welchem eine Produktion von 1,500,000 Pud (244,700 metr. Ctr.) erzielt wurde, hatte die Zahl der Zuckerfabriken ihren Höhepunkt erreicht und stieg von diesem Jahre an die Zahl der ausser Betrieb gestellten Etablissements. Die vom Finanzministerium herausgegebenen Jahrbücher zeigen die folgende Entwickelung der russischen Rübenzuckerindustrie:

Jahr.	Fabriken Zahl.	Fabriken ausser Betrieb.	Fabriken mit Dampf.	Arbeiter.	Verarbeit. Rüben. 10 Pud = 163.80 Kilo.	Gewonnener Zucker. Pud = 16.38 Kilo.	Accise. Rub. = 3 M. 22 Pf.
1862	407	108	179	57,900	—	1,939,000	—
1863	397	119	174	57,006	—	2,866,800	—
1864	336	63	160	61,672	—	3,942,580	—
1865	323	72	164	68,334	4,899,656	2,982,245	—
1866	330	68	179	75,096	8,700,766	5,650,692	444,967
1867*)	373	64	229	95,825	10,855,993	7,492,109	1,231,216
1868	368	85	215	86,216	7,737,357	5,055,814	2,134,984
1869	363	92	220	85,799	10,187,019	6,434,035	1,267,075
1870	357	105	221	83,159	11,613,811	7,490,868	1,737,589
1871	344	107	221	80,337	8,688,698	5,469,141	2,720,023
1872	322	86	219	88,134	12,261,326	7,454,657	2,219,000
1873	330	83	240	85,374	12,993,227	7,834,339	3,100,000
1874	330	79	245	88,857	10,423,149	6,659,581	3,859,607

Vom Jahre 1860, mit seinen 427 Rübenzuckerfabriken, finden wir eine fortlaufende Verringerung der Zahl derselben, nur in der Campagne 1866/67 waren sieben stillstehende Fabriken wieder in Betrieb gesetzt worden. Dies hinderte jedoch nicht, dass von 1868 an neuerdings eine Verminderung der Fabriken stattfand. Seit dem Jahre 1860 bis zum Jahre 1872 hatte sich die Zahl der überhaupt in Russland ohne Polen existirenden Fabriken um 121 = 28 %, darunter die Zahl der in Betrieb stehenden, um 99 = 33 % vermindert. In Folge der nach und nach erhöhten Accise und der wenn auch geringfügigen Verminderung des Einfuhrzolles konnten bei der Entwickelung, welche die Rübenzucker-Industrie in Russland im Allgemeinen genommen hatte, die alten wenig leistungsfähigen

*) Von 1867 an ist auch Russisch-Polen in diese Tabelle aufgenommen.

und mehr oder weniger nur als landwirthschaftliche Nebengewerbe fungirenden Fabriken nicht mehr mit den gewerbsmässig betriebenen konkurriren, sie mussten entweder ihren Betrieb einstellen oder eine bessere Technik einführen. Letzteres geschah seit dem Jahre 1860 von 68 Fabriken, welche zum vollen Dampfbetrieb übergingen. — Was die Zuckerproduktion selbst anbelangt, so ist dieselbe seit 1862 erheblich gestiegen. Im Durchschnitt wurden in den Campagnen von 1869 bis 1872 in Russland 5,366,320 Pud Sandzucker, das ist um 3,427,320 Pud oder um 176 % mehr als 1862 erzeugt.

Bei Beurtheilung der russischen Industrie darf man sich nicht verleiten lassen, aus den Resultaten einzelner Jahre einen Schluss auf den allgemeinen Entwicklungsgang ziehen zu wollen. Es wirkten auf denselben Ereignisse ein, die ausserhalb der regelmässigen Fortschritte liegen, welche die Zuckerfabrikation in anderen Ländern zu verzeichnen hat. So war das Jahr 1860 dasjenige, in welchem die Leibeigenschaft der russischen Bauern zur Aufhebung gelangte, wodurch die Arbeitslöhne eine so enorme Erhöhung erfuhren, dass mit diesem Jahre eine Krisis herbeigeführt wurde, welche sich noch steigerte, als im Jahre 1863 der unheilvolle polnische Aufstand dazu mitwirkte, Handel und Verkehr auf's empfindlichste zu stören. Eine grosse Zahl von Fabriken wurden entweder zu Spottpreisen verkauft oder zu kaum nennenswerthen Zins verpachtet. Einzelne Etablissements wurden nur durch Subventionen der Regierung erhalten, andere waren während der Krisis so verschuldet, dass ihr Uebergang in andere Hände unausbleiblich wurde.

Im Jahre 1866 haben wir die ersten Aktiengesellschaften auf dem Gebiete der russischen Zucker-Industrie zu verzeichnen. Diese neue Periode fiel in eine sehr günstige Konjunktur. Güter wurden billig verkauft, Maschinen wurden zu civilen Preisen und Bedingungen angeboten und dabei war in Folge einer plötzlich eintretenden Spekulationslust die Nachfrage nach Zucker eine so lebhafte, dass die Fabrikanten ihren Zucker vor der Campagne verkaufen konnten.

Die folgende Campagne von 1867/68 war denn eine so überaus günstige, dass ein neuer Wendepunkt in der Geschichte der russischen Zucker-Industrie gekommen zu sein schien. Die Zahl der in Betrieb stehenden Fabriken war wieder in Russland allein auf 266, darunter 187 mit Dampfbetrieb, gestiegen, die Zahl der in den Fabriken beschäftigten Arbeiter hatte sich auf 82,304, die Sandzucker-Produktion auf ein Quantum von $6^1/_2$ Million. Pud gehoben, zeigte mithin eine früher nicht erreichte Blüthe. Und doch sehen wir schon in der folgenden Campagne 1868/69 sich die Zahl der im Betriebe stehenden Fabriken um 6, die der mit vollem Dampf arbeitenden sogar um 11, die Zahl der Arbeiter um 9239, endlich das erzeugte Zuckerquantum sich um 2,551,196 Pud oder nahe an 40 % vermindern, so dass Russland seit Jahren zum ersten Male wieder gezwungen war, zur Einfuhr grösserer Quantitäten ausländischen Zuckers seine Zuflucht zu nehmen; — eine Reaction, für welche wir in der industriellen Bewegung anderer Länder vergeblich nach Beispielen suchen.

Der russischen Industrie war übrigens noch eine zweite Krisis vorbehalten. Wie in den nächsten Nachbarländern Oesterreich und Deutschland kam im Jahre 1872 das Gründungsfieber auch in Russland zum Ausbruch. Kiew, der grosse Hauptmarkt für den Rübenzucker, sah eine Unmasse von Banken entstehen, die vor allem Geschäfte machen wollten, ohne Umstände Kredit ertheilten und an der Börse mit Zucker und Zuckerfabrikations-Aktien die abenteuerlichsten Spekulationen in Scene setzten. In Folge dessen erreichte der Zucker einen unnatürlich hohen Preis, der Betrieb der Etablissements wurde unter Aufnahme hoher Kredite ungemessen gesteigert und die nothwendig auf diese Uebertreibungen eingetretene Krisis würde den Ruin der russischen Rübenzucker-Industrie zur Folge gehabt haben, wären nicht zufällig eine schlechte Ernte in Europa und in Folge dessen hohe Zuckerpreise dem Abfluss der russischen Ueberproduktion zu Hülfe gekommen, welchen die Regierung ihrerseits noch durch Gewährung einer verhältnissmässig hohen Ausfuhrprämie begünstigte.

Allerdings ist die Rübenzucker-Fabrikation unter der bestehenden Gesetzgebung sehr lohnend, weil der Staat je nach der Leistungsfähigkeit der Fabrikations-Apparate (wie in Oesterreich), nach der Betriebsweise, ob industriell oder landwirthschaftlich, und nach den Saftgewinnungsmethoden, die Anzahl der Berkowetz (= 10 Pud) bestimmt, welche zur Herstellung eines Pud Zuckers steuerlich zur Berechnung gelangen. Nun ist aber das wirkliche Ausbringen an Sandzucker erheblich höher, als die Steuerbehörde annimmt; ja, 1867—1868 soll die Produktion 6,576,290 Pud, die versteuerte aber nur 4,390,640 Pud, also 33 % weniger betragen haben.

Der produzirte Zucker wird meist als Sandzucker dargestellt, der zu $^7/_8$ zur Weiterverarbeitung an die Raffinerieen, zu $^1/_8$ aber direkt in den Konsum geht.

Russlands Einfuhr - Handel in Zucker zeigt die folgenden Ergebnisse in Rubel:

	Rohzucker.	Raffinirt.		Rohzucker.	Raffinirt.
1857	7,225,201	619,638	1867	2,908,245	815,415
1858	6,270,146	621,312	1868	445,609	614,614
1859	4,694,496	578,244	1869	381,941	472,836
1860	4,774,964	567,946	1870	116,447	302,452
1861	5,346,624	468,058	1871	22,097	168,144
1862	6,121,448	565,007	1872	2,605,562	524,203
1863	10,769,412	755,840	1873	816,081	363,124
1864	8,350,779	590,800	1874	2,426,926	502,164
1865	1,074,915	722,651	1875	6,862,123	566,565
1866	7,079,933	735,282			

Daraus erhellt, dass Russland noch immer mit wenigen Ausnahmen Zucker zum heimischen Konsum aus dem Auslande beziehen muss. Seine Ausfuhr war bisher ziemlich belanglos und betraf nur die nach Asien übertretenden Zucker. Für das Jahr 1876 ist aber constatirt, dass ein nicht unbedeutender Export von russischem Zucker auch nach europäischen Ländern stattgefunden hat, der durch die Exportprämie — ca. 40 Kop. pro Pud — hervorgerufen ist. Besonders richtete sich der Export über Wirballen und Pillau nach England. Amtliche Ziffern über die Ausfuhr liegen uns nicht vor, dagegen soll nach russischen Privatmittheilungen sich der Export bis Ende September 1877 auf circa 3,600,000 Pud belaufen haben.

Der russischen Zuckerindustrie steht bei der regierungsseitigen Förderung des Exports mittelst erheblicher Ausfuhrprämien zweifellos noch eine bedeutende Zukunft bevor, zumal wenn sie durch die jetzigen schlechten Verhältnisse sich glücklich hindurcharbeitet und die der Fabrikation noch entgegenstehenden Schwierigkeiten (Mangel an Brennmaterial und Arbeitskräften) überwindet, — eine Zukunft, welche wegen ihrer naheliegenden Folgen für die deutsche Zuckerindustrie der ernstesten Beachtung der Reichs-Regierung empfohlen zu werden verdient.

e. Belgien.

Belgien ging mit seiner Produktion den gleichen Schritt wie das benachbarte Frankreich. Im Jahre 1843, in welchem Jahre die Rübenzuckerindustrie zum ersten Male besteuert wurde, finden wir bereits 31 Fabriken, welche zusammen 2,925,000 Kilo produzirten und weist nachfolgende Tabelle die Steigerung dieser Produktion des Näheren nach:

Jahr	Zahl der Fabriken.	Aus Rüben gewonnener Rohzucker. Ctr.	Jahr	Zahl der Fabriken.	Aus Rüben gewonnener Rohzucker. Ctr.
1843	31	58,513	1860	65	343,118
1844	27	53,497	1861	69	310,154
1845	27	49,339	1862	74	372,436
1846	25	67,353	1863	79	523,997
1847	25	100,007	1864	84	395,666
1848	24	103,597	1865	100	547,893
1849	24	102,593	1866	106	839,903
1850	28	117,645	1867	104	786,588
1851	40	133,079	1868	107	692,134
1852	44	165,995	1869	115	804,493
1853	45	199,547	1870	131	955,299
1854	48	185,739	1871	152	1,457,722
1855	45	187,981	1872	174	1,369,274
1856	46	240,240	1873	173	1,435,293
1857	52	318,653	1874	173	1,480,340
1858	60	356,804	1875/76	173	1,595,920
1859	63	377,586			

Während also in dem ersten Decennium durchschnittlich 26 Fabriken mit einer Produktion von $4^1/_2$ Tausend Tonnen nachgewiesen werden, finden wir im zweiten bereits 56 mit $14^1/_2$ Tausend, im dritten 115 Fabriken mit circa 42 Tausend, im beginnenden vierten Jahrzehnt bereits 173 Fabriken mit 75 Tausend Tonnen Erzeugung.

Was den Handel, den Konsum und die Einnahme aus Zöllen und Steuern in Belgien anbelangt, so erhalten wir für 1843—1875 die folgenden Ergebnisse:

Jahr.	Einfuhr von Rohzucker Ctr.	Einfuhr von raff. Zucker Ctr.	Ausfuhr von Rohzucker Ctr.	Ausfuhr von raff. Zucker Ctr.	Konsumtion inkl. Syrup Ctr.	Bevölkerung (nach d. offiziellen Zählungen.)	Konsum pro Kopf Pfd.	Einnahmen an Steuern und Zöllen Mk.
1843	372,155	4	—	213,758	198,830	4,073,162	4,9	883,410
1844	305,416	9	—	125,259	212,122	„	5,2	3,073,562
1845	200,318	37	—	83,887	158,266	„	3,9	2,181,058
1846	306,646	82	5	92,907	269,937	4,337,196	6,2	2,514,151
1847	324,595	55	10	190,062	209,872	„	4,8	1,335,902
1848	373,241	77	—	211,197	241.102	„	5,6	2,677,451
1849	381,702	200	1	253,469	212,409	„	4,9	3,291,115
1850	504,344	243	—	330,348	263,800	4,426,202	5,9	2,782,363
1851	385,652	148	—	295,491	203,699	„	4,6	2,571,033
1852	467,779	151	2	280,180	327,411	„	7,4	3,078,886
1853	612,147	142	—	446,536	315,443	„	7,1	3,205,573
1854	551,801	117	—	429,705	251,297	„	5,7	3,147,634
1855	545,422	114	—	431,866	257,259	„	5,8	3,338,314
1856	419,635	108	—	341,348	266,704	4,529,461	5,9	3,687,995
1857	355,927	471	—	350,152	284,336	„	6,3	3,776,944
1858	479,027	41	11,808	388,272	375,902	„	8,3	4,060,869
1859	402,158	24	10,006	387,681	297,066	„	6,5	4,003,470
1860	410,405	22	12,925	412,083	276,415	4,731,957	5,8	4,669,664
1861	536,966	1048	14,154	472,927	336,098	„	7,1	4,744,623
1862	431,337	1909	73,584	403,551	306,639	„	6,5	5,008,191
1863	392,211	1466	279,616	360,157	258,803	„	5,5	4,989,652
1864	289,909	38	267,387	154,786	250,895	„	5,3	4,530,274
1865	421,363	4140	359,227	187,482	408,387	„	8,6	4,963,306
1866	418,980	8880	537,651	331,567	376,811	4,827,833	7,8	4,972,967
1867	388,414	23,508	517,791	254,674	406,339	„	8,4	5,805,946
1868	357,781	23,689	542,206	271,630	244,536	„	5,1	5,152,560
1869	402,843	38.129	702,131	220,569	307,609	„	6,4	5,743,522
1870	413,427	38,653	729,761	226,864	412,185	5,087,826	8,1	5,256,375
1871	326,794	80,310	1,357,511	264,373	230,141	„	4,5	5,215,595
1872	363,670	107,440	1,258,529	175,631	391,994	„	7,7	6,013,110
1873	361,677	66,259	1,260,592	212,085	374,461	„	7,3	5,181,875
1874	412,668	72,126	1,433,316	243,840	274,267	„	5,4	5,367,219
1875	358,764	58,548	1,378,123	246,637				

Die eigentliche Konsumtion lässt sich in Belgien eben so wenig wie in Oesterreich und Russland feststellen, da die offiziellen Daten blos jene Produktion verzeichnen, welche besteuert wird; die aber durch das Gesetz ermöglichte steuerfreie Ausbeute entzieht sich der statistischen Erhebung. So fanden wir pro 1833 eine Konsumtion von 16,900 Tonnen und 40 Jahre später nur eine solche von 18,700 Tonnen, also eine ganz unbedeutende Steigerung, dafür zeigt 1863 eine Konsumtion von nur 12,900 Tonnen, 1868 eine solche von 12,200, 1871 sogar nur eine Konsumtion von 11,500 Tonnen; Ziffern, die eben weit entfernt sind, auch nur annähernd ein Bild des wirklichen Standes zu geben.

f. Holland.

In Holland ist die Rübenzuckerindustrie ziemlich stationär. Für das Jahr 1874/75 giebt das landwirthschaftliche Centralblatt die Produktion auf 25,565 Tonnen Rohzucker an, welche von 32 Fabriken erzeugt wurden. Unter diesen 32 Fabriken arbeiten 6 mit Diffusion, 1 mit Walzen, 25 mit hydraulischen Pressen; das Rendement der Rüben beträgt zwischen 8—9 %. Ausserdem bestehen im Lande 7 Raffinerieen und 5 Candisfabriken.

In Holland ist der Zuckerhandel und die Raffinerie viel wichtiger als die Rübenzuckerfabrikation. Durch eine geschickte Kolonialpolitik hatten es die Niederlande verstanden, sich in der Konkurrenz mit England zum Centralmarkt für Zucker emporzuschwingen und waren es früher fast ausschliesslich Amsterdam und Rotterdam, welche die Länder des Mittelländischen Meeres mit raffinirtem Zucker versahen. Das Aufkommen und die Blüthe der Rübenzuckerindustrie und gleichzeitig das Aufgeben der bisherigen strengen Kolonialpolitik und schliesslich besonders die Durchführung der Zuckerkonvention haben die Stellung Hollands zum Zuckermarkte verschoben und haben dem Lande einen empfindlichen Schaden beigebracht.

Die folgenden Nachweisungen werden dies deutlicher darthun; es wurden in den Jahren 1860—1875 nach Tonnen

	eingeführt.		ausgeführt.	
	Rohzucker.	Raffinirter Zucker.	Rohzucker.	Raffinirter Zucker.
1860	78,561	0,8	138	58,616
1861	85,730	20	246	63,995
1862	85,761	1	430	63,681
1863	91,152	0,5	2360	63,532
1864	93,601	41	1820	68,149
1865	99,693	4	3526	74,874
1866	108,739	39	2107	84,010
1867	105,487	11	3448	78,765

	eingeführt. Rohzucker.	Raffinirter Zucker.	ausgeführt. Rohzucker.	Raffinirter Zucker.
1868	108,353	18	3078	58,640
1869	116,405	52	3280	92,438
1870	120,560	298	2257	93,030
1871	126,318	1009	4208	103,973
1872	120,093	990	3997	100,040
1873	108,178	—	9473	85,889
1874	127,127	4985	30,519	89,239
1875	102,139	5170	22,297	81,977

Die Ausfuhr an Raffinade der Niederlande hat soweit seit 1870 um mehr als 20 % abgenommen und im gleichen Verhältniss hat sich natürlich die Einfuhr von Rohzucker vermindert; während andrerseits die Einfuhr von Raffinade und die Ausfuhr von Rohzucker zunehmen mussten.

g. Schweden.

Bereits im Jahre 1839 wurde in Landskrona (Schonen) die Rübenzuckerfabrikation in kleinem Massstabe begonnen aber bei der geringen Ausbeute von 3—4% Rohzucker und 3% Melasse nach 6—7 Jahren eingestellt und erst 1854 wiederaufgenommen und weiterausgedehnt. Die rege Theilnahme der Regierung, welche auf ihre Kosten junge Techniker in Deutschland die Fabrikation erlernen liess und den Fabriken bis 1873 Steuerfreiheit versprach, liess 1870 bei Malmoe ein Etablissement entstehen, welches mit Diffusion arbeitet, dem ein andres zu Wadstena am Wettersee und mehrere in Stockholm folgten. Die Produktion dieser Fabriken betrug im Jahre 1869: 3 Mill. Pfd. Schwedisch, während circa 35 Mill. Pfd. von Frankreich, Belgien und den Kolonieen eingeführt wurden. Da aber in Schweden ein besonders passender und gut kultivirter Boden fehlt, der nöthig ist, im kalten Klima die Rübe zur Reife zu bringen, und ausserdem Mangel war an geeignetem Rohmaterial, so mussten mehrere Fabriken ihren Betrieb wieder einstellen. Als dann 1875 selbst die alte Fabrik Landskrona ihren seit mehr als 20 Jahren betriebenen und mit landwirthschaftlichen Einrichtungen grossartig ausgestatteten Rübenbau aufgab, um sich in eine Kolonialzucker-Raffinerie umzuwandeln, deren ausserdem noch 6 bestehen, sank die Anzahl der Zucker-Fabriken 1876 auf 2, die ein Quantum von 1,061,275 Kilo produzirten.

In der Kampagne 1873/74 wurden in 4 Fabriken 731,355 schwedische Centner (à $42\frac{1}{2}$ Kilo) Rüben, in der Kampagne 1874/75 in 2 Fabriken 411,755 schwedische Centner Rüben verarbeitet.

Der Import betrug im Jahre 1874: 737,384 schwedische Centner.

h. Dänemark.

Nachdem im Jahre 1868 die dänische Regierung ein Konkurrenz-Ausschreiben erlassen hatte über die Frage, ob in Dänemark eine erfolgreiche Rübenzuckerproduktion begründet werden könne und diese Frage bejaht wurde, entstand auch hier die erste Anregung zur Anlage von Rübenzuckerfabriken. Es bildeten sich 2 Aktiengesellschaften, die 1872 die Etablissements Lolland und Odense gründeten. Dieselben produzirten 1874 im Ganzen 3710 metrische Centner Zucker. Ausserdem existirten 3 Zuckerraffinerieen, welche im selben Jahre 120,000 metrische Centner direkt aus der Havana bezogenen Zucker raffinirten. Auch hier scheinen widrige Verhältnisse die anfangs gehegten guten Erwartungen zu nichte gemacht zu haben. Wenigstens hat 1877 Lolland fallirt und arbeitet auch Odense unter ungünstigen Umständen, da zum Rübenbau zu wenig Acker zur Verfügung steht und es schwer hält, die Landbesitzer zu Pachtverträgen zu veranlassen.

i. Italien.

Wenn Schweden und Dänemark bis jetzt nicht die erhofften günstigen Resultate erreicht haben, so zeigt dagegen die Rübenzuckerproduktion in Italien einen ziemlichen Aufschwung. Nachdem im Jahre 1868 im Kirchenstaat gemachte grössere Rübenkulturversuche günstige Resultate ergeben und auch die hinsichtlich des Preises des Rohmaterials, des Brennstoffs und der Arbeitskräfte angestellten Ermittlungen die Lebensfähigkeit der Rübenzuckerfabrikation in Italien erwiesen hatten, ertheilte das päpstliche Gouvernement den Unternehmern einer Rübenzuckerfabrik ein ausschliessliches Privileg zur Anlegung von Fabriken für 18 Jahre, indem es zugleich die Steuer auf 2 Fr. $2\frac{1}{2}$ Cent. pr. 1 Ctr. fertiges Fabrikat festsetzte. In Folge dessen entstand 1869 das erste Etablissement in der Nähe von Rom, dem bald weitere 3 folgten. Da auch die italienische Regierung sich lebhaft für Einführung dieses Industriezweiges interessirt und selbst alle die Industrie betreffenden Fragen mit Interesse verfolgt, so steht bei den übrigen nicht geradezu ungünstigen Verhältnissen eine weitere Ausdehnung der Rübenzuckerfabrikation in Aussicht. Die Produktion ist bis jetzt noch sehr gering und beträgt dagegen der durchschnittliche Import jährlich circa 1,650,000 Centner.

k. Rumänien.

Auch in Rumänien sucht man seit Jahren die Rübenzuckerindustrie heimisch zu machen. Die Regierung stellte grosse Vergünstigungen in Aussicht, indem sie während 20 Jahren das Fabrikat von allen Abgaben befreien und die zur Zuckergewinnung erforderlichen Maschinen frei einlassen will, und so ist man schon längere Zeit bemüht, Gesellschaften behufs Anlage von Zuckerfabriken zusammen zu bringen. Wenn auch der Konsum Rumäniens ein beschränkter und beim Export die Konkurrenz Frankreichs und Oesterreichs zu bekämpfen ist, so boten doch der billige Transport auf der Donau und ihren Nebenflüssen so grosse Chancen, dass man 1876 zur Anlegung zweier Fabriken schritt, und zwar zu Kitila in der Walachei und zu Sascut in der Moldau. Beide sind in vollem Betriebe und liefern dem rumänischen Handel Raffinaden, die angeblich den österreichischen qualitativ überlegen sind. Der Fürst Bibesco, der Hauptaktionär Kitilas, baut allein 1600 Morgen Rüben und waren vor dem Kriege noch 5 weitere Fabriken projektirt, die 1878 fertig sein sollten. — ? —

l. England.

Selbst in England, welches der Haupt-Abnehmer und Konsument des Kolonialzuckers ist, finden wir jetzt Rübenzuckerfabriken, die eine zu Lavenham in Suffolk, die andere zu Buscot Park in Berkshire, welche bei dem günstigen Rübenboden bis jetzt mit grossem Vortheil gearbeitet haben. Die erstere begann ihre Produktion mit 1000 Tons im Jahre 1868, lieferte

1871 . schon 6200 Tons Zucker und dürfte ihre Produktion jetzt schon verdoppelt haben. — Neben dieser im Verhältniss zu dem kolossalen Zuckerkonsum Englands verschwindend kleinen Produktion besitzt England zahlreiche Raffinerieen, welche den Rohzucker, sowohl Rüben- als Rohrzucker, für den heimischen Verbrauch und den Export verarbeiten. Der Handel Englands betrug in Tonnen:

	Einfuhr Rohzucker.	Ausfuhr Rohzucker.		Einfuhr Raffinirter Zucker.	Ausfuhr Raffinirter Zucker.
1860	432,149	—	1860	13,516	4303
1861	454,014	„	1861	12,432	7196
1862	462,870	„	1862	13,698	10,846
1863	467,488	„	1863	12,746	14,160
1864	454,015	„	1864	40,765	6074
1865	501,849	„	1865	37,006	8388
1866	523,097	„	1866	39,189	9954
1867	555,030	„	1867	39,193	8770
1868	545,063	„	1868	38,214	13,666
1869	544,470	„	1869	52,120	15,453
1870	586,381	„	1870	81,549	29,426
1871	593,273	„	1871	78,635	39,544
1872	594,663	„	1872	89,441	32,122
1873	640,483	„	1873	111,630	35,396
1874	706,500	„	1874	135,850	46,100
1875	813,232	„	1875	145,327	43,600

Wie wir aus dieser Uebersicht ersehen, hat England in der Konsumtion von Zucker die gewaltigsten Fortschritte gemacht; den grössten derselben, eine Steigerung der Rohzuckereinfuhr um 107 Millionen Kilo in einem einzigen Jahre, hat es der Aufhebung der Zuckerzölle zu verdanken. Die Konsumtion, welche im Jahre 1860 noch 35 engl. Pfd. per Kopf der Bevölkerung betrug, ist im Jahre 1874 auf 60 Pfd. gestiegen.

Die Verwendung des Zuckers wird dort eine immer mannigfaltigere. Die englische Bierbrauerei verbrauchte im Jahre 1875 eine Million Centner als Ersatz für Malzgerste und in neuerer Zeit hat sich in Folge des ungünstigen Ausfalls der Heuernte im Jahre 1876 sogar die Aufmerksamkeit auf die Verwendung von Zuckerprodukten zur Viehfütterung gelenkt. Rübenmelasse wurde bereits in allen Theilen des Königsreiches zu solchem Zwecke verwendet.

m. Nord-Amerika.

Der beste Beweis, wie man allerorts begreift, welche kolossalen Vortheile eine glücklich und rationell betriebene Rübenzuckerindustrie einem Staate bringen muss, ist der, dass jetzt die Vereinigten Staaten Amerikas in vollem Gange sind, die Rübenkultur in ihrem Gebiete auszubreiten, um die 100 Mill. Dollars, welche Amerika jährlich für Zucker ins Ausland schickt, allmählich mehr und mehr dem eigenen Lande zuzuwenden. Da auch hier die einzelnen Staaten der Angelegenheit ihre Unterstützung angedeihen liessen (in Maine z. B. erhalten die Fabriken 10 Jahre eine Remuneration von 7000 Dollars und 1 Cent pr. Brod für allen Zucker, den sie produziren), so entstanden schon 1864 in Wisconsin und Ilinois Fabriken, die eingerichtet waren täglich 50 Tons zu verarbeiten. Dieselben verarbeiten deutsche Rüben und mit einem Erfolge, der geeignet ist, zu weiteren Unternehmungen anzuregen. Besonders in Kalifornien, wo 1870 die erste Fabrik zu Alvarado errichtet wurde, beginnt die Rübenzuckerproduktion in technischer wie finanzieller Beziehung sich zu entwickeln. Der Acker Rübenland trug ein 42 Tons Rüben, die 11% Zucker ergaben und mit 75 Pfg. pr. Ctr. bezahlt wurden. Der Anfang mit der Rübenzuckerproduktion ist somit gemacht und es liegt kein Grund vor, daran zu zweifeln, dass die Vereinigten Staaten mit ihren reichen Hülfsquellen Europa in der Rübenzuckerproduktion folgen und so den Konsumtionsbedarf an Zucker mit der Zeit im eigenen Lande herstellen werden. Auch die Regierung von Quebec hat für Kanada unterm 25. April cr. einen Preis ausgeschrieben von 7000 Dollars jährlich auf die Dauer von 10 Jahren für die erste innerhalb der Provinz (Nieder-Kanada) errichtete Rübenzuckerfabrik. Versuche mit Anbau sind schon gemacht, die einen Zuckergehalt von durchschnittlich 12,30 pCt. mit einem Quotienten von 76 zeigen. Man rechnet auf eine Ernte von 40 bis 60,000 Kilo pr. Hektar und sollen die Anbaukosten dieselben sein wie in Frankreich. Der in Kanada erzeugte Zucker wird jedenfalls bis zum Jahre 1883 von jeder Steuer frei sein, während der Eingangszoll ziemlich 45% vom Werthe des Zuckers ausmacht. Die jährliche Einfuhrmenge beträgt 57,000 Tons, ausserdem 25,000 Tons Melasse.

In dem Umstande, dass die Rübenzuckerindustrie nicht nur sich über fast ganz Europa ausgedehnt, sondern auch nach Amerika, dem Hauptproduktionslande des Rohrzuckers, hinübergegangen ist, um auch dort den in Europa siegreich geführten Kampf mit ihrem tropischen Rivalen fortzusetzen, liegt ein Beweis, dass der Rübenzuckerfabrikation noch eine blühende Zukunft bevorsteht. Wie sehr es im Interesse der Staaten liegen muss, dass eine Industrie, welche der Bevölkerung, der Landwirthschaft, den Finanzen die kolossalsten Vortheile zuführt, nicht nur fortbestehe, sondern auch eine immer grössere Blüthe gewinne, ist nach unseren bisherigen Ausführungen leicht einzusehen, weshalb vor allen Dingen die ernsteste Sorge der Regierungen darauf gerichtet sein muss, die auf den Zucker gelegte Verbrauchsabgabe, sowohl hinsichtlich des Satzes als des Erhebungsmodus so zu normiren, dass der Konsum des Artikels ebenso gefördert, als die Produktion in einer gedeihlichen Richtung weiter entwickelt werde.

ZWEITER ABSCHNITT.

Der Zucker als Finanz-Object.

I. Allgemeines.

Soll ein Consumtions-Gegenstand einer indirecten Abgabe unterworfen werden, so muss derselbe zunächst vorzugsweise ein solcher sein, welcher sich eines möglichst umfangreichen Verbrauches erfreut und dadurch die Erwartung eines grossen Ertrages an Steuer rechtfertigt. Auf der anderen Seite ist die Frage zu beantworten, ob der zur Besteuerung in's Auge gefasste Verbrauchsgegenstand eine Abgabe tragen kann, oder ob seine Bedeutung im Hinblick auf seine absolute Unentbehrlichkeit für die ärmere Volksklasse jede Belastung ausschliesst. Legen wir diese Kriterien an die Besteuerung des Zuckers, so müssen wir anerkennen, dass dieser Artikel durchaus denjenigen Anforderungen entspricht, welche seine Belegung mit einer Abgabe zulassen.

Ein jährlich beinahe ungeahnt wachsender Verbrauch hat die Einnahmequelle aus dem Zucker für die meisten der Zucker producirenden und consumirenden Staaten, so auch für Deutschland zu der ergiebigsten indirecten Finanzquelle des Staates gemacht und wenn auch der zunehmende Verbrauch des Zuckers immerhin auf seine immer mehr und mehr erkannte Bedeutung als Nahrungsmittel hinweist, so bleibt es doch unbestritten, dass, ursprünglich überhaupt Luxusartikel, ein grosser Zucker-Consum in der Regel auch auf einen verhältnissmässigen Wohlstand der Bevölkerung schliessen lässt, also eine Besteuerung verträgt. Wir sagten oben, in der Regel, denn es lässt sich nicht läugnen, dass sich die Ziffern des Zuckerverbrauchs nicht immer mit denen des Wohlstandes decken. So dient notorisch in Japan der Zucker als hungerstillendes Mittel für die ärmere Bevölkerung, von welcher er, besonders in den Städten, und zwar zunehmend mit dem Steigen der Reispreise in einem für die Europäer unglaublichen Maasse consumirt wird und auch in England findet sich die in der Lebensweise der arbeitenden Bevölkerung wurzelnde Erscheinung, dass bei guten Löhnen der Zuckerverbrauch ein geringerer ist, als in schlechten Zeiten, indem der Arbeiter im ersteren Falle Fleisch und Bier zu seiner Ernährung vorzieht, während er sich im letzteren mit Brod und Thee begnügt, wobei der Zucker zwar auch als Würze, besonders aber als Nahrungsmittel eine bedeutende Rolle spielt. Für Deutschland gilt indessen das oben gesagte, bei uns ist der Zucker nicht Nahrungs- sondern Genussmittel; wir sind eben nicht so weit wie England, und wir dürfen ausserdem hinzufügen, dass ohnehin der weitaus grössere Theil des consumirten Zuckers bei uns noch auf die wohlhabenderen Klassen des Volkes entfällt. Bei diesen ist es aber im Ganzen wenig fühlbar, ob in einer Haushaltung für diese Würze im Laufe des Jahres einige Mark mehr oder weniger ausgegeben werden, und selbst für den ärmeren Konsumenten hat diese Steuer keine Härte. Wäre die Frage, ob der Zucker als Besteuerungsobject richtig gewählt ist, eine theoretisch überhaupt noch offene, dann müsste schon allein der trotz der Steuer und ohne jegliche Klage der Konsumenten über diese Belastung jährlich zunehmende Verbrauch und die aus diesem Umstand stets reichlicher fliessende Einnahmequelle des Staates diese Frage unzweifelhaft als erledigt darthun.

So lange der Staatsfiskus bezüglich der Besteuerung des Zuckers nur mit dem Colonialzucker zu rechnen hatte, war der Modus der Besteuerung ein äusserst einfacher; der Eingang der von den exotischen Ländern nach Europa gelangenden Rohzucker über die verschiedenen Seehäfen liess sich leicht controliren und handelte es sich bei der Abgabe längere Zeit nur um einen einzigen Zollsatz. Was die Höhe dieses Satzes anlangt, so wirkten für dieselbe neben dem finanziellen Interesse allerdings wesentlich andere nationalökonomische Erwägungen mit, welche von vornherein die Besteuerungssätze in den verschiedenen europäischen Ländern sehr mannigfaltig gestalteten.

Namentlich diejenigen Nationen, welche vermöge ihrer geographischen Lage an den Meeresküsten Schifffahrt nach den überseeischen Ländern betrieben, hatten erhebliches Interesse daran, möglichst grosse Mengen Zuckerrohr-Rohzucker heranzuziehen und damit die Entwicklung einer heimischen Raffinationsindustrie zu fördern. Einmal musste sich dadurch ihre Schifffahrt und die Ausfuhr ihrer eigenen Erzeugnisse nach den überseeischen Ländern heben und auf der anderen Seite konnten sie sich durch die natürlichen Vortheile in der Beziehung des Rohproducts leicht eine Kundschaft in den Binnenländern des europäischen Continents für den Absatz von raffinirten Zuckern erwerben und mehren. Aus solchen Erwägungen erklärt sich das Bestreben der verschiedenen Länder, die heimischen Raffinerieen jener Zeit auf jede nur mögliche Weise gegenüber denen der rivalisirenden Nachbarstaaten zu begünstigen.

Die zunächstliegende Begünstigung war dadurch gegeben, dass gegenüber den auf den eingehenden Rohzucker gelegten Zöllen die fremde Raffinade durch unverhältnissmässig hohe Zollsätze vom inländischen Markte fern gehalten wurde und konnte unter solchem Schutz die Raffinationsindustrie in allen Ländern, welche durch bequeme und billige Transportwege das indische Rohproduct beziehen und diesen Zweig der Fabrikation cultivirten, leicht zu einer erheblichen, bald über den Bedarf des eigenen Landes hinausgehenden Ausdehnung gelangen. Wenn dann das Absatzgebiet des heimischen Marktes nicht mehr genügte, so mussten fremde Märkte aufgesucht werden und dort war eine Konkurrenz nur möglich, wenn das Product von der Steuer entlastet, d. h. diese in Form einer Exportbonification (drawback) zurückerstattet wurde. Damit trat die Frage der Besteuerung schon in eine veränderte Phase.

Solange in einem Lande nur Rohzucker zum Zwecke der Raffination eingeführt wurden, um alsdann dem Consum übergeben zu werden, konnte es für den Staat gleichgültig sein, ob bei der Normirung des Zolles für Rohzucker auf den Gehalt derselben Rücksicht genommen wurde.

Der Fiscus belegte einfach jeden Centner Rohzucker, welcher zum Zwecke der Raffination eingeführt wurde, mit einem ihm genügend erscheinenden einheitlichen Zollsatz, der Raffinadeur bezog jene Rohzucker, welche bei gegebenem Preis und Zoll das günstigste Ausbringen an Raffinade ergaben, und es fand auf solche Weise eine dem Verbrauch entsprechende Vertheilung des Steuerbetrages statt.

Anders gestaltete sich die Sache in dem Augenblicke, wo eine Berechnung der Exportvergütung statthaben sollte. Es giebt Rohzucker, aus welchem 94 bis 97 % Raffinaden gewonnen werden können und andere, welche nur ein Ausbringen von 45 bis 60 % gewähren, während sich zwischen diesen beiden Extremen eine Unzahl von Rohzuckern verschiedener Productionsländer bewegt. Darnach fragt es sich also, welches Ausbringen bei einem bestimmten Rohzuckerzoll der Exportvergütung für Raffinade zu Grunde zu legen ist.

Zu der Zeit, als man nur die Raffination indischen Zuckers kannte, war diese Frage bezüglich des Ausbringens, des Rendements eines gegebenen Rohzuckers, schwer zu lösen, da so ziemlich jeder wissenschaftliche Anhalt für eine derartige Bestimmung fehlte. Die Folge war, dass ein solches Rendement ziemlich willkürlich angenommen wurde und wählte jeder Staat dafür eine thunlichst niedrige Ziffer, um seinen Raffinerieen die Konkurrenz mit denen der Nachbarländer mindestens nicht zu erschweren, vielfach aber auch diese direct zu begünstigen. Von diesem Moment ab datirt das Unwesen der Export**prämien**, welche, wie wir weiter sehen werden, in ihrer späteren Entwickelung die ganze natürliche Grundlage der internationalen Konkurrenz auf die ungerechtfertigste Weise verschoben haben.

Es ist an sich unzweifelhaft wohl begründet, dass eine Industrie, welche für das verarbeitete Rohmaterial einen Finanz-Zoll oder Steuer bezahlt, durch Nachlass oder Wiedererstattung dieser Steuer für den Ueberschuss ihrer Produktion exportfähig gemacht werde. Sobald aber die zu gewährende Exportvergütung den wirklichen Betrag der ursprünglich an den Staat gezahlten Abgabe übersteigt, so tritt der Fall ein, dass ausser dieser Vergütung der Industrie noch eine **Prämie** gezahlt wird, welche im Grunde den Taschen der übrigen Steuerzahler entnommen wird und je nach ihrer Höhe für die Staatsfinanzen zu bedenklichen Resultaten führen kann.

Hierfür bietet die Zuckerindustrie bereits im Anfange und in den ersten Decennien dieses Jahrhunderts ein lehrreiches Bild.

So sehen wir, dass sich die Franzosen schon im Jahre 1804 über die Vortheile und Freiheiten beklagen, welche die englischen und holländischen Raffinadeure genössen und selbe in den Stand setzten, die 100 Livres Raffinade um beinahe 21 Franken billiger zu liefern, als solche von den Franzosen hergestellt werden konnten. Es ist offenbar, dass — wenn die genannten Länder durch diese Begünstigungen ihrer Industrie, ihren Seehandel hoben — dafür ihre Staatsfinanzen eine direkte Einbusse erleiden mussten. Gleicherweise zeigten sich die Folgen dieses Vorgehens auch in Belgien. Dasselbe erhob in der Periode von 1830 bis 1840 einen Zoll von 38 Franken per 100 Kilo, hatte einen jährlichen Verbrauch von durchschnittlich 11 Millionen Kilogramm und doch wies der Staatsschatz nur eine jährliche Einnahme von 525,000 Franken auf, Beweis, dass jährlich etwa 4 Millionen Franken der Raffinationsindustrie als Exportprämien zugeflossen waren.

Derartige grossmüthige Absichten haben gewiss noch niemals im Charakter eines Steuerfiskus gelegen. Im Gegentheil. Die Prämienwirthschaft entstand lediglich absichtslos dadurch, dass die Mittel fehlten, das Rendement der indischen Rohzucker für die Raffinerieen hinreichend zuverlässig festzustellen, um ein zutreffendes Verhältniss zwischen Rohzucker und Raffinaden zu bestimmen; sie bildete sich geräuschlos aus dem Mehrertrage, welchen der Raffinadeur aus dem Rohzucker über diejenige Menge Raffinade erzielte, welche der Staat als Ergebniss des Ausbringens berechnet und der Vergütung für den Export zu Grunde gelegt hatte.

Vorstehende Skizze ist zutreffend für den Zustand der Zuckersteuerverhältnisse in den meisten in Betracht kommenden Staaten vor der Entwicklung der Rübenzuckerindustrie. Auf die Gründe der besonderen handelspolitischen Maassnahmen, welche Frankreich noch ausserdem praktizirte, werden wir bei Besprechung der französischen Zollgesetzgebung näher einzugehen haben. —

Mit dem Auftreten und der Entwicklung der Rübenzuckerfabrikation mussten auch die Zoll- und Steuerverhältnisse eine durchgreifende Umgestaltung erfahren.

Hatte die von Napoleon I. angeordnete Kontinentalsperre auch nach manchen Richtungen den entgegengesetzten Erfolg von dem, welchen er beabsichtigte, insofern eben während dieser Blokade England, von dessen maritimer und kommerzieller Uebermacht Europas Festland befreit werden sollte, Gelegenheit fand, sich in manchen Zweigen eine eigene Industrie zu erziehen, und sich für diese des europäischen Exporthandels ohne grosse Mühe zu bemächtigen, so hat doch, wie wir bereits sahen, dazu der Machtstreich Napoleons jedenfalls in hervorragender Weise beigetragen, dass neben anderen wichtigen Industriezweigen sich umgekehrt das Festland Europas durch den raschen und allgemeinen Aufschwung der Rübenzuckerfabrikation von dem Import einer ganzen Anzahl fremder Kolonialprodukte und speziell des Zuckers unabhängig zu machen lernte.

Es ist begreiflich, dass alle Regierungen, in deren Territorien sich die natürlichen Grundlagen für eine Erfolg verheissende Entwicklung dieses neuen Industriezweiges in günstigen klimatischen und Bodenverhältnissen erkennen liessen, Werth darauf legten, denselben bei sich einzubürgern. Dies geschah zunächst dadurch, dass der im Inland erzeugte Zucker lange Zeit von Abgaben verschont blieb, während die Kolonial-Zucker nach wie vor einem Eingangszolle unterlagen. Erst, als sich unter der Gunst dieses Zollschutzes die einheimische Fabrikation soweit emporgeschwungen hatte, dass die Einfuhr fremder Zucker merklich abnahm, dachte man darüber nach, dass mit dieser Umwälzung zugleich bedenkliche Wirkungen für den Staatssäckel verbunden seien, da in fortschreitender Entwicklung dieser Neuerung dem Fiskus eine einträgliche Einnahmequelle verloren zu gehen drohte, für welche ein Ersatz unentbehrlich war. Dieser Frage sahen sich in den dreissiger Jahren die deutschen Staaten, Oesterreich, Frankreich, Holland und Belgien gegenübergestellt, während für Frankreich ausserdem noch die Befürchtung hinzutrat, dass der Rübenzucker der Prosperität seiner Kolonieen, welche ihren hauptsächlichsten Reichthum auf die Kultur des Zuckerrohrs basirten, verderblich werden könne.

Eine Ausgleichung war in der Besteuerung des Rübenzuckers gegeben, welche sich denn auch, zuerst in Frankreich im Jahre 1835, dann in Preussen und Oesterreich im Jahre 1840/41, und in Belgien 1843 einbürgerte.

Diese Besteuerung, anfangs gering, hat sich im Laufe der Zeit im gleichen Maasse gesteigert, in welchem der Staatsschatz eines Landes den Ausfall am Zoll auf fremde Zucker empfand, soweit nicht gesteigerte finanzielle Anforderungen an die Einnahmequellen des Fiskus durch Kriege und ähnliche unvorhergesehene Ursachen sich noch besonders geltend machten. Immerhin aber beobachteten die Regierungen den Grundsatz, abgesehen von der eine Zeitlang wiederholt in den Vordergrund tretenden Tendenz der französischen Regierung, die Rübenzucker-Industrie zu Gunsten seiner Kolonieen in Frankreich zu inhibiren, die Steuern auf den Zucker stets so zu normiren, dass der einheimischen Industrie ein gewisser Schutz gegenüber der Einfuhr fremder Erzeugnisse erhalten blieb.

Mit der Frage der Besteuerung des Rübenzuckers trat gleichzeitig die Frage intensiv in den Vordergrund, in welcher Form und nach welchem Abmaasse die Steuer erhoben werden solle. — Wäre der einheimische Zucker vom Augenblicke seiner ersten Herstellungsversuche an zu besteuern gewesen, so hätte nichts näher gelegen, als das fertige Produkt dem Fiskus tributpflichtig zu machen und die Anlagen der Fabriken von vornherein so einzurichten, dass einem solchen Modus der Besteuerung bezüglich der Abschliessung der Etablissements und der Kontrole der in den Konsum übergehenden Fabrikate Rechnung getragen worden wäre.

Nachdem indessen die Rübenzuckerfabrikation bereits eine Entwicklung von bald 30 Jahren hinter sich hatte, würde die mit der Besteuerung des fertigen Fabrikates nothwendig verbundenen Art der Kontrole eine stellenweis kostspielige Umgestaltung der vorhandenen Etablissements bedingt haben, vor der man scheuen mochte, zumal andererseits diese Industrie immerhin noch im Entstehen begriffen war und ein Eingreifen des Fiskus von solch störender Bedeutung für manche der bestehenden Fabriken recht bedenkliche Folgen hätte haben können. Wenn aber die Gesetzgeber der einzelnen Länder schon damals hätten voraussehen können, welche Bedeutung, sowohl in finanzieller als in handelspolitischer Beziehung, die Frage der richtigen Zuckerbesteuerung im Laufe des Jahrhunderts noch gewinnen werde, so würden sie trotzdem wahrscheinlich nicht gezögert haben, gleich von Anfang ein System der Besteuerung einzuführen, welches die Industrie in ihren damals vorhandenen Anfängen freilich etwas hart getroffen, dafür aber alle jene Mängel von vornherein unmöglich gemacht hätte, welche den verschiedenen anderen bestehenden Systemen der Besteuerung zum Schaden des Staates, wie des Konsumenten anhaften. Sei es nun, dass seiner Zeit hauptsächlich die obige Rücksicht maassgebend war, sei es, dass man glaubte, auch auf anderem Wege zu einer richtigen Besteuerung des Produktes gelangen zu können, auf das sicherste und zugleich einfachste System der Besteuerung hatte man verzichtet. — Ebenso wurde nur in geringem Maasse dem Umstande Rechnung getragen, dass die erzeugten Rohzucker bezüglich ihres eigentlichen Zuckerwerthes sehr ungleich an Qualität sind, und der Zollsatz, soweit er einheitlich war, die verschiedenen Rohzuckersorten unzutreffend belasten musste.

Mit Ausnahme Frankreichs, welches die Rohzucker seit längerer Zeit von vornherein in etwa nach Qualitätsunterschieden klassifizirt, fand dieses Moment bei der Etablirung der verschiedenen Steuersysteme keine Beachtung, man beschränkte sich darauf, den Rohzucker als solchen als Steuerobjekt zu behandeln.

In den Staaten, wo die Besteuerung des Rübenzuckers bei der Erzeugung desselben besteht, sind vier verschiedene Arten dieser Besteuerung zu unterscheiden:

1. Die Besteuerung nach dem durch wirkliches Abwägen ermittelten Gewichte der zur Zuckererzeugung bestimmten Rüben. (Deutschland.)
2. Die Pauschalirung der Rübengewichtsteuer nach der Leistungsfähigkeit der Werksvorrichtungen und der Zeitdauer ihrer Verwendung. (Oesterreich, Russland.)
3. Die Besteuerung nach der Menge und Dichte des zur Zuckererzeugung gewonnenen ungeläuterten Rübensaftes. (Belgien, Holland.)
4. Die Besteuerung des fertigen Produktes nach Schätzung desselben aus dem Rübensafte unter gleichzeitiger Kontrole des Betriebes. (Frankreich, Holland.)

Von einer eigentlichen Fabrikatsteuer im speciellsten Sinne des Wortes kann auch bei diesem letzten Modus, der vielfach in solchem Sinne gedeutet wird, nicht füglich die Rede sein, da der Berechnung der Abgabe auch hierbei die Messung der Dichtigkeit und Menge des Saftes zu Grunde liegt und das fertige Produkt nur insofern erst dann in Betracht gezogen wird, als es dazu dient, die auf den Saft gestützte Ermittelung der Steuerbeträge mit dem wirklichen Ausbringen an Rohzucker zu vergleichen.

Indem wir uns vorbehalten, die verschiedenen Systeme der Besteuerung bei der Besprechung der Steuerverhältnisse der einzelnen Länder eingehender zu behandeln und auf das Zutreffende der ihnen zur Basis dienenden Prinzipien zu prüfen, wollen wir zunächst auch hier hervorheben, dass — wie beim Zoll — auch bei der Besteuerung des Zuckers sowohl die Entwickelung der Zuckerindustrie selbst eines jeden Landes, als auch die ganzen Bedingungen der internationalen Konkurrenz je nach der Höhe der Steuersätze, wie nach der Höhe der Exportvergütungen für Raffinaden, gar wesentlich beeinflusst werden mussten. Wo die letzteren bestanden, musste die Art der Besteuerung auch einen entschiedenen Einfluss auf die Raffinationsindustrie ausüben. Da nämlich beim Raffiniren von 100 Kilogr. Rohzucker ausserordentlich verschiedene Quantitäten Raffinaden gewonnen werden, schwankend zwischen 60 und 96 pCt. des Rohzuckers, so war es natürlich, dass bei allen jenen Steuersystemen, welche nur einen einzigen Satz für die Rohzucker-Abgabe feststellen, die Raffinations-Industrie in eine bestimmte einseitige Richtung gedrängt wurde. Wird z. B. bestimmt, dass 90 pCt. Raffinade aus 100 Kilogr. Rohzucker resultiren, so wird der Raffinadeur nur sehr hochgehaltige Zucker, die thunlichst über 90 pCt. Rendement ergeben, verarbeiten und in Folge dessen bei der Ausfuhr seiner Fabrikate eine Prämie geniessen, die je nach Umständen einen hohen Procentsatz der Steuer ausmacht. Endlich wurde aber mit allen jenen Besteuerungsarten das Unwesen der Prämien auch für den Rübenrohzucker sanktionirt.

Ueberall war dem Steuersatze die Annahme zu Grunde gelegt, dass die Steuer nicht das Rohmaterial, die Einrichtungen oder den Rübensaft, sondern den Zucker als solchen treffen solle und es wurde daher ein gewisses Verhältniss gesucht, in welchem das zunächst besteuerte Objekt einer bestimmten Menge fabrizirten Rohzuckers entsprechen sollte. Dass bei solchen

Schätzungen unmöglich das positiv Richtige getroffen werden konnte, liegt auf der Hand, ganz abgesehen davon, dass der ausserordentlich verschiedene Werth der Rohzuckersorten bei der einfachen Besteuerung der ausgebrachten Menge ganz ohne die verdiente Beachtung blieb.

Namentlich mussten derartige Schätzungen auf die Dauer bedeutend an Werth verlieren, da die Industrie darauf bedacht sein musste, bei der einmal festgestellten Steuer die derselben vorausgesetzte Ziffer des Ausbringens an Zucker so viel als möglich zu überschreiten, während andererseits die Versuchung nahe gelegt war, künstliche Mittel und Wege in Anwendung zu bringen, welche geeignet waren, den Fiskus bei der Feststellung des Ausbringens zu täuschen. Nach beiden Richtungen sind denn auch die Folgen nicht ausgeblieben, theilweise jedenfalls Dank der ebenso traditionellen als originellen Auffassung, dass es nächstliegende und beinahe verdienstliche Aufgabe des betreffenden Interessenten sei, dem „habgierigen" Steuerfiskus einen möglichst grossen Betrag der beanspruchten Abgaben durch List und Geschicklichkeit zu entziehen, was ja im vorliegenden Falle rücksichtlich der technischen Fortschritte der Fabrikation auch ohne eigentlichen Makel und somit auch ohne Vertuschung möglich war. — Kurz, die Folge der das genaue Ausbringen der Rohzucker, also die wirkliche Besteuerung des Fabrikats vernachlässigenden Steuersysteme war die, dass neben den versteuerten, wachsend grosse Mengen Zuckers in den Konsum traten, für welche die Besteuerung umgangen wurde. Es lag also auch da für den Fabrikanten eine Prämiirung vor, wie der Raffinadeur sie seinerseits genoss, indem er hochwerthige Rohzucker nach einer Annahme verzollte, die ihm im wirklichen Ausbringen erheblichen Nutzen liess. Die einzige Ursache der Prämien ist daher eine schlecht zugemessene Abgabe und es konstruiren sich dieselben jedes Mal nothwendig aus der Differenz zwischen der Menge des wirklich erzielten Produktes und jener des voraussichtlich zu erzielenden, welche letztere als Basis der Steuerbemessung gedient hat. Wenn die Steuer dem Rohmaterial aufgelegt wird, so ist es das Rohprodukt (bezw. Halbfabrikat) — wenn sie dem Rohprodukt aufgelegt wird, das fertige Fabrikat, welches die Prämie beansprucht, sie kann nur dann wegfallen, wenn das fertige Fabrikat beim Uebergang in den Konsum, bezw. der Zucker nach seiner Fertigstellung für den Consum gemäss seinem wirklichen reinen Zuckergehalte besteuert wird.

Die Wichtigkeit der Bestimmung des reinen Zuckergehaltes im Rohzucker ist denn auch vom Beginn der Steuerfrage an wohl erkannt worden und hat man alle nur denkbaren Versuche im Laufe der Zeit gemacht, eine in dieser Beziehung zuverlässige Methode zu finden, ohne diese Aufgabe bis heute in einer den Bedürfnissen der Interessenten vollkommen gerecht werdenden Weise zu lösen.

Die älteste Art der Werthbestimmung der Rüben-Rohzucker war die Klassifikation derselben nach Typen und Kategorieen, eine Methode, welche zuerst Frankreich adoptirte, indem es dieselbe den in Holland ursprünglich für den Handel in Kolonialzucker eingeführten Usancen entlehnte.

Diese Einschätzung der Kolonialzucker nach s. g. Standardmustern stammt aus einer Zeit, in der es der Saccharometrie noch an den heute gegebenen optischen Hülfsmitteln fehlte und in der nur Zucker tropischen Ursprungs in Betracht kamen. Es lag eben auch damals schon das Bedürfniss im Handel vor, grössere Quantitäten Zucker unter Zugrundelegung einer gewissen Normalprobe zu kaufen. Die holländischen Agenten und Makler hatten sich vereinigt und mischten von den auf dem holländischen Markte gehandelten indischen Zuckern Durchschnittsproben, von welchen die beste, mit No. 20 bezeichnet, einen fast reinen Zucker repräsentirt, welcher trocken und scharf krystallisirt und eine etwas graulich weisse Farbe hat, während die niedrigste Nummer einen Durchschnitt der dunkelsten braunen Zucker bezeichnete. Die niedrigste Sorte der gewöhnlich jetzt noch in den Handel kommenden ist mit No. 6 bezeichnet und stellt einen dunkelbraunen, syruphaltigen, weichen Zucker dar. Die zwischen No. 20 und 6 liegenden Nummern sind stufenförmige Uebergänge zwischen den beiden Extremen.

Diese an sich unter den damaligen Verhältnissen nicht unpraktische Methode fand seiner Zeit um so williger Aufnahme, als das Bedürfniss, nach einfachen blos sinnlichen Wahrnehmungen den Werth von Rohzuckern verschiedener Qualität bestimmen zu können, ebensowohl von dem Fabrikanten und Händler für die Schätzung des Handelswerthes der Waare, als vom Fiskus für die richtige Abmessung und verhältnissmässige Vertheilung der Steuer gleich lebhaft empfunden wurde.

Der Einbürgerung jener Methode lag die Beobachtung zu Grunde, dass der Zucker im reinen Zustande an sich durchaus weiss ist; darauf gründete man die Annahme, dass der Grad der Färbung, welche nur durch dem Zucker anhaftende Beimengungen oder Zersetzungsprodukte des Zuckers bedingt werden konnte, als ein Maass des geringeren Werthes der Zucker anzusehen sei. Gleichzeitig suchte man die Methode, da eine Verwandlung der Krystalle in Zuckermehl die Masse weniger als sonst gefärbt erscheinen lässt, dadurch zu vervollständigen, dass man die Zucker auf die Schärfe ihres Korns, welche sich beim Zerreiben zwischen den Fingern fühlbar macht, prüfte, und suchte man endlich den Feuchtigkeitsgrad des Zuckers zu konstatiren, um darnach einigermaassen den Wassergehalt bestimmen bezw. schätzen zu können.

Die Farbentypen, welche bei dieser Methode das hauptsächlichste Kriterium des Werthes des Zuckers abgaben, hatten ursprünglich bei den Kolonialzuckern eine ziemlich berechtigte Bedeutung, welche ihnen indessen nicht mehr beizulegen ist, seitdem die technischen Fortschritte es der Industrie leicht gemacht haben, durch künstliche Mittel eine Färbung des Rohzuckers vorzunehmen, ohne damit zugleich den Werth seines Ausbringens an reinem Zucker, (Raffinade) — das Rendement — erheblich zu alteriren. Es gelingt gegenwärtig nicht nur, Rohzucker mit geringer Färbung darzustellen, die auch noch in den letzten Produkten einen hellen Schein zeigen, ohne dass dieselben irgend mehr reinen Zucker enthalten, als die viel dunkler gefärbten Produkte anderer Fabriken, sondern es wurden auch hochgehaltige Zucker, um dieselben eines niedrigeren Steuer- oder Zollsatzes theilhaftig zu machen, vielfach dunkel gefärbt, ohne dass dieselben deshalb an ihrem Rendement Einbusse erlitten hätten. Neben diesen und anderen Mängeln des Typensystems ist auch der nicht unerheblich, dass die aufgestellten Farben-Typen bei längerer Dauer der Aufbewahrung, Aenderungen der Nüancen unterliegen, welche bedeutende procentuale Abweichungen zulassen.

So ist denn auch der Handel längst dazu übergegangen,

den Gehalt des Rohzuckers an krystallisirbarem reinen Zucker (Saccharose) auf anderem Wege und zwar mittelst des Polarisations-Verfahrens zu ermitteln. Dies Verfahren beruht auf einem physikalischen Prinzipe, welches wir (nach Dr. B. W. Gunning) nachfolgend kurz darlegen: Licht, welches durch einen Krystall von isländischem Kalkspath gegangen und dadurch in den Zustand versetzt ist, den die Physik „polarisirtes Licht“ nennt, erfährt, wenn es durch eine Auflösung von Zucker geht, einen gewissen Einfluss, welcher in einer Aenderung der mathematischen Richtung besteht, in welcher nach der Theorie des polarisirten Lichtes die Aethertheilchen die Schwingungen vollbringen, durch welche es fortgepflanzt wird. Für die verschiedenen Zuckerarten ist die Richtung dieser Veränderung nicht dieselbe. Für den Krystallzucker und für den Syrupzucker wird sie als eine Rechtsdrehung bezeichnet, die Glucose oder der Invertzucker hat dann eine entgegengesetzte, oder Linksdrehung. Für jede bestimmte Zuckerart ist überdies der Betrag dieser Drehung verschieden, aber — in gewissen Grenzen — konstant und immer proportional der Anzahl Zuckertheilchen, die das polarisirte Licht auf seinem Wege in der Auflösung begegnet. Der Betrag und die Richtung der Drehung können daher als Erkennungsmittel und als Maassstab für die Menge einer bestimmten Zuckerart gebraucht werden[1].

Immerhin ist aber bei diesem Verfahren eine genaue quantitative Bestimmung einer Zuckerart nur dann ausführbar, wenn

---

[1]) Nachdem Biot in Frankreich und Seebeck in Deutschland zuerst die Gesetze der Drehung der Polarisationsebene durch Zuckerlösungen und die Lösungen einiger anderen Substanzen studirt und bekannt gemacht hatten, wurden verschiedene Instrumente in die Technik eingeführt, um die Stärke dieser Drehung des polarisirten Lichtstrahls in Zuckerlösungen festzustellen. Das erste Instrument dieser Art, welches optischer Saccharimeter genannt wird, wurde in Deutschland von Mitscherlich — (Berl. Acad. Ber. 1842. S. 150.) im Anfang der vierziger Jahre konstruirt, von Soleil, einem wissenschaftlich gebildeten und technisch begabten Pariser Mechaniker, sodann verbessert auf eine hohe Stufe der Vollkommenheit gebracht und das von diesem hergestellte Instrument von Clerget und Dubrunfaut in Frankreich, und in einer nur wenig veränderten Form dann hauptsächlich durch die Berliner Mechaniker Pawlowsky und Greiner, sowie durch den in der Zuckerindustrie wohlbekannten Berliner Chemiker Ventzke und noch später durch Dr. Scheibler den deutschen Fabrikanten zugeführt.

diese allein und unvermischt vorhanden ist. Die Gemenge von verschiedenen Zuckerarten, wie es die Rohzucker im Allgemeinen sind, geben auch ein gemischtes Resultat, welches zur genaueren Feststellung des Saccharose-Gehaltes noch der Zuziehung anderer Factoren bedarf. Die Saccharimetrie kann daher nicht das Polarisations-Instrument allein als Grundlage haben.

Um den Nettowerth eines Zuckers zu finden, ist es namentlich erforderlich, den Gehalt des Rohzuckers an Salzen, speziell an Alkalisalzen, festzustellen, da jeder Theil Salze die Wirkung hat, eine entsprechende Menge Saccharose unkrystallisirbar in die Melasse überzuführen. Man konstatirte diese Bestandtheile, indem man den Zucker auf die in denselben enthaltene Aschenmenge durch Behandlung mit Schwefelsäure analysirte, und so wollte der deutsche Chemiker Sostmann in dem Verhältniss von Zucker zu den „Salzen“ in dem Aschengehalt eine konstante Zahl gefunden haben, die man ziemlich allgemein mit 5 : 1 annahm, wonach man alsdann berechnete, dass 1 Gewichtstheil Salze 5 Theile Zucker ungewinnbar mache. An der Pariser Börse und in der Folge auch im französischen Steuersystem bildete sich dementsprechend die Usance aus, von der procentischen Polarisation den procentischen Betrag der Asche, nachdem man diesen mit dem Coëfficienten 5 multiplicirt hatte, in Abzug zu bringen und das Ueberbleibende als den Nettogehalt des Zuckers an gewinnbarer Saccharose zu betrachten.

Die Annahme dieses Koëffizienten als Maassstab für den melassimetrischen Werth der in den Rohzuckern enthaltenen Salze entbehrte aber jeder wissenschaftlichen Begründung. Es ist heute bekannt, dass dieser Koëffizient in verschiedenen Mischungen von Salzen und organischem Nichtzucker jedesmal ein anderer sein müsse, sowie, dass den krystallisirbaren Salzen eine besondere melassebildende Eigenschaft nicht beigelegt werden kann, dass vielmehr die schleimigen, gummösen, der Krystallisation unfähigen Stoffe, also vorwiegend die organischen Nichtzuckerstoffe, die Colloïde sind, welche in mechanisch-physikalischer Weise melassebildend wirken. Dass dies richtig ist, beweist beispielsweise auch die Praxis bei der Osmose, bei welcher die Raffinadeure den Koëffizienten 7 anwenden. Das Verfahren der Bestimmung des Rendements eines Zuckers mittelst Koëffizienten würde nur dann richtig sein, wenn eine Methode bekannt wäre, welche gestattete, die Mengen der Nichtzuckerstoffe eines Rohzuckers zu ermitteln, worauf diese Koëffizienten dann bezogen werden müssten. Und zwar müsste man die melassimetrischen Koëffizienten für alle einzelnen organischen und anorganischen Nichtzuckerstoffe und ihre Wechselwirkung kennen, eine Kenntniss, die unerreichbar scheint. Abgesehen also von der wissenschaftlichen Unhaltbarkeit dieser Methode, ist sie auch in der Praxis zu verwerfen, weil durch Beimischung unlöslicher, die spätere Verarbeitung nicht störender Zusätze zu den Zuckern, wie Kreide, Sand etc., die Aschenmenge derselben stark vermehrt, das Rendement scheinbar dagegen sehr reell vermindert wird.

Eine andere Methode, welche vom Finanz-Minister Belgiens Malou vorgeschlagen wurde, besteht darin, von dem durch Polarisation festgestellten Zuckergehalte die Differenz zwischen 100 und diesem Gehalte in Abzug zu bringen und das Resultat als wirkliches Rendement zu betrachten. Hat z. B. ein Rohzucker einen Polarisationsgehalt von 96 %, so ist von dieser Ziffer die Differenz zwischen 100 und 96, also 4 abzuziehen und man erhält 92 als die effektive Ausbeute. Diese Methode, rendement par différence, (Commercial No. 20, London 1875, No. 100/2) genannt, geht von der Erfahrung aus, dass die Raffinationsmelasse, welche den eigentlichen Abfall der Erzeugung vom raffinirten Zucker bildet, nach Entfernung des Wassers etwa 50% an krystallisirbarem Zucker enthalte. Daraus folgt, dass beim Prozess des Raffinirens nahezu soviel krystallisirbarer Zucker zurückbleibt, als in dem Rohzucker Nichtzuckerbestandtheile vorhanden waren. Aber abgesehen davon, dass diese Berechnung ebenfalls auf keinem wissenschaftlichen Prinzip beruht und selbst nach den vorgenommenen Experimenten für die Rohzucker unter 90 % Polarisation nicht mehr verlässlich ist, so kann sie auf Kolonialzucker wegen dessen Reichthums an Nichtzuckerbestandtheilen absolut nicht angewendet werden.

Die Mängel aller dieser verschiedenen Verfahren führten zu dem Bestreben, eine andere, noch vollkommenere Methode der Rendementsbestimmung aufzustellen. Im Jahre 1871 setzte zu solchem Zweck der Verein der deutschen Rübenzucker-Industriellen einen Preis von 1000 Thalern für die Lösung folgender Aufgabe aus: „Der Ertrag an krystallisirtem weissen Zucker aus „verschiedenen Rüben-Rohzuckern steht nicht in einem direkten

„Verhältniss zu der Polarisation derselben. Welche Untersuchung und Berechnung ist einzuschlagen, um die Ausbeute „(Rendement), welche ein Rüben-Rohzucker an raffinirtem „weissen Zucker gewähren wird, im Voraus theoretisch festzustellen". — Man hatte nämlich herausgefunden, dass an der Drehung der Polarisationsebene sich nicht allein die in den Rohzuckern enthaltene Saccharose, sondern auch der organische Nichtzucker und zwar bald in stärkerem, bald in schwächerem Grade und bald in rechtsdrehendem, bald in linksdrehendem Sinne betheiligt, woraus sich von selbst der Schluss ergab, dass die Polarisation solcher Gemische einen absoluten Werth nicht haben konnte, da es strenggenommen nicht angeht, ein Resultat, welches die Schlusswirkung vieler, — zum Theil sogar entgegengesetzt wirkender Faktoren ist, als die Wirkung eines einzelnen derselben anzusehen, und darnach seine Schlüsse zu ziehen. — Die fragliche Preisaufgabe wurde durch Dr. C. Scheibler im Jahre 1872 durch die Aufstellung eines Verfahrens gelöst, welches darauf beruht, dass man die zu untersuchenden Rohzucker mit einer gesättigten, mit Essigsäure versetzten alkoholischen Zuckerlösung behandelt. Es wird der auf den Raffinationswerth zu untersuchende Rohzucker unmittelbar im Raffinationskölbchen abgewogen und dann in einem geeigneten Trockenapparat bei circa 90 ° C. in trockenem Luftstrome getrocknet. Nachdem der getrocknete Rohzucker erkaltet ist, wird er unmittelbar mit der Säure, mit zuckergesättigter Waschflüssigkeit ausgewaschen und schliesslich zweimal mit Alkohol von 97,5 ° T. so schnell als möglich nachgespült. Durch dieses Verfahren wird nur der in krystallisirter Form vorhandene Zucker des Rohzuckers bestimmt, nachdem die übrigen als Bestandtheil der Melasse erscheinenden Körper durch das Auswaschen entfernt sind. Experimentell wurde nachgewiesen, dass hierbei alle optisch-aktiven Nichtzuckerbestandtheile, soweit solche bisher bekannt sind, durch die Auswaschflüssigkeiten beseitigt werden, so dass nun die Polarisation der ausgewaschenen Zucker mit keinen Fehlern mehr behaftet ist, weil sie es mit Saccharose allein zu thun hat. Absichtliche Zusätze zu den Rohzuckern, wie Kreide, Sand, Schlacke, können den Werth des Verfahrens nicht im mindesten beeinflussen.

Das Prinzip dieses Verfahrens war schon 1846 dem französischen Chemiker Payen bekannt und ist auch derzeit schon einmal öffentlich beschrieben worden, ohne jedoch irgendwo zur Anwendung zu gelangen. Scheibler hat jedenfalls das Verdienst, die Methode sowohl in verbesserter, als in praktisch ausführbarer Gestalt eingeführt und damit wesentlich zur Erweiterung der Gesichtspunkte über Raffinationswerthbestimmung der Rohzucker beigetragen zu haben. Das von Scheibler entdeckte, beziehungsweise ausgebildete Verfahren dürfte, mit der nöthigen Sorgfalt und mit gleichmässig vollendeten Apparaten ausgeführt, wohl den an die erwähnte Aufgabe gestellten Anforderungen schon jetzt vollständig entsprechen, da die Voraussetzung, dass die Menge der von den nach der Auswaschung des Zuckers durch die Alkohollösung zurückbleibenden Krystallen eingeschlossenen Melasse gegenüber der den Krystallen sonst anhängenden nur unbedeutend sei, im Allgemeinen als durchaus zutreffend betrachtet werden muss, da bei gleichartigen Verhältnissen nur Differenzen der Analyse von $^2/_{10}$ bis $^3/_{10}$ % konstatirt wurden. Nichtsdestoweniger ist auch diese Methode trotz ihrer Zuverlässigkeit noch nicht soweit ausgebildet, dass mit derselben die Akten über die Frage der zweckmässigsten Rendementsbestimmung geschlossen werden könnten, da die praktische Ausführung des Verfahrens in Bezug auf Schnelligkeit, wie auf Einfachheit noch verbesserungsfähig sein dürfte.

Die Scheibler'sche Erfindung konnte bei ihrer grossartigen Wichtigkeit nicht verfehlen, die Aufmerksamkeit derjenigen Kreise auf sich zu lenken, welche an einer richtigen Bemessung der Zuckersteuer das nächstliegende Interesse haben. So nahm denn auch die preussische Regierung Veranlassung, im Jahre 1873 eine Commission namhafter Fachgelehrten, bestehend aus den Professoren Dr. Wichelhaus, Dr. Hofmann, Dr. Landolt und dem Steuerinspektor Schütze mit der Prüfung und Begutachtung dieser Methode zu beauftragen. In dem von dieser erstatteten Berichte spricht sich die Commission dahin aus, dass das Scheibler'sche Verfahren, gewissermassen eine Raffination im Kleinen, allerdings geeignet sei, mit Zuhülfenahme der Polarisation innerhalb 2 Stunden den Prozentgehalt eines Rohzuckers an krystallisirtem

Zucker festzustellen, dass indessen damit noch nicht die Auffassung unbedingt zuverlässig erscheine, diesen Prozent-Gehalt als denselben Raffinationswerth des Zuckers anzunehmen, welcher sich bei fabrikmässigem grossen Betriebe als Ausbeute ergebe. Es wurden daher zunächst Versuche im Grossen beantragt, um bei denselben die ganze Menge des aus bestimmten Rohzuckern fabrikmässig zu gewinnenden krystallisirten Zuckers zuverlässig festzustellen. Auch die unterm 12. Dezember 1873 vom Bundesrath berufene Reichscommission zur Erörterung der Frage, ob und inwiefern mit Rücksicht auf das Scheibler'sche Verfahren eine Abänderung der Zuckerbesteuerung sich empfehle, kommt in ihrem am 15. April 1874 erstatteten Berichte zu der Ansicht, dass zur Prüfung dieses Verfahrens in Bezug auf seine praktische Verwendbarkeit für die Zuckerbesteuerung und den Zolldienst zuvor noch Raffinationsversuche im Grossen zu machen seien und brachte zu diesem Zweck die Errichtung einer eigenen Versuchsfabrik in Vorschlag.

Inzwischen ist diese Versuchsfabrik auf Kosten des deutschen Reiches im Frühjahr 1876 in Charlottenburg begründet und der Leitung des bewährten Chemikers Prof. Dr. Wichelhaus unterstellt worden. Erst die Resultate der dort eingeleiteten Versuche werden einen bestimmten Anhalt geben, ob sich das Scheibler'sche Verfahren praktisch bewährt, bezw. ob sich zuverlässige Verhältnisszahlen finden lassen, welche die Anwendung desselben auf das fabrikmässige Ausbringen der Raffinerie sicher stellen. Zugleich wird aber eine Vereinfachung der Analyse selbst erforderlich werden, da das Unvollendete derselben in dieser Beziehung besonders in industriellen Fachkreisen bislang noch allgemein betont wird.

Uebrigens sind obige Versuche ihrer Vollendung nahe und haben nach unsern Informationen, ein in jeder Beziehung befriedigendes Resultat ergeben. Die bezüglichen Berichte dürften demnächst der Oeffentlichkeit übergeben werden.

Inwiefern die bisherigen Methoden der Rendementsbestimmung den Steuerverhältnissen der einzelnen Staaten gegenüber sich nicht als ausreichend erwiesen und wie dieselben gewirkt haben, werden wir bei der Gesetzgebung der dieselben anwendenden Länder zu erörtern Gelegenheit haben.

Wir lassen diese Besprechung im Nachstehenden folgen, indem wir zunächst nochmals hervorheben, dass in allen Staaten Europas der Zucker derjenige Artikel ist, welcher eine der wesentlichsten Finanzquellen der indirekten Steuern bildet, so zwar, dass im Jahre 1874 (im letzten Jahre, in welchem auch in England noch Zuckerzölle bestanden) die Einnahmen aus Zöllen und Steuern für Zucker

in Deutschland	64,487,793	Mark	= 32,2 %
in Frankreich	104,424,000	„	= 51,3 „
und in England	450,561,000	„	= 23,3 „

der Totaleinnahme der Zölle, und in Deutschland und England $\frac{1}{4}$ bis $\frac{1}{3}$, in Frankreich fast $\frac{1}{2}$ des Verkaufswerthes des Zuckers betrugen.

II. Die Steuergesetzgebung der einzelnen Länder[1]).

I. Deutschland.

Es betrugen in Preussen die Eingangszölle

pro Centner im Jahre	1828	1831
für Rohzucker . . .	4 Thlr.	5 Thlr.
„ Kochzucker[2]) .	8 „	11 „
„ Lumpenzucker .	10 „	5 „
„ Raffinade . . .	10 „	11 „

Durch die in letzterem Jahre eingetretene Zolländerung wurde die Einfuhr der Lumpenzucker (halbraffinirte Zucker), welche circa 12 % mehr gewinnbaren Rohrzucker als der Rohzucker enthalten, in ausserordentlichem Maasse gesteigert und der Umstand, dass in Holland mehr Syrup als Zucker konsumirt wurde, wurde seitens der Raffinadeure dahin ausgenutzt, dass der Rohzucker in Holland in Lumpen und Syrup getrennt und dann bei der Einfuhr des Lumpenzuckers in Preussen ein Betrag von 50 % des Eingangszolles profitirt wurde. So stieg die Einfuhr

---

[1]) Die gegenwärtig geltenden Steuer- und Zollgesetze der einzelnen besonders wichtig erscheinenden Länder nebst den amtlichen Vorschriften über deren Handhabung sind, im Auszug zusammengestellt, als Anhang zu unserer Schrift zu finden.

[2]) Rohzucker zum Raffiniren für die inländischen Siedereien.

dieser Zuckersorte bis zum Jahre 1836 bis auf 43 % des sämmtlichen zur Raffination eingehenden Zuckers und der sich dabei ergebende fühlbare Ausfall für die Zollkassen führte im Jahre 1837 zu folgender Abänderung des Tarifs:

Rohzucker . .	5	Thlr.
Kochzucker . .	9	„
Lumpenzucker .	11	„
Raffinade . .	11	„

In Folge dieses bedeutenden Schutzzolles konnte die deutsche Rübenzuckerfabrikation ihre schnelle Entwicklung nehmen, der Import von raffinirten Zuckern nahm aber ebenso bedeutend ab und der Staat erlitt dadurch abermals eine so erhebliche Einbusse in seiner Zolleinnahme, dass im Jahre 1839 der Tarif wieder geändert und für fremde Zucker folgende Zölle festgestellt wurden:

für Rohzucker . . .	5	Thlr.
„ Kochzucker . . .	9	„
„ Lumpenzucker . .	5¼	„
„ Raffinade . . .	11	„

Diese Abänderung befriedigte weder die Raffinadeure noch die Rübenzuckerindustrie. Die ersteren litten unter der zunehmenden Einfuhr der direkt in den Konsum übergehenden holländischen Lumpenzucker und unter der in natürlicher Folge verminderten Syrupproduktion, durch welche die Entwicklung der Kartoffelsyrupindustrie begünstigt wurde; die Rübenzuckerindustrie litt ebenso unter der Ermässigung des Lumpenzuckerzolles, welche naturgemäss die Verarbeitung der Rohzucker verminderte. Welche Stockungen diese Aenderung für die noch in sich wenig gekräftigte Industrie hervorbrachte, ist daraus ersichtlich, dass in der Kampagne 1841/2 von den 159 Fabriken des Jahres 1838 bereits 24 ihren Betrieb eingestellt hatten.

Inzwischen war schon im Jahre 1836 gelegentlich der ersten Zollkonferenz von Seiten des baierischen Bevollmächtigten auf die zunehmende inländische Rübenproduktion und auf die herantretende Nothwendigkeit einer Besteuerung derselben hingewiesen, doch begann die preussische Regierung erst im Jahre 1840 dieser Frage ihre Aufmerksamkeit zuzuwenden und erliess ein Gesetz, nach welchem eine sogenannte Kontrolabgabe von 3 Pf. auf den Centner Rüben, welche zu Zucker verarbeitet würden, gelegt wurde.

Man überzeugte sich indessen bald, dass man zur Deckung der Zollausfälle energischer vorgehen müsse und so wurde bei Abschluss der Zollverträge im Jahre 1841 die Besteuerung der Rübe im ganzen Umfang des Zollvereins als nothwendig und vertragsmässig erklärt und dieselbe gemäss besonderer Uebereinkunft vom 8. Mai 1841 mit dem 1. September desselben Jahres eingeführt. Die Gemeinschaftlichkeit des Steuereinkommens blieb bis zum 1. September 1844 ausgesetzt, um bis dahin zunächst nach den sich ergebenden Resultaten ein Urtheil über die angemessenste Art der Besteuerung zu gewinnen.

In dem Vertrage wurde zugleich die Bestimmung getroffen, dass die dem Rübenzucker aufzuerlegende Steuer im Verhältniss zum Eingangszoll auf fremde Zucker stets so viel niedriger bemessen werden solle, als nöthig sei, der heimischen Industrie einen angemessenen Schutz zu gewähren, ohne jedoch die ausländische Konkurrenz in einer die Interessen des Staatssäckels oder der Konsumenten gefährdenden Weise zu beschränken. — Zur praktischen Anwendung dieser Bestimmung war es nothwendig, ein Verhältniss aufzufinden, nach welchem ein Vergleich zwischen dem fremden Zucker und dem heimischen Rübenzucker auch wirklich angestellt werden konnte. Man gelangte damals zu der Annahme, dass zur Herstellung eines Centners Rohzucker 20 Centner Rüben erforderlich seien, fasste für die Bemessung der Abgabe das Gewicht der Rübe in's Auge und kam somit zu dem heute noch geltenden deutschen Steuersystem, dessen zufälligem Ursprung, — der zuerst eingeführten Kontrolabgabe auf den Centner Rüben, — keineswegs irgend eine Rendementsberechnung zu Grunde gelegen hat.

Für das erste Betriebsjahr wurde die Steuer auf 10 Sgr. pr. Centner Rohzucker oder $^1/_2$ Sgr. pr. Ctr. Rüben festgesetzt und sollte dieser Satz auf 20 Sgr. (1 Sgr.) erhöht werden, wenn die heimische Industrie 20 pCt. des Gesammtkonsums des Zollvereins, auf 1 Thlr. ($1^1/_2$ Sgr.), wenn sie 25 pCt. dieses Konsums produzirte. Zwar war bereits im Jahre 1842 diese Voraussetzung zur Steuererhöhung vorhanden, doch unterblieb dieselbe noch bis auf Anregung der preussischen Regierung unter'm 6. Novbr. 1843 von der VI. Generalkonferenz des Zollvereins beschlossen wurde, den Steuersatz nunmehr auf

1 Thlr. pr. Ctr. Rohzucker, mithin auf $1^1/_2$ Sgr. pr. Ctr. Rüben für die Periode vom 1. Sept. 1844 bis 21. August 1847 zu erhöhen. Die diesem Satze zu Grunde liegende Voraussetzung war die, dass Zoll und Steuer auf Zucker und Syrup zusammen pro Kopf der Bevölkerung des Zollvereins berechnet jährlich mindestens eine Brutto-Einnahme ergeben sollte, welche dem durchschnittlichen Ertrage des Eingangszolls in den Jahren 1838 bis 40 gleichkomme. Die Feststellung des entsprechenden Steuersatzes, als welchen pro 1843: 6,2616 Sgr. pr. Kopf angenommen wurde, sollte jedesmal für einen dreijährigen, mit dem September beginnenden Zeitraum erfolgen. — Gleichzeitig mit dieser Steuererhöhung wurden die bestehenden Zollsätze im Jahre 1844 zu Gunsten der heimischen Industrie wieder, wie folgt, abgeändert:

Rohzucker . . .	auf 5 Thlr.
Kochzucker . . .	- 8 -
Lumpenzucker . } Raffinade . . . }	- 10 -

Syrup war, sofern er krystallisirbaren Zucker gar nicht, oder nur in geringer Menge enthielt, mit 2 Thlr., wenn derselbe unter diese Bestimmung nicht fiel, mit 4 Thlr. pr. Ctr. besteuert. — Der Steuersatz wurde 1847 bis 1850 verlängert und dann erst, als sich dafür die dringendste finanzielle Nothwendigkeit ergab, die bereits 1848 beschlossene Erhöhung der Zuckersteuer von 1 auf 2 Thlr. pr. Ctr., also von $1^1/_2$ Sgr. auf 3 Sgr. pr. Ctr. Rüben eingeführt. Die Einnahmen aus den Zöllen und Steuern hatten betragen

	für Colonial-, bezw. fremden Zucker und Syrup.	für inländischen Rübenzucker.
1845 . . .	7,080,689 Thlr. . . .	219,725 Thlr.
1846 . . .	6,813,404 - . . .	233,440 -
1847 . . .	1,074,477 - . . .	316,243 -
1848 . . .	6,441,770 - . . .	464,271 -
1849 . . .	6,074,022 - . . .	556,062 -
1850 . . .	5,278,349 - . .	1,039,913 -
1851 . . .	3,935,402 - . .	1,705,141 -

somit wies der Zoll im Jahre 1851 gegen 1845 einen Ausfall von 3,145,287 Thlrn. auf, für welchen in der Steuer nur ein Ersatz von 1,485,416 Thlr. geboten wurde.

Die heimische Zuckerproduktion stieg unterdessen immer erheblicher, während dem entsprechend die Einfuhr fremden

Zuckers, die sich im Jahre 1844 noch auf 1,347,469 Ctr. belaufen hatte, im Jahre 1852 auf 811,832 Ctr. zurückging. Unter solchen Verhältnissen konnte auch die Erhöhung von 1850 nicht den gewünschten Erfolg haben und diese Erwägung führte zu der Vereinbarung vom 4. April 1853, (Pr. G. S. 427), welche bestimmte, dass fortan die Steuer jedesmal für eine zweijährige Periode festgestellt werden solle und den Satz derselben bis zum 1. Sept. 1855 auf 6 Sgr. pr. Ctr. Rüben erhöhte, welcher Satz bis zum 1. Sept. 1858 unverändert blieb. — Von einer weiteren Berechnung auf den Rohzucker, nach dem Verhältniss von 20 Ctr. Rüben für einen Ctr. Zucker, wurde von nun an abgesehen, da man sich überzeugt hatte, dass diese Berechnung längst nicht mehr zutreffe. Als Normativ wurde vielmehr nach dem Durchschnitt der Jahre 1847—49 der auf den Kopf der Bevölkerung treffende Steuerantheil mit 6,0762 Sgr. angenommen. Zwar hatte der Staatsvertrag vom 4. April 1853 in Aussicht genommen, dass an dem Steuersatze für die Rübenzuckerindustrie für eine Periode von 12 Jahren nicht gerüttelt werden solle, indessen die ungeahnte fortdauernde Steigerung der Konsumtion an Zucker in den Jahren 1855 bis 1857, welche sich im letzterwähnten Jahre auf 30 pCt. gegen die Konsumtion der vorhergehenden 8 Jahre belief, und wohl auch das inzwischen klar gewordene Faktum, dass nicht 20, sondern nur 12 bis 14 Ctr. Rüben zur Herstellung eines Centners Rohzucker erforderlich seien, führte am 16. Febr. 1858 (P. G. S. 276) zu der neuen Uebereinkunft der Zollvereinsregierungen, wonach der Steuersatz für jeden zur Zucker-Bereitung verwendeten Centner Rüben von 6 auf $7^1/_2$ Sgr. erhöht werden sollte. Die betheiligte Industrie liess es derzeit, — wie auch schon bei der vorigen Erhöhung im Jahre 1853, — nicht an Bemühungen fehlen, diese Mehrbelastung abzuwenden, und wie damals, fehlte es auch jetzt nicht an Stimmen, welche im Falle einer solchen Erhöhung eine Vernichtung der Rübenzucker-Industrie als unausbleiblich verkündeten. Es muss zugegeben werden, dass gerade damals die letzte Ernte eine zuckerarme Rübe ergeben hatte, dass der Preis des Fabrikats gedrückt war, dass einzelne Fabriken ebenso unzureichend fundirt, als unvollkommen eingerichtet waren, und dass endlich die Zukunft der Zuckerkonsumtion nur ein wenig klares Bild gestattete, so dass derartige

Befürchtungen immerhin erklärlich waren. Die bezüglich dieses Vertrages im April 1858 in beiden Häusern des preussischen Landtages gepflogenen Verhandlungen geben von den für und gegen die Erhöhung der Steuer auf $7\frac{1}{2}$ Sg. vorgebrachten Gründen ein höchst interessantes Bild. Der Erfolg der Verhandlungen war der, dass der Uebereinkunft von den Kammern mit grosser Majorität die Genehmigung ertheilt wurde.

Bei dieser Erhöhung des Steuersatzes konnte die Nothwendigkeit nicht verkannt werden, der heimischen Industrie beim Export von Rübenzucker eine dem Steuersatze entsprechende Vergütung zu gewähren, um einem etwaigen Ueberschuss der Produktion den Abfluss in's Ausland und die Konkurrenz auf dem Weltmarkte zu ermöglichen. Die Industriellen ermangelten nicht, dahin gehende Vorstellungen zu machen und wurde namentlich zu Gunsten einer Exportbonifikation für Rübenzucker geltend gemacht, dass der ausländische Markt für Raffinade durch zu hohe Eingangszölle verschlossen sei, dass dagegen eine Ausfuhr von Rohzucker wohl möglich werde, wenn demselben, wie billig, in solchem Falle die inländische Steuer nachgelassen würde. Das preussische Herrenhaus empfahl denn auch schon gelegentlich der Genehmigung des Zollvertrages vom 16. Februar 1858, gleichzeitig mit der Erhöhung eine Steuerbonifikation für exportirten Zucker einzuführen. Erst im Jahre 1861 auf der am 15. März abgehaltenen Spezialkonferenz (P. G. S. 420) wurde eine der Rübensteuer entsprechende Vergütung nach folgenden Sätzen vereinbart:

für Roh- und Farinzucker	Thlr.	2. 22. 6.
- Brot-, Hut-, Kandis- u. gestossenen Zucker	-	3. —. —

Gleichzeitig erfuhr der Zoll auf Kolonial-Rohzucker behufs allmäliger Gleichstellung mit dem inländischen Fabrikat eine Ermässigung von 5 auf $4\frac{1}{4}$ Thlr. pr. Ctr.

Schon damals sah man in den Kreisen der Industrie sehr wohl ein, wie der Umstand, dass „Rohzucker“ Objekte von sehr ungleichem Zuckergehalt und sehr verschiedenem Werthe sind, die richtige Abmessung der zu gewährenden Ausfuhrvergütung erheblich erschweren müsse, und trat so die Frage der Rendementsbestimmung zum ersten Mal in Deutschland an die Oberfläche.

Die Raffinadeure besassen bereits vor jener Zeit die Vergünstigung einer Exportbonifikation für Brodzucker aus Kolonialzuckern, welche, sich auf 6 Thlr. pr. Ctr. belaufend, vom 1. Sept. 1858 ab auf 5 Thlr. 25 Sgr. ermässigt wurde, und welche den Raffinerieen erhebliche Vortheile zuwendete. Man glaubte damals eigentlich nur für Brodzucker aus Rüben-Rohzuckern eine Bonifikation erlangen zu können und nach dem Axiom, dass der Rohstoff immer ein gewisses Preisverhältniss zu dem Fabrikat behauptet, aus welchem es dargestellt wird, nahm man vielfach an, dass eine solche Bonifikation auch für den Rübenrohzucker nicht wirkungslos sein werde.

Im Jahre 1865 erfolgte nach weiterer Uebereinkunft eine Erhöhung der obigen Exportvergütungssätze auf

	Thlr. 2. 26.	für	Rohzucker
und	- 3. —.	-	Raffinade.

Wenn auch diese Vergütungen immerhin eine Förderung des Exports zu Wege brachten, hielt der letztere doch nicht Schritt mit der enormen Zunahme der inländischen Produktion. Für das Jahr 1864 brauchten nach amtlichen Aufzeichnungen nur 384,291 Thlr. Exportvergütung gegen 10,980,167 Thlr. erhobener Rübensteuer zurückgezahlt zu werden. Die Rübenverarbeitung hatte sich dabei seit dem Betriebsjahr 1850/51 bis 1864/65 von 14,724,309 Ctr. auf 41,641,204 Ctr., also auf beinahe das dreifache und pr. Jahr durchschnittlich um 1,895,000 Centner gesteigert und dieser Umstand wies auf die Nothwendigkeit hin, dem Produkt einen besseren Markt im Auslande zu sichern, da der Zollverein nicht alles konsumiren konnte. Daher die Bemühungen des Vereins für die Rübenzucker-Industrie im Zollverein, die Exportbonifikation auf eine der vom Rohstoffe zu zahlenden Steuer entsprechende Höhe zu bringen, namentlich für raffinirte Zucker, deren Export im Jahre 1865 nur geringfügig, fast null war. Die Hindernisse, welche einer grössern Entwicklung der Ausfuhr entgegenstanden, beruhten allerdings nicht allein auf der Unzulänglichkeit der vom Zollverein gewährten Bonifikationen, sondern namentlich auch auf der Zollgesetzgebung des Auslandes, welche, wie die Frankreichs durch eine Surtaxe von frcs. 2 pr. 100 Ko. neben hohen Zollsätzen, die Einfuhr aus Deutschland fast prohibirend, in ihren Bestimmungen über den Rückzoll beharrlich das im Eingange dieses Abschnittes geschilderte Prämiensystem festhielt. Davon ausgehend, dass das letztere ursprünglich und hauptsächlich in der mangelhaften Annahme über das Rendement der Rohzucker wurzelte, veranlasste der Verein der deutschen Zuckerindustriellen dazumal die Preussische Regierung einen Kommissar zu den von Frankreich, England, Holland, Belgien behufs Feststellung des Rendements der verschiedenen Rohzucker-Sorten in Cöln arrangirten Versuchen zu entsenden und bei Gelegenheit gleichzeitig die zur Herbeiführung einer übereinstimmenden internationalen Steuergesetzgebung nöthigen Unterhandlungen anzubahnen. Der Beobachtung jener Ermittelungen folgte denn seitens der preussischen Regierung die Anordnung von Versuchsarbeiten über das Rendement der zollvereinsländischen Rübenzucker. Die damalige Annahme basirte auf der Erfahrung, dass 12 Centner Rüben, gehörig gewaschen und geputzt, im Durchschnitt der verschiedenen Jahre und Gegenden genügen, um 1 Centner Rohzucker in Produkten verschiedener Qualität herzustellen, 100,000 Ctr. solcher Rüben würden dem entsprechend

	6800	Ctr.	erstes Produkt	= 6,8 pCt.
	1200	-	zweites Produkt	= 1,2 -
und	333	-	drittes Produkt	= 0,33 -

ergeben.

Es wurden für obigen Versuch 807,109 Pfund zollvereinsländische Rohzucker I. und II. Produkt aus verschiedenen Fabriken der Provinz Sachsen, der Anhaltischen Herzogthümer und der Braunschweigischen Lande (unter Ausschluss der besten und schlechtesten Sorten), welche bei der Polarisation durchschnittlich einen Gehalt von 92,64 pCt. krystallisirbaren Zucker ergaben, in einer Fabrik des Rheinischen-Aktien-Vereins für Zuckerfabrikation in Cöln in den Tagen vom 14. Aug. bis 1. Sept. 1866 verarbeitet, nachdem daraus sorgfältig entnommene Durchschnittsproben unter Benutzung dreier Instrumente von Soleil, Ventzke und Wild polarisirt und analysirt waren und ein theoretisches Rendement von 88,23 pCt. ergeben hatten. Auch wurden sämmtliche Rohzucker mit den Typen des holländischen Standards und der Pariser Börse so gut wie möglich unter Berücksichtigung der verschiedenen Farben-Töne verglichen und darnach klassifizirt. Das Rendement wurde festgestellt zu 79,54 pCt. Melis, 4,32 pCt. Farin und 10,17 pCt.

Syrup. Unter Reduktion der Farine auf 88 pCt., also auf 3,80 wurden die im Syrup nach dem Ergebniss der Polarisation über 44 pCt. ermittelten Zuckerprocènte als Farin mit 1,18 und die übrig bleibenden 44 Zuckerprocente mit dem vierten Theil, mit 1,93 in Rechnung gestellt und darnach ein Melis-Rendement von

	79,54
	3,80
	1,18
	1,93
zusammen	86,45 berechnet.

Von Seiten der Industrie wurde diese Rendementsberechnung vielfach angefochten, namentlich unter der Motivirung, dass in den hergestellten Melissorten solche enthalten gewesen, die im Handel als reiner Melis unverkäuflich seien, ebenso wie die Farina, welche nur als Rohprodukte in Betracht zu ziehen gewesen, sowie, dass unter keinen Umständen aus dem Syrup ein Rendement berechnet werden könne, da derselbe bei einer Polarisation von 50 bis 60 pCt. nur zur Spiritusfabrikation tauglich sei. — Die Regierung hielt indessen die Berechnung ihrer Kommission bis auf die Rendementsanrechnung aus dem Syrup aufrecht, da die beanstandeten Melis- und Farinzucker gut verkauft worden waren, und so wurde das auf 85,856 pCt. korrigirte Rendement für die inländischen Rüben-Rohzucker als zutreffend angenommen und seitdem den ferneren Zollmaassnahmen zu Grunde gelegt.

Schon in den Jahren 1867 und 1868 war sowohl seitens der deutschen Freihandelspartei im Kongresse der deutschen Volkswirthe, im deutschen Handelstage, von den Handelskammern der Seestädte, sowie auch seitens der deutschen Raffinadeure die Forderung auf Gleichstellung des Zolles auf Kolonial-Zucker mit der Rübensteuer erhoben worden. Es war unter Hinweis auf den fortdauernden gewaltigen Aufschwung der deutschen Rübenzucker-Fabrikation namentlich geltend gemacht worden, dass der dem Rübenzucker, gegenüber dem Kolonialzucker, in der Steuer- resp. Zoll-Differenz gewährte Schutz von $1\frac{1}{2}$ Thlr. pr. Centner der Staatskasse grossen Nachtheil zugefügt habe, welcher durch die Steuerzahler des Landes, durch die Konsumenten ausgeglichen werden müsse. So habe dieser Schutzzoll allein im Betriebsjahre 1864/65 dem Fiskus einen Ausfall von 3,747,620 Thlr. verursacht. Es kann allerdings nicht geleugnet werden, dass diese Argumentation sich im Munde der Raffinadeure, die ehedem für sich nicht eben Anstand nahmen, einen hohen Schutzzoll für Raffinaden als nothwendig zu bezeichnen, etwas sonderbar ausnahm, — wenn sich den Motiven für eine solche steuerliche Gleichstellung aus allgemeinen nationalökonomischen Gründen die Berechtigung auch nicht absprechen lässt. Freilich setzten die Fabrikanten diesen Ausführungen ihrerseits auch die nicht ganz unrichtigen Momente entgegen, dass der prosperirenden Rübenzucker-Industrie die Wohlthat gleichmässiger niedriger Zuckerpreise, die grosse Zunahme der Konsumtion und die Zunahme zuverlässiger Einkünfte des Staates zum wesentlichen Theile zu danken sei. Thatsache blieb es, dass zur Zeit obiger Bestrebungen die deutsche Rübenzucker-Industrie genügend erstarkt war, um eines Schutzzolls entrathen zu können und so dachte denn auch die Regierung ernsthaft daran, denselben zu beseitigen und gleichzeitig ihrem Staatsschatz eine erhöhte Einnahme aus der Rübensteuer zuzuführen.

Es betrugen damals die Zollsätze pr. Ctr.

für Brod-, Hut-, Kandis-, Bruch- oder Lumpen- und weissen gestossenen Zucker	Thlr.	7.	10.	—
für Rohzucker und Farin	-	6.	—.	—
für Rohzucker für inländische Siedereien zum Raffiniren unter den besonders vorzuschreibenden Bedingungen und Kontrolen	-	4.	7.	6
für Syrup	-	2.	15.	—

während die Rübensteuer auf $7^1/_2$ Sgr. vom Ctr. normirt war.

Nach den über diesen Gegenstand gepflogenen Verhandlungen des deutschen Zollparlaments wurden durch Gesetz vom 26. Juni 1869 (B. G. S. 282) diese Sätze abgeändert, wie folgt:

Eingangszoll auf raffinirten Zucker aller Art, sowie auf Rohzucker, soweit derselbe dem Muster No. 19 des Holländischen Standard entspricht	Thlr.	5.	—.	—
Rohzucker, soweit solcher nicht unter diese Kategorie gehört	-	4.	—.	—
Syrup	-	2.	15.	—
Melasse unter Kontrole der Verwendung zur Branntweinbereitung		frei		

Für Tara werden von 50 Ko. Bruttogewicht vergütet beim Eingang von raffinirtem Zucker etc.: 14 Pfd. bei Fässern mit Dauben von hartem Holze, 10 Pfd. in anderen Fässern, 13 Pfd. in Kisten, 7 Pfd. in Körben; beim Eingang von Rohzucker und Farin, sowie gestossenem Zucker: 13 Pfd. bei Fässern, wie oben bezw. 10. 13. 7 Pfd., in aussereuropäischen Geflechten 8 Pfd., in Ballen 4 Pfd., Syrup in Fässern 11 Pfd.

Die Rübensteuer wurde von $7\frac{1}{2}$ Sgr. auf 8 Sgr. vom Ctr. erhöht, und bei der Ausfuhr von inländischem wie ausländischem Zucker, wenn die auszuführende Menge mindestens 10 Centner betrug, folgende Vergütung festgesetzt:

a) für Rohzucker von mindestens 88 pCt. Polarisation	Thlr. 3. 4. —. pr. Ctr.
b) für Kandis und für Zucker in weissen, vollen harten Broden, oder in Gegenwart der Steuerbehörde zerkleinert	- 3. 25. —. - -
c) für allen übrigen harten Zucker, sowie für alle weisse, trockene (nicht über 1 pCt. Wasser enthaltende) Zucker in Krystall-, Krümel- und Mehlform von mindestens 98 pCt. Polarisation	- 3. 18. —. - -

Die Regierungsvorlage hatte für den Zoll die Sätze von $4\frac{2}{3}$ bezw. $3\frac{3}{4}$ und $2\frac{1}{2}$ Thlr. in Aussicht genommen und damit, unter der Annahme eines Rendements von 94 pCt. für indischen Rohzucker gegenüber dem nach den Cölner Versuchen festgestellten Rendement von 85,856 pCt. für den (mit $93\frac{1}{2}$ pCt. polarisirenden) Rüben-Rohzucker die annähernde Gleichstellung zwischen Zoll und Steuer intendirt, da sich gegenüber dem Zoll von Thlr. 3. 22. 6 für 94 Pfund Melis aus einem Centner indischen Rohzuckers die Steuer für die gleiche Quantität (94 Pfund) Rübenmelis, zu deren Herstellung (bei 85,856 pCt. Rendement) 109,5 Pfund Rüben-Rohzucker erforderlich wären, auf Thlr. 3. 19. 6 berechnet haben würde. Es blieb somit durch das angenommene Gesetz auch diesmal dem Rübenzucker noch ein Schutzzoll erhalten, wenngleich derselbe gegen früher eine sehr erhebliche Ermässigung erfahren hatte.

Seitdem ist die Zoll- und Steuergesetzgebung bezüglich des Zuckers in Deutschland[1]) unverändert geblieben, wenngleich so-

[1]) Nach Art. 35. Abs. 1. der Deutschen Reichsverfassung sind die Reichsgesetze an die Stelle der Vereinsgesetze getreten und hat das

wohl von volkswirthschaftlicher Seite, als auch aus den Kreisen der Interessenten selbst fortwährend Anträge auf eine Reform der Besteuerung erhoben werden, wie diese auch zumal in Folge der inzwischen erfolgten Umwälzung in der Fabrikation immerhin über kurz oder lang unausbleiblich werden dürfte. Wird von der einen Seite geltend gemacht, dass der gegenwärtige Besteuerungsmodus die Rübenzuckerfabrikation für diejenigen Gegenden monopolisire, welche die zuckerreichsten Rüben aufzuweisen haben, dass er die Fabrikation durch den Anstoss zur Gewinnung des letzten Atoms Zucker aus der Rübe mit ökonomisch nicht zu rechtfertigenden unverhältnissmässigen Kosten in falsche Bahnen dränge und dass endlich die einheimische Industrie durch die Möglichkeit, aus dem Gewicht der Rübe thatsächlich eine grössere Zuckermenge als die theoretisch angenommene zu gewinnen, der Einfuhr fremder Zucker gegenüber, welche als Fabrikate und somit voll besteuert werden, ungehörig privilegirt sei, so ist ebensowenig zu verkennen, dass die neuen in die Technik der Fabrikation eingeführten Vervollkommnungen, mit denen der Rübenverbrauch pro Centner Rohzucker bereits 1875 auf 10,40 Ctr. reducirt worden war, sowie das Osmose-Verfahren und das Elutionsverfahren, mit welchem nunmehr auch der Zucker aus der Melasse gewonnen und als solcher mitverwerthet werden kann, diejenige Annahme verändert haben, auf welche sich der bisherige Steuersatz (12 Ctr. Rüben zu 1 Ctr. Zucker) gründete.

Es ist danach offenbar, dass es für den Fiskus unausweichlich wird, gemäss dem der Steuer zu Grunde liegenden Princip, nach welchem eben nicht das Rohmaterial, sondern der Zucker als fertiges Fabrikat von der Abgabe getroffen werden soll, durch eine anders wie bisher zu gestaltende Auflage dieser veränderten Sachlage Rechnung zu tragen. Wie schon bei

---

Reich ausschliesslich die Gesetzgebung über das gesammte Zollwesen und die Besteuerung des im Reiche gewonnenen Salzes, Tabaks, Branntweins, Bieres, wie des aus Rüben und anderen inländischen Erzeugnissen dargestellten Zuckers und Syrups, übernommen. Die bestehenden Rübensteuergesetze wurden bestätigt, und durch das Reichsgesetz vom 17. Juli 1871 ist das Gesetz vom 26. Juni 1869 über die Besteuerung des Rübenzuckers auch in Elsass-Lothringen mit der Wirksamkeit vom 7. August 1871 eingeführt worden.

den Verhandlungen des Zollparlaments vom Jahre 1869 von allen Seiten, auch von der der Industriellen selbst, anerkannt wurde, ist bei der jetzigen Modalität der Rübenzucker-Steuer eine richtige gleichmässige Erreichung des Productes insofern unmöglich, als auf ein- und dasselbe Quantum Zucker, das producirt wird, bald ein geringerer, bald ein grösserer Steuerbetrag ausfällt, jenachdem mehr oder weniger zuckerreiche Rüben verarbeitet, mehr oder weniger vollkommene Maschinen angewendet, grössere oder geringere Intelligenz bei Ausführung der verschiedenen Extractions- und Läuterungs-Processe in's Spiel gebracht werden. Die Beseitigung dieses — für ein Steuersystem jedenfalls durchaus bedenklichen — Uebelstandes ist nur dann zu erreichen, wenn die Steuer nach dem Zuckergehalt des in den Consum tretenden fertigen Zuckers, nach seinem reinen Saccharose-Gehalt, bemessen wird, womit dann auch zugleich die gleichmässige Besteuerung des im Inlande erzeugten und des aus dem Auslande eingehenden Zuckers erreicht würde, wie ebenfalls nur auf dem Wege eines solchen Steuersystems die bisher auf dem internationalen Markte eine so störende Rolle spielende Prämienwirthschaft Aussicht hätte, ein langersehntes Ende zu finden.

Es ist kaum fraglich, dass die Einführung einer solchen Fabrikatsteuer trotz des Widerstandes der Industrie selbst, nachdem das bestehende System einmal als falsch verurtheilt werden muss, bereits lange eingeführt worden wäre, hätten die bislang gebräuchlichen Methoden der Rendementsermittlung ein Mittel geboten, den Zuckergehalt der grossen, während der Campagne Tag für Tag neu entstehenden Zuckermassen aller Art leicht, zuverlässig und scharf zu bestimmen[1]). Die neueste saccharimetrische Methode Dr. Scheibler's lenkte denn auch, wie schon erwähnt, die ernsteste Aufmerksamkeit der deutschen Reichsregierung auf sich und wir glauben wiederholt die Hoffnung aussprechen zu dürfen, dass sich dieses Verfahren als ein allen Anforderungen genügendes erweisen wird. Eine sachgemässe Reform, unter Schonung der in Folge des herrschenden Systems eingebürgerten Eigenthümlichkeiten der Fabrikation

[1]) Motive zur Regierungsvorlage für den Gesetzentwurf vom 7. Juni 1869.

durch geeignete Uebergangsbestimmungen, bleibt dringendes Bedürfniss, um die beklagten Missstände nicht zu verewigen und werden wir mit dieser Frage am Schlusse unserer Arbeit uns nochmals eingehend zu beschäftigen haben. —

Bezüglich der Bewegung auf dem Gebiete der deutschen Zollgesetzgebung für Zucker bleibt zu erwähnen, dass am 7. Dcbr. 1876 dem Reichstage ein Gesetz vorgelegt wurde, nach welchem — namentlich mit Rücksicht auf die Exportprämien Frankreichs — die Einfuhr fremden Zuckers mit einer Ausgleichungsabgabe belastet werden sollte.

Die Vorlage kam nicht mehr zur Berathung; das dem Reichstage am 18. April 1877 neuerdings vorgelegte Gesetz über Ausgleichunsabgaben nahm vom Zucker keine Notiz und wurden als Motive für die Zurückziehung der Vorlage 1) die im Allgemeinen nicht ungünstige Conjunctur für Zucker und 2) der jüngst erfolgte Abschluss einer neuen Convention zur Beseitigung der Exportprämien zwischen Frankreich, England, Holland und Belgien, — welche übrigens nicht perfect geworden ist, — geltend gemacht. — Die Einwirkung der französischen Exportprämien hat inzwischen bis zum gegenwärtigen Augenblick schadenbringend auf das deutsche Geschäft eingewirkt, so zwar, dass sowohl durch private Eingaben, wie im Reichstag, ernsthaft die Prohibition der französischen Raffinaden auf dem deutschen Markte gefordert wurde; eine Erhöhung des deutschen Raffinadenzolles von 15 auf 18 Mark wurde von den deutschen Raffinerieen als unerlässlich betrachtet, zumal ausser der französischen namentlich auch die österreichische, durch, in Folge des Steuersystems bestehende hohe Exportprämien begünstigte Konkurrenz, den Werthstand des raffinirten Zuckers in Deutschland in unberechtigter Weise beeinflusst.

2. Oesterreich-Ungarn.

Nachdem ursprünglich auch in Oesterreich nur die vom Auslande eingehenden Kolonialzucker und Raffinaden aus lediglich fiskalischem Interesse einem ziemlich hohen Eingangszolle unterworfen gewesen, erfolgte im Anfang der vierziger Jahre auch hier die Besteuerung des Rübenzuckers einzig aus dem Grunde, um dem Staatsschatz einen Ersatz für den aus der Mindereinnahme an Zöllen für fremde Zucker erwachsenden Verlust zu gewähren. — Weit mehr als in Deutschland hat die Besteuerung des einheimischen Fabrikates im Laufe der Jahre in Oesterreich, sowohl bezüglich des Erhebungsmodus als der Steuersätze, die mannigfaltigsten Veränderungen erlitten.

Bis zum Jahre 1849 war das Produkt besteuert und zwar unterlag der Wiener Centner (56 Ko.) Rohzucker einer Abgabe von fl. $1^2/_3$. Von da ab (laut Gesetz vom 12. Novbr. 1849) begann die fakultative Einführung einer Materialsteuer, wie im Zollverein. D. h. den Fabriken, welche Zucker aus Runkelrüben erzeugten, blieb die Besteuerung mittelst Abfindung offen und wurde, wenn diese nicht zu Stande kam, die Bemessung der Verbrauchsabgabe nach dem Gewichte der verarbeiteten Rüben mit 5 kr. C.M. für den Wiener Centner roher Rüben und mit $27^1/_2$ kr. von getrockneten Rüben eingeräumt. Mit Dekret vom 7. Septr. 1850 wurde die Abfindung und Versteuerung nach dem Erzeugnisse eingestellt und ausschliesslich die Versteuerung nach dem Gewichte der zur Verarbeitung gelangenden Rüben vorgeschrieben, welches entweder mittelst amtlicher Abwage erhoben oder nach der Leistungsfähigkeit der Fabrik annäherungsweise ermittelt wird. Mit den Dekreten vom 18. Juli 1853, 20. April 1855 und 13. Septbr. 1857 trat die Erhöhung der Verbrauchsabgabe, am 1. Septbr. 1853 von 5 auf 8 kr. für den Wiener Centner roher und von $27^1/_2$ auf 44 kr. C. M. vom Centner getrockneter Rüben, am 1. Septbr. 1855 auf 12 kr. für rohe und 1 fl. 6 kr. C. M. für getrocknete Rüben und seit 1. Novbr. 1857 auf 18 kr., für rohe und 1 fl. 39 kr. C. M. für getrocknete Rüben ein.

Im Jahre 1857 wurde auch diese Steuer gewissermaassen fakultativ. Der Fabrikant konnte sich dieselbe pauschaliren lassen nach Zahl, Konstruktion und Leistungsfähigkeit seiner Pressen, — ein System, welches vom fiskalischen Standpunkte aus eigentlich kaum verständlich erscheint.

Nach dem Italienischen Kriege und in Folge desselben wurde durch Dekret vom 17. Mai 1859 ein ausserordentlicher Zuschlag von 20 pCt. für die pauschalirten Fabriken eingeführt, welcher im Jahre 1862 noch um 10 pCt. gesteigert wurde.

Der Einfuhrzoll auf fremden Zucker war im Jahre 1856 um fl. 1 bis fl. 2 je nach Art des Zuckers pr. Centner herabgesetzt worden. Dagegen fand bei der Ausfuhr aus den österreichischen Kronländern über die Zolllinie eine Rückvergütung der gezahlten Steuergebühr statt, welche durch die Gesetzgebung vom Jahre 1860 und 1864 weiter geregelt wurde. Das erstere Gesetz setzte die Rückvergütung für Rohzucker auf fl. 4. 20 kr. und für Raffinatzucker auf fl. 5. 16 kr. fest, welche im letzteren Jahre auf fl. 5. 30 kr. für den Centner Rohzucker und fl. 6. 55 kr. für den Centner Raffinade erhöht wurde. Diese Vergütung basirte auf der Annahme von $14^1/_2$ Ctr. Rüben für Rohzucker und 16 Ctr. für Brodzucker.

Mit dem Gesetze vom 18. Octbr. 1865 (R. GBl. No. 105), wurde das System, die Steuerleistung des Fabrikanten nach der unter behördlicher Kontrole vollzogenen Abwage der zur Zuckererzeugung verwendeten Rüben zu bemessen, gänzlich verlassen und das Pauschalirungssystem allgemein eingeführt. Art. I des genannten Gesetzes bestimmt die Vornahme der Besteuerung nach der Leistungsfähigkeit der Werksvorrichtungen und der Zeitdauer ihrer Verwendung. Artikel II unterscheidet *a*) Fabriken, welche den Saft mittelst Pressen gewinnen, *b*) solche, welche Centrifugen anwenden und *c*) solche, welche mittelst der Methode der Maceration arbeiten. Ferner wird für die Saftpressen der Gruppe *a*) eine feste Skala der Steuerbemessung normirt, für *b*) die Siebfläche, für *c*) vorläufig noch die Rübenabwage als Grundlage der Steuer festgestellt. Endlich bestimmt Artikel XVII, dass für neue, in diesem Gesetze nicht vorgesehene Verfahrungsarten ein besonderes Uebereinkommen mit der Finanzbehörde zu treffen sei. — Zu diesem Behufe wird die Leistungsfähigkeit der Apparate, das ist die Quantität der möglichen Rüben-Verarbeitung binnen 24 Stunden, amtlich genau ermittelt und auf Grundlage dessen die Steuerleistung der einzelnen Fabrik vorgeschrieben. Diese Ermittelung geschieht bei den mit Diffusion arbeitenden Fabriken durch genaues Messen des kubischen Inhalts der Diffuseure mittelst Wassereinguss; bei den mit Saftpressen arbeitenden durch Bestimmung der Packhöhe, so wie des Längen- und Breitenmaasses der Pressbleche und der Anzahl der Saftpressen. — Die Fabriken stehen unter Krontole der Finanzbehörde und ist derselben von jeder Veränderung, Vermehrung oder Vergrösserung der Werksvorrichtungen, — welche übrigens während der Betriebsperiode nicht stattfinden darf, — von dem Wechsel in der Person des Leiters der Fabrik, von Betriebsstörungen, insofern dieselbe länger als 24 Stunden andauern und auf Rückvergütung der Steuer Anspruch erhoben wird etc., unter Androhung schwerer Strafe Anzeige zu erstatten.

Der Betrieb einer Rübenzucker-Fabrik darf nicht begonnen werden, bevor sich nicht der Inhaber derselben im Besitze der amtlichen Verständigung über die Bemessung des Steuerpauschales befindet. Dem entsprechend ist spätestens 3 Tage vor Beginn des Betriebs und eines jeden nachfolgenden Monats bei dem hierzu bestimmten Amte die schriftliche Anmeldung jener Rübenmenge einzubringen, welche nach der festgesetzten Leistungsfähigkeit für die Dauer des bezüglichen Monats zur Verarbeitung gelangen wird, und zwar unter Beifügung des entfallenden Steuerpauschales. Fabriken, welche die entsprechende Sicherstellung nach Maassgabe der bestehenden Vorschrift leisten, können übrigens die fällige Gebühr 6 Monate nach dem Fälligkeitstermine jeder Rate entrichten. An dem der Finanzbehörde als Ende des Betriebes angezeigten Tage ist der Betrieb ohne weiteres einzustellen und werden durch Organe der Finanzbehörde die vorhandenen Saftpressen, Diffuseure, Apparate und dgl. durch Versiegelung oder auf andere Weise ausser Gebrauch gesetzt.

Der Steuersatz beträgt 73 kr. Ö. W. für 100 Kilo frische und 3 fl. 65 kr Ö. W. für 100 Kilo getrocknete Rüben.

Die Bestimmung des Art. XVII hatte einen wesentlichen Umschwung in der Anwendung der damals bekannten Gewinnungsmethoden zur Folge. Während zur Zeit der Abfassung des Gesetzes die Fabrikation vorzüglich mittelst Pressen betrieben wurde und der Diffusionsmethode so wenig Gewicht beigelegt war, dass sie einem besonderen Uebereinkommen mit der Finanzbehörde überlassen blieb, änderte sich dieses Verhältniss sehr bald zu Gunsten des Diffusionsverfahrens, zunächst wohl mit in Folge des Bestrebens der Industriellen, bei dem mangelnden Anhalt für das neue Verfahren der in einem solchen besonderen Uebereinkommen liegenden Vortheile theilhaft zu werden. Der Maassstab für die Leistungsfähigkeit der Diffusionsfabriken wurde zuerst auf 180 Wiener Pfund frischer Rüben für jeden Betriebstag und für jeden niederösterreichischen Eimer des Gesammtrauminhaltes der zu je einer Batterie verbundenen Diffusionsgefässe festgestellt, ein Satz, der sich bald als nicht zutreffend erwies. — Auch der für die Saftpressen angenommene gesetzliche Maassstab der täglichen Leistungsfähigkeit war schon in der Campagne 1867/68 sehr ungenügend. Es wurde daher schon damals seitens der Regierung eine Reform der Rübenzucker - Steuerbestimmungen angestrebt, ohne dass es jedoch gelang, die erforderliche Einigung mit dem ungarischen Finanzministerium so weit zu führen, dass eine Gesetzesvorlage hätte ausgearbeitet werden können. Die einzige Maassregel in der Richtung einer Reform beschränkte sich darauf, dass mit Gesetz vom 28. März 1868 der im Jahre 1864 erhöhte Satz der Rückvergütung wieder auf das frühere Maass (fl. 4. 55 kr. für Rohzucker und fl. 5. 59 kr. für Raffinatzucker) zurückgeführt wurde.

Der Zucker-Konsum in Oesterreich selbst ist — wie wir an der Hand der Statistik gesehen haben — gering und schon damals war die Industrie, wesentlich durch die ohne richtige Grundlage normirten Ausfuhrvergütungen auf den Export hingewiesen. Da nun die zu niedrig gegriffene Pauschalirung des Quantums der zur Verarbeitung verwendeten Rüben, gegenüber dem bestimmten Satze für den zum Export gelangenden Zucker, eine mit der technischen Ausbildung der Fabrikation und der so über das angenommene Maass hinausgehenden Leistung wachsende Prämie einschloss, musste der zunehmende Export der Staatskasse einen bedeutenden relativen Ausfall verursachen. Diese Erwägungen machten denn auch eine Erhöhung der bestehenden Pauschalirung unvermeidlich und wurde mit Dekret vom 13. Juli 1875 die Leistungsfähigkeit der Diffusionsfabriken um 25 pCt. des bestehenden Satzes, nämlich auf 222 Kilogr. und im Juli 1876 für die folgende Campagne 1876/77 auf 370 Kilogr. frischer Rüben pr. Tag und Hektoliter des bezeichneten Rauminhaltes erhöht.

Inzwischen hatten sich die Arbeitsmethoden in einem ausserordentlichen Maasse geändert. Es arbeiteten in Oesterreich (ohne Ungarn):

	in der Campagne 1866/67		in der Campagne 1876/77
mit Pressen . . .	114 Fabriken	. . .	30 Fabriken
mit Centrifugen . .	3 „	. . .	— „
mit Maceration . .	2 „	. . .	— „
mit Diffusion . . .	2 „	. . .	181 „
Zusammen	121 Fabriken		211 Fabriken

Der durch diese Aenderungen herausgebildete Zustand der Steuerbemessung ist sehr eigenthümlicher Art. Gegenüber der auf dem Rauminhalte der Diffusions-Gefässe beruhenden Pauschalirung, welche in den letzten Jahren erheblich erhöht wurde, hat die Industrie durch wiederholte Verkleinerung der Diffusions-Gefässe und Beschleunigung des Verfahrens, die Ansätze der Regierung bedeutend überholt. Gleicherweise sind die Unterschiede zwischen der wirklichen Leistung der Saftpressen und dem gesetzlichen Ausmaasse ihrer Leistungsfähigkeit so erheblich grösser geworden, dass dieselben nach den Beobachtungen der Behörden in einzelnen Fällen bis zu 100 Procent der versteuerten Rübenmenge erreichten.

Unter solchen Umständen musste der finanzielle Erfolg der Zuckerbesteuerung von sehr niederschlagender Wirkung für die Staatsfinanzen sein, worüber nebenstehende Tabelle allerdings keinen Zweifel lässt.

Für die Campagne 1876/77 wurde von der österreichischen Regierung selbst der Abgang sogar auf annähernd fl. 1,000,000 geschätzt, eine Schätzung, die sich übrigens nachträglich als unzutreffend herausgestellt hat, da die Erhebungen des Ausschusses für die Ausgleichsvorlagen folgende Ziffern für diese Periode ergeben:

Rübenzuckersteuer	10,870,823 Fl.
Zoll für eingeführten Zucker	5,364 „
Zusammen	10,876,187 Fl.
Davon ab die Rückvergütung bei der Ausfuhr . .	10,479,973 „
Also immerhin noch ein allerdings lächerlich geringer Reinertrag von	396,214 Fl.

In dem vorletzten Betriebsjahr aber wurde nicht nur alle Steuer für exportirten Zucker voll zurückvergütet, sondern auch jene für den ganzen einheimischen Consum und darüber hinaus noch eine exorbitante Prämie der Zuckerindustrie des Landes aus dem Staatssäckel herausbezahlt.

Ausweis

über die Rübensteuer, den Zuckerzoll für eingeführten Zucker und über die Gebührenrückvergütungen für ausgeführten Zucker in der österreichisch-ungarischen Monarchie, mit Ausnahme von Dalmatien und den Zollausschlüssen.

Zeitperiode.	Anzahl der Zucker-fabriken.	Unter Versteuerung verarbeitete Rüben: in den im Reichsrathe vertretenen Königreichen und Ländern	Unter Versteuerung verarbeitete Rüben: in den zur ungarischen Krone gehörigen Ländern	Unter Versteuerung verarbeitete Rüben: Zusammen.	Für diese Rübenmengen eingegangener Steuerbetrag: in den im Reichsrathe vertretenen Königreichen und Ländern	Für diese Rübenmengen eingegangener Steuerbetrag: in den zur ungarischen Krone gehörigen Ländern	Für diese Rübenmengen eingegangener Steuerbetrag: Zusammen.	Zollbetrag für den eingeführten Zucker	Summe der Zuckersteuer und der Zuckerzölle	Gebührenrückvergütung für den ausgeführten Zucker	Gebührenbetrag für die Zuckererzeugung u. Zuckereinfuhr nach Abzug der Gebührenrückvergütung
		Metrische Centner.			Gulden.			Gulden.			
Verwaltungsjahr											
1860	124	—	—	8,394,066	—	—	5,665,995	309,543	5,975,538	—	5,975,538
1861	125	—	—	8,018,018	—	—	5,412,162	210,747	5,622,909	1,387	5,621,522
1862	130	—	—	7,759,317	—	—	5,237,539	1,201,878	6,439,417	—	6,439,417
1863	139	—	—	9,558,597	—	—	6,989,724	571,351	7,561,075	42	7,561,033
Erzeugungs-Periode											
1863—64	136	—	—	8,292,949	—	—	6,064,219	247,496	6,311,715	71,289	6,240,426
1864—65	144	—	—	10,971,994	—	—	8,023,270	32,560	8,055,830	2,016,462	6,039,368
1865—66	140	—	—	8,642,489	—	—	6,319,820	29,080	6,348,900	744,092	5,604,808
1866—67	139	—	—	11,452,641	—	—	8,374,744	13,374	8,388,118	2,669,610	5,718,508
1867—68	151	—	—	10,054,380	—	—	7,352,266	16,010	7,368,276	1,805,117	5,563,159
1868—69	162	6,797,096	1,137,286	7,934,382	4,970,377	831,640	5,802,017	267,600	6,069,617	77,528	5,992,089
1869—70	181	11,109,926	1,181,234	12,291,160	8,124,134	863,777	8,987,911	23,886	9,011,797	4,742,147	4,269,650
1870—71	215	13,907,402	2,023,789	15,931,191	10,169,788	1,479,896	11,619,684	10,056	11,659,740	7,306,653	4,353,087
1871—72	251	12,029,344	1,594,902	13,624,246	8,796,458	1,166,272	9,962,730	14,482	9,977,212	5,817,097	4,160,115
1872—73	256	15,930,936	1,402,253	17,333,189	11,649,497	1,025,397	12,674,894	23,032	12,697,926	6,410,106	6,287,820
1873—74	244	12,789,876	984,003	13,773,879	9,352,597	719,552	10,072,149	23,409	10,095,558	7,152,491	2,943,067
1874—75	226	8,794,557	1,038,416	9,832,973	6,431,020	759,341	7,190,361	10,646	7,201,007	5,458,683	1,742,324 (Abgang)
1875—76	231	12,115,786	665,146	12,780,932	8,844,524	485,557	9,330,081	7,354	9,337,435	9,472,991	135,556

Wenn jemals, dann musste sich bei solchem Resultat das bestehende Steuersystem als grundfalsch und unhaltbar erweisen, und die Nothwendigkeit einer gründlichen Reform war kaum abzuweisen, zumal auch die Vertragsverbindlichkeiten gegenüber anderen Staaten, die Regelung eines so abnormen Zustandes dringend erforderten.

Die Regierung sah sich denn auch im Mai 1877 veranlasst, den Entwurf eines neuen Gesetzes für die Zuckerbesteuerung vorzulegen. Die Motive desselben betonen, dass nach mässigster Schätzung der jährliche Zuckerkonsum in Oesterreich-Ungarn 900,000 metr. Ctr., pro Kopf etwa 3 Ko. betragen und somit eine Netto-Steuereinnahme von fl. 10,000,000 ergeben müsse, wogegen der Reinertrag der Zuckersteuer in den Jahren 1869 bis 1874 nicht einmal zur Bestreitung der Kontrolabgaben hinreichte, — welche Angesichts der Einfachheit des Systems doch kaum in irgend einem Lande geringer sein konnten, — die Steuer pro 1875/76 aber sogar ein Deficit ergab.

Für das neue Gesetz wurde unter Statuirung einer Uebergangsperiode bis zum Ende der Campagne 1878/79 eine vollständige Reform des Systems und zwar in der Richtung einer Fabrikatsteuer in Aussicht genommen; bis dahin sollte eine erhöhte Pauschalirung eintreten, sofern die Fabrikanten eine solche der früher bis 1865 bestandenen Abwägung der zur Verarbeitung gelangenden Rüben vorziehen sollten. Gleichzeitig sollte für die Steuerrückvergütung die Anwendung der Polarisation stattfinden und waren dafür die Grenzen von 93 % für Rohzucker und $99^5/_{10}$ % für Raffinatzucker aufgestellt. Die Feststellung einer Scala für die Bemessung der Leistungsfähigkeit der Saftpressen sollte vorläufig, wie für diejenige der Diffuseure dem Verordnungswege überlassen werden.

Ursprünglich war für das Provisorium die strikte Wiedereinführung der Abwage der Rüben in's Auge gefasst, doch wurde besorgt, für dieses System das Einverständniss Ungarns nicht zu erzielen, weil die ungarische Rübe in der Qualität schlechter ist als die böhmische und mährische und die Besteuerung des Gewichts in Folge dessen ungleichmässig, bezw. für Ungarn sich zu ungünstig gestaltet haben würde.

Es lässt sich denken, dass diese Steuerreform-Absichten der Regierung in den Kreisen der Interessenten, welche, wie sich ein Triester Jahresbericht vom 10. Januar 1877 ausdrückt, „sieben fette Jahre“ genossen hatten und das Jahr 1876 als das „Erlösungsjahr von aller Qual und Abgabe“ betrachten konnten, „welches in den Annalen der Zucker-Industrie ebenfalls mit fetten Lettern gedruckt zu werden verdiente“, eine nicht geringe Aufregung verursachten. Die Verhandlungen des Centralvereins für die Rübenzucker-Industrie in der k. k. österreichisch-ungarischen Monarchie, wie des Vereins für Zuckerindustrie in Böhmen geben davon eine deutliche Kunde.

Es galt vor allem eine Reform in der Richtung der Fabrikatsteuer abzuwenden und das für die Industrie „bewährte“ System der Pauschalirung zu retten. Man gab zu, dass der Besteuerungssatz zu niedrig gegriffen sei und bot selbst aus den Kreisen der Industriellen eine Contingentirung der Steuer auf 6 Millionen Gulden an, die im Jahre 1883 sogar auf 7 Millionen sich erhöhen sollte. Dagegen wurde bezüglich jeder durchgreifenden Reform des ganzen Systems der Untergang der gesammten österreichischen Zuckerindustrie als unausbleiblich hingestellt.

Die Gründe, welche für diese letztere Behauptung in's Feld geführt und die Folgerungen, welche daran geknüpft werden, brauchen wir kaum zu widerlegen. Es ist das bekannte Lied „vom Kampf um's Dasein und von der Vernichtung des Wohlstandes des Landes“, welches überall, aber schwerlich irgendwo mit einer so falschen Melodie vorgetragen wird als dort.

Die österreichische Zuckerindustrie ist gegen fremde Konkurrenz im Lande hinreichend geschützt, ihre technische Entwicklung steht kaum hinter der eines andern Landes zurück, und — ihre „Erhaltung“ — wie sie die österreichischen Industriellen auffassen, soll dem Staate nicht nur Nichts bringen, nein — sie soll ihm noch von Jahr zu Jahr effektiv mehr kosten!

Es mag zugegeben werden, dass die Rübe den dortigen Fabrikanten theurer zu stehen kommt als uns. Diese gegenüber dem Preise aller anderen Bodenproducte Oesterreichs, — welche mit Erfolg auf dem Weltmarkte konkurriren können — auffallend erscheinende Thatsache erklärt sich aber einfach daraus, dass eben durch die enormen Exportprämien selbst, die Industrie zu einer unnatürlichen Steigerung des Rübenbaues gedrängt und durch die so u n n a t ü r l i c h gesteigerte Nachfrage die natürlichen Preisverhältnisse des Rohmaterials verschoben sind.

Sei dem, wie es sei, sicher ist, dass die übrigen zuckerproducirenden Länder im Interesse ihrer eigenen Zuckerindustrieen eine noch längere Fortdauer der österreichischen Prämienwirthschaft, bei welcher die Fabrikanten eine Exportprämie von reichlich $33^1/_3$ % (= fl. 1,52 für rohen und fl. 1,86 für raff. Zucker, bezw. M. 3,04 und M. 3,72 per Zollzentner) genossen, in dem bislang bestehenden Maasse ohne Repressalien auf die Dauer nicht wohl hätten ertragen können und dürfen. So ist es denn jedenfalls für den internationalen Verkehr gut, dass das Gesetz vom 6. Juli 1877 (R. G. Bl. No. 57 und 58) die bestehenden Gesetze aufgehoben und vorläufig eine Erhöhung der Pauschalirung vorgenommen hat, welche freilich noch nicht einmal jenen Satz erreicht, der seitens des österreichischen Centralvereins in Vorschlag gebracht wurde.

Das genannte Gesetz hat für die Zuckererzeugungsperiode 1877/78 eine neue Scala für die Saftpressen eingeführt und den Fabrikanten die Pauschalirung der Steuer oder die amtliche Abwage der zu verarbeitenden Rübenmenge freigestellt. Für die Diffusions-Fabriken wurde durch Decret vom 9. Juli 1877 (R. G. Bl. No. 59) die Ermittlung der Leistungsfähigkeit derart vorgenommen, dass bei Diffusionsbatterieen, welche aus je 9 oder mehr Gefässen mit einem Rauminhalte von mindestens 25 Hectolitern bestehen, für jeden Tag 24 Stunden und für jeden Hectoliter des Gesammtrauminhaltes 650 Kilogramm frische Rüben gerechnet werden. Bei Diffusionsbatterieen, welche aus je 9 oder mehr Gefässen von einem kleineren Rauminhalte als 25 Hectoliter bestehen, wird der gleiche Maassstab aber mit einem Zuschlag angewendet, der für jeden Hectoliter, um welchen der Rauminhalt unter 25 Hectoliter steht, 12 Kilo frische Rüben beträgt, z. B. beim Rauminhalt von 19—24 Hectoliter ein Zuschlag von 12 Kilo mal 5 gleich 60 Kilo also 710 Kilogramm.

Auch dieses Decret gilt nur für die Zuckerperiode 1877/78; für die Zukunft lag zunächst seit April 1877 den Parlamenten eine Regierungsvorlage zur Behandlung vor, welche pro 1877/79 die amtlich kontrolirte Abwage der zur Zuckererzeugung verwandten Rüben, für die spätere Zeit die Einführung der Fabrikatsteuer oder die Besteuerung nach der Menge und Dichte des zur Zuckererzeugung gewonnenen Rübensaftes vorschlug. Statt dessen hat man das provisorische Gesetz nur für das Jahr

1877/78 eintreten lassen und sich sofort an die Berathung eines definitiven gegeben, welches Ende October 1877 sowohl vom österreichischen wie ungarischen Unterhause angenommen wurde. Die Hauptbestimmungen dieses Gesetzes sind: der bisherige Rübensteuersatz von 73 Kreuzer pro metr. Ctr. bleibt bestehen, ebenso die Ausfuhrvergütung von Fl. 9,10 für den metr. Ctr. Rohzucker von mindestens 90 % und Fl. 11,18 für den metr. Ctr. raffinirten Zuckers von mindestens 99 %.

Der Einfuhrzoll beträgt für Oesterreich-Ungarn:

	p. 100 Kilo netto
Auf raffinirten Zucker jeder Art wie auf Candis	Ö. W. fl. 26,30
Auf Zuckermehl zum Handel	„ „ fl. 18,90
zum Raffiniren	„ „ fl. 12,60
Auf Colonialsyrup	„ „ fl. 6,30

Für die mit Pressen und Diffuseuren arbeitenden Fabriken findet die Besteuerung im Wege der Pauschalirung nach der Leistungsfähigkeit statt, und wird letztere, nach Anhörung von durch die Rübenzuckerfabrikanten zu wählenden Sachverständigen, der Art bemessen, dass in der Betriebsperiode 1878/79 6 Mill. Gulden, in jeder folgenden je $\frac{1}{2}$ Million mehr, bis $10\frac{1}{2}$ Million erreicht sind, dem Staate als Reineinnahme aus dem im Inlande erzeugten und aus dem vom Auslande eingeführten Zucker verbleibt. Wird dieses Reinerträgniss nicht erzielt, so haben die Fabriken nach Verhältniss ihrer Pauschalbeträge die Differenz zu decken, wird es überschritten, so wird der Ueberschuss auf einen etwaigen Abgang in der darauf folgenden Betriebsperiode in Anrechnung gebracht. Dem Staate ist durch diese Fixirung allerdings für die Folge eine bestimmte Einnahme aus dem Zucker gesichert, allein dieses Auskunftsmittel ist weit entfernt, eine wirklich rationelle Reform der Besteuerungs*methode* zu bedeuten, welche man nach den ursprünglichen Absichten der Regierung zu erwarten berechtigt war.

Wäre die gute Absicht der Regierung auf Einführung einer Fabrikatsteuer wirklich zur Ausführung gelangt, dann war Hoffnung vorhanden, dass auch die Exportprämien anderer Länder, namentlich Frankreichs, welches sein Verhalten in dieser Beziehung stets mit dem Bestehen des hohen österreichischen Drawback motivirte, ihre Beseitigung finden konnten.

Die durch das letzte Gesetz vorgenommene Aenderung dürfte einen solchen Effect nicht haben, da allerdings die Exportprämie der österreichischen Fabrikanten eine gewisse Ermässigung erfahren hat, die Bedeutung dieser Ermässigung auf die Dauer aber durch den in natürlicher Progression zunehmenden inländischen Verbrauch gänzlich in Frage gestellt bleibt. Nur eine vollständige Reform im Sinne der Fabrikatsteuer wäre geeignet gewesen, für eine internationale Konvention aller europäischen Staaten auf dem Gebiete der Zuckerbesteuerung eine, Aussicht auf schnellen Erfolg verheissende, Grundlage zu schaffen.

3. Russland.

Auch in Russland war die einheimische Rübenzucker-Industrie ursprünglich nicht besteuert, dagegen war auf fremde Zucker seit 1825 ein Zoll gelegt, welcher zuerst $2\frac{1}{2}$ Rubel pr. Pud (1 Rubel = M. 3,23 oder als Papierrubel etwa M. 2, — 1 Pud = 16,38 Ko.) betrug, 1831 auf 3,15 Rubel und 1841 auf 3,80 Rubel erhöht wurde.

Erst im Jahre 1848, als in Russland bereits 377 Fabriken bestanden, von denen 340 in Betrieb waren, sah sich die Regierung in Folge der Verminderung der Einfuhr fremder Zucker und des damit verbundenen Rückganges der Zolleinnahmen veranlasst, eine Steuer von 60 Kopeken auf das Pud Rübenzucker zu legen.

Ebenso, wie in Oesterreich, findet in Russland die Besteuerung des einheimischen Zuckers nach der Leistungsfähigkeit der Werksvorrichtungen der Fabrik statt. Es wird unter amtlicher Aufsicht und nach einem dreitägigen Durchschnitt festgestellt, wie viel Berkowetz (= 163,80 Kilo) gewaschener und geköpfter Rüben die betr. Werksvorrichtungen verarbeiten können.

In Betreff der Zuckerausbeute ist das ganze Land in 3 Zonen eingetheilt. Die erste Zone umfasst die Gouvernements Kiew, Podolien, Wolhynien und das Königreich Polen und hat eine gesetzliche Ausbeute der Rübe von 7 pCt. an Zucker. Die zweite Zone zählt das Gouvernement Charkow, Poltawa und einen Theil des Tschernigowschen Gouvernements mit einer Ausbeute von $6\frac{1}{2}$ pCt., und die dritte Zone umfasst die übrigen Gouvernements und hat eine Ausbeute von 6 pCt. an Zucker normirt. Ueberdies sind die Fabriken selbst in industrielle und landwirthschaftliche eingetheilt und nach Art der Saftererzeugung in Fabriken mit Pressen und in Fabriken mit Diffusion unterschieden. Die Besteuerung richtet sich nach der Anzahl der Pressen und nach dem Volumen der Diffusionsgefässe in folgender Weise: Die 24 stündige Arbeit einer Presse wurde auf 85 Berkowetz festgesetzt, und bei Diffusionsfabriken rechnet man als 24 stündiges Arbeitsergebniss 16 Berkowetz auf 100 Eimer Rauminhalt. Nach Maassgabe der Zone, des Charakters der Fabrik und der Art und Weise der Saftgewinnung wird folgende Norm der Zuckerausbeutung aus einem Berkowetz Rüben angenommen:

	Fabriken mit Diffusion,		Fabriken mit Pressen,	
	industrielle	landwirthschaftliche	industrielle	landwirthschaftliche
I. Zone	32 Pfd.	30 Pfd.	30 Pfd.	28 Pfd.
II. „	30 „	28 „	28 „	26 „
III. „	28 „	26 „	26 „	24 „

Der Steuersatz wurde mit dem Gesetze vom 10. Juli 1867 (Journal de St. Petersbourg No. 159) neu festgestellt und zwar so, dass von der nach dem Reglement berechneten Zuckermenge eine Accise von 30 Kopeken pro Pud bis 1. August 1867 und 50 Kopeken pro Pud bis 1. August 1870 erhoben werden sollte. Gleichzeitig wurde bestimmt, dass wenn während 1868 und 1869 der Durchschnittsbetrag, welchen der Staat für ausländische und inländische Zucker erhält, sich auf 6,500,000 Rubel jährlich erhöbe, so solle der letztgedachte Satz von 50 Kopeken bis 1. August 1872 beibehalten werden, wenn dagegen die Einnahmen diesen Betrag nicht erreichten, so solle vom 1. August 1870 bis 1. August 1872 die Steuer 70 Kopeken betragen. Die aktuellen Zollsätze dagegen sollten bis 1. Februar 1872 in Geltung bleiben.

Es ist natürlich, dass das System der Steuermessung genau dieselben Anomalieen zum Ausdruck bringt, welche wir schon anlässlich der österreichischen Gesetzgebung besprochen haben. Wie erwähnt, entsprechen nach dem Gesetz 100 Eimer Inhalt in Diffuseuren einer 24stündigen Verarbeitung von 16 Berkowetz Rüben. (1 Berkowetz = 10 Pud, die russischen Fabriken rechnen jedoch auf den Berkowetz 12 Pud.) Vom Berkowetz nimmt das Gesetz ein Ausbringen von 30 Pfd. Zucker an. Rechnet man nun eine Fabrik von 3000 Eimern Diffusions-Inhalt, so würde sie $\frac{3000 \cdot 16}{100} = 480$ Berkowetz verarbeiten und daraus $\frac{480 \cdot 30}{40} = 360$ Pud Zucker auszubringen haben, welche à 50 Kopeken mit 180 Rubel zu versteuern wären.

Es ist indessen notorisch, dass eine ziemlich gut eingerichtete Fabrik mit 3000 Eimern Diffusions-Inhalt nicht 480 Berkowetz, sondern 1000 Berkowetz verarbeiten kann, welche, pro Berkowetz ein Ausbringen von 30 Pfund berechnet, $\frac{1000 \cdot 30}{40} = 750$ Pud Zucker pro Tag produziren würde. Das Pud zu einer Steuer von 50 Kopeken berechnet, müssten sich darnach anstatt 180 Rubel = 375 Rubel ergeben, wonach zu beurtheilen ist, wie wenig das Russische System einem gesunden Besteuerungsprinzip entspricht.

Am deutlichsten musste dieses Missverhältniss bei der Einführung eines der Steuer entsprechenden Rückzolls zum Ausdruck kommen, wenngleich allerdings die Wirkung für den Staatsschatz niemals so nachtheilig werden konnte, wie in Oesterreich, da die Regierung an einem Einnahme-Minimum festhält. Ueberdies war die Exportvergütung anfangs auch nur unbedeutend und laut Gesetz vom 5. März 1871 (Journ. de St. Pet. 78) für rohen und raffinirten Zucker bis 1. August 1871 auf 27 Kopeken pro Pud festgesetzt.

Während des Jahres 1872, als die russische Zucker-Industrie in Folge kolossaler — durch Spekulationen hervorgerufener — Ueberproduktion sich in einer nicht unbedenklichen Krisis befand, welcher wir im hist.-stat. Theil unserer Arbeit bereits ausführlicher gedachten, trat eine vorübergehende Erhöhung der Ausfuhrvergütung ein, die, als sie die nöthige Luft geschafft hatte, indessen bald wieder ermässigt wurde.

Durch Erlass vom 10. Juni 1872 wurden sodann die Accise-Bestimmungen (Journ. de St. Pet. No. 179) folgendermaassen geändert:

Die Accise wird mit 70 Kopeken pro Pud festgesetzt, welcher Satz auf 90 Kopeken erhöht wird, wenn der Gesammt-Ertrag von einheimischem und ausländischem Zucker bleibt

unter	4,400,000	Rubel	für	1873/1874,
„	5,000,000	„	„	1875/1876,
„	6,500,000	„	„	1877/1878.

Die ausländischen Zucker zahlen vom 1. Januar 1873 an folgende Zölle:

	Rohzucker	Raffinirter Zucker
1873:	2 R. 50 K.	3 R. 50 K.
1874:	2 „ 40 „	3 „ 40 „
1875:	2 „ 30 „	3 „ 30 „
1876:	2 „ 20 „	3 „ 20 „
1877:	2 „ 10 „	3 „ 10 „
1878:	2 „ — „	3 „ — „

Inhaltlich eines Cirkulars des Departements der Zollgefälle an die Zollämter vom 31. October 1876 (Anzeiger des Finanzministeriums No. 43) ordnete der Finanzminister bezüglich der Ausfuhrvergütungen an, dass die Accise auf den in das Ausland exportirten Zucker in der laufenden Periode der Zuckersiederei d. h. bis zum 1. August 1877 in der Höhe zurückerstattet werde, in welcher dieselbe auf Grund der Aussendung für Sandzucker erhoben wurde, und zwar mit 80 Kopeken per Pud für Raffinade und weissen Sandzucker und mit 45 Kopeken per Pud für gelben Sandzucker.

Mit Dekret vom 10. Dezember 1876 wurde in Anbetracht der Zunahme des Exportes von Sandzucker mittlerer Farbe zwischen weiss und gelb und zur Förderung dieser Ausfuhr sodann die Anordnung getroffen, dass bis zum 1. August 1877 der Rückersatz der Accise für Sandzucker, wenn solcher der No. 7, 8 und 9 entspricht, im Betrage von 70 Kopeken pro Pud stattfinde, mit der Bedingung jedoch, dass zunächst nur 45 Kopeken bezahlt werden, die andern 25 Kopeken erst nach vollendeter amtlicher Konstatirung der geforderten Eigenschaften herauszugeben sind. Mit einem weiteren Dekrete vom 22. März 1877 (Rg.-Blatt 105) wurde die Rückerstattung der Accise, und zwar mit 80 Kopeken pro Pud raffinirten und weissen Sandzuckers, mit 70 Kopeken pro Pud mittleren Sandzuckers und mit 45 Kopeken für gelben Sandzucker bis 1. Januar 1878 verlängert und wurde dieser Termin neuerdings bis zum 1. Mai 1878 hinausgeschoben.

Das auszuführende Quantum muss mindestens 10 Pud betragen und kann die Ausfuhr nur über die Zollämter St. Petersburg, Libau, Gralewo, Sosnorice, Wierzbolow, Alexandrof,

Granitza, Wolochisk, Radzivilon, Ungeni, Nowoselitze, Odessa, Bakow, Astrakan, Tiflis und Dschulfinsk erfolgen. An Tara werden 7 pCt. für leichte, 9 pCt. für Eichenholzfässer, 2 pCt. für einfache, 4pCt. für doppelte, 6pCt. für dreifache Säcke berechnet. Nach Finnland bestimmte Zucker können nur über die Zollämter des Petersburger Hafens und das Büreau der Finnländischen Eisenbahn exportirt werden.

Es bleibt noch zu bemerken, dass mit Gesetz vom 25./13. November 1876 (Journ. de St. Pet. 254) die Entrichtung sämmtlicher Zollgebühren, also auch der Zuckerzölle, in Gold angeordnet wurde und damit eine enorme Erhöhung eingetreten ist, da nach der Papierwährung sich die Sätze in Wirklichkeit nur auf $^2/_3$ ihres Nominalwerthes beliefen. Russland hat sich somit zum Schutz seiner eigenen Industrie gegen die Einfuhr, zumal von Raffinade, durch ausserordentlich hohe Zollsätze fast abgeschlossen und begünstigt andererseits seine Ausfuhr durch exorbitante Prämien. Die Gefahren, die aus dieser Lage der Dinge der Zuckerindustrie der Nachbarländer erwachsen, haben wir an anderer Stelle bereits hervorgehoben.

4. Frankreich.

Frankreich ist dasjenige der Länder Europa's, in welchem die Zoll- und Steuer-Verhältnisse des Zuckers die häufigsten und eingreifendsten Aenderungen erfahren haben. Abweichend von der Zollpolitik Deutschlands, welche uns in der Zuckerbesteuerung in erster Linie eine steuerfiscalische Maassregel erkennen lässt, liegt den Maassnahmen Frankreichs, ohne die Bedeutung des Zuckerzolls für den Staatsschatz zu verkennen, weit mehr das bestimmende Motiv des Schutzzolls zu Grunde, wie denn auch Frankreich das eigentliche Mutterland der Exportprämien ist.

Schon vor mehr als 200 Jahren wurde unter der Regierung Ludwig XIV. durch Colbert bestimmt, dass der Rohzucker der französischen Kolonieen für den damaligen Centner 4 frcs. zahlen sollte, während fremde Rohzucker mit $7^1/_2$ frcs. und zu Gunsten der französischen Raffinerieen fremde Raffinaden mit $22^1/_2$ frcs., gedeckte amerikanische Zucker mit 15 frcs. besteuert wurden. Als dann später im Jahre 1681 die Ausfuhr französischer Kolonialrohzucker aus Frankreich verboten wurde, begegnen wir gleichzeitig der ersten Exportvergütung, indem bei der Ausfuhr von Raffinade ein Rückzoll von 9 frcs. unter der Annahme, dass 225 Pfund Rohzucker 100 Pfund Raffinade ergäben, gewährt wurde.

Der erstrebte Zweck, die heimischen Raffinerieen auf dem Weltmarkte konkurrenzfähig zu machen, erwies sich als durch obige Bestimmung noch nicht erreicht, und so erfolgten 1698 und 1717 nacheinander Ermässigungen des Rohzuckerzolles auf 3 bezw. $2^1/_2$ frcs., wobei die Exportvergütung von 9 frcs. auf frcs. 5,62 abgeändert wurde.

Unter Ludwig XV. begann das eigentliche Prämienunwesen. Im Jahre 1767 wurde ein Gesetz erlassen, durch welches das der Compagnie des Indes im Jahre 1716 ertheilte Privileg der freien Negereinfuhr nach den französischen Kolonieen zurückgenommen und diese Einfuhr mit einer Abgabe von 10 frcs. für jeden Negersklaven belegt wurde. Die Hälfte dieses Zolles konnte indessen auf den in Frankreich einzuführenden Kolonialzucker in Anrechnung gebracht werden, indem über die gezahlte Abgabe eine Zollquittung ertheilt wurde, welche man nachher bei der Zuckersteuer in Zahlung gab. Von daher datirt der Ursprung der berüchtigten titres d'acquits-à-caution[1]).

Inzwischen gewährte ein Gesetz vom 25. Mai 1786 neben dem Rückzoll von frcs. 5,62 bei der Ausfuhr von raffinirtem Zucker noch eine Prämie von frcs. 4 pr. Centner, wodurch natürlich die Raffinerieen des Landes einen grossartigen Nutzen erzielten. Diese Ausfuhrprämie blieb noch in den Zeiten der Republik bestehen, wogegen die Verrechnung der Abgabe für die Negereinfuhr durch den Konvent im Jahre 1792 aufgehoben wurde.

Am 30. April 1806 wurde der Zoll für Rohzucker auf

---

[1]) Diese Zollquittungen waren verkäuflich und bildeten sich die Transaktionen mit denselben unter der Regierung Napoleons III. bekanntlich soweit aus, dass man, wie ehedem Zucker gegen Menschenfleischquittungen, jetzt Eisen und Stahl gegen Zucker- und Spirituszollquittungen ein- und ausführen konnte, ein Unfug, welcher erst vor kaum 10 Jahren durch Beschränkung der titres d'acquits auf dieselbe Waarengattung vermindert wurde.

frcs. 45 pr. 100 Kg. gesetzt und dieser Satz blieb bestehen, bis Napoleon am 8. Februar 1810 die Kontinentalsperre dekretirte. Der Zucker wurde mit einem Zoll von frcs. 300 pr. 100 Kg. belegt, Raffinade kostete damals in Marseille frcs. 425 und lagen die gesammte Zuckerraffinerie, wie der Zuckerhandel Frankreichs elendiglich darnieder, und gerade der Zwang jener Lage hatte die wiederholt hervorgehobene Einführung der Rübenzucker-Industrie in Frankreich zur Folge.

Erst 1814 am 23. April wurde durch die Ordonnanz des Grafen von Artois der durch das Edikt von Trianon bestimmte Zollsatz aufgehoben und ein Zoll von frcs. 40 pr. 100 Kg. für alle Sorten Rohzucker eingeführt, um der zurückgegangenen Raffinations-Industrie wieder aufzuhelfen. Als aber in Folge dessen die französischen Kolonieen sich regten, um Schutz gegenüber der ausserfranzösischen Konkurrenz zu erhalten, wurden durch Gesetz vom 28. April 1816 die Zollsätze, wie folgt, abgeändert:

Rohzucker aus den französischen Kolonieen .	frcs. 49, 50	pr. 100 Kg.
gedeckte Zucker derselben Herkunft . . .	- 70, —	- - -
fremde Rohzucker	- 70, —	- - -
fremde gedeckte Zucker	- 115, —	- - -

Diese Abänderung hatte gleichzeitig eine Neuregulirung der Exportvergütungen für Raffinade zur Folge, und wurden dieselben auf frcs. 90 für kleine und frcs. 60 für grosse Brode normirt. Da diese Sätze für die Wiederbelebung der französischen Raffinations-Industrie nicht den gewünschten Effekt ergaben, wurden sie im Jahre 1819 durch Gesetz vom 11. August auf frcs. 110 bezw. frcs 80 erhöht, und am 7. Juni 1820 noch ausserdem eine Prämie von frcs. 12 eingeführt, während in Folge des unablässigen Drängens der französischen Kolonieen der Eingangszoll auf fremde Zucker um frcs. 5 erhöht wurde. Am 27. Juli 1822 folgten weitere Erhöhungen und es betrugen die Zölle auf fremde Zucker frcs. 104 bis frcs. 126,50; bezüglich der Exportvergütung wurde den Raffinerieen, welche fremde Zucker verarbeiteten, ein dem Zoll entsprechender Satz restituirt. Als Grundlage für die dieserhalb anzustellende Berechnung wurde in der Ordonnanz vom 15. Jan. 1823 ein Rendement des weissen Rohzuckers von 66 bis 75% angenommen und die ganze Art des Verfahrens auf das Eingehendste festgestellt.

Die nachtheiligen finanziellen Folgen dieser einseitigen Begünstigung der heimischen Raffinerieen liessen nicht auf sich warten; es wurden zwar Zölle eingenommen, allein für Rückvergütungen wieder derartige Summen erstattet, dass die Staatskasse gegen früher einen bedenklichen Ausfall constatiren konnte. Die Ausfuhrprämien bezifferten sich bereits auf frcs. 144,25 und 159,50, als man ein Einsehen hatte und durch Gesetz vom 17. Mai 1826 die Exportvergütung für Zucker auf frcs. 120 bezw. frcs. 100, für Melasse auf frcs. 12 pr. 100 Kg. fixirte. Die Folge war, dass der Import fremder Zucker allmählig aufhörte und dass die Raffinadeure ausschliesslich französische Kolonialzucker verarbeiteten, welche, niedrig besteuert, bei den Exportsätzen den Genuss einer bedeutenden Prämie ermöglichten. — Von jener Zeit datirt erst der eigentliche Aufschwung der französischen Rübenzuckerindustrie, welche, bis dahin durch die Zollpolitik der Regierung, die nur die Raffination von Kolonialzucker begünstigte, gehemmt, — im Jahre 1828, wie wir sahen, bereits 58 Fabriken mit einer Produktion von 500,000 Ctr. Zucker aufzuweisen hatte. — Die Wirkung der einheimischen unbelasteten Zuckerproduktion, welche offenbar einer erheblichen Steigerung entgegenging, für die Zollkasse konnte auch in Frankreich nicht übersehen werden und wurde schon 1828 im Corps législatif ein Antrag auf Besteuerung des Rübenzuckers eingebracht, ohne allerdings Annahme zu finden. Unterdessen machten die Raffinerieen brillante Geschäfte, die Ausfuhr wuchs in grossartiger Weise und im Jahre 1832 belief sich die Exportprämie bereits auf $18^1/_4$ Millionen Franken, wodurch mehr als die Hälfte des Zuckerzolles wieder zur Rückzahlung gelangte.

Das Gesetz vom 26. April 1833 änderte diesen Zustand in etwa, indem es bestimmte, das Rendement von 100 Kg. Rohzucker auf 70 Kg. Melis oder auf 73 Kg. Lumpenzucker und gemahlenen Zucker bei Berechnung der Rückvergütung anzunehmen, welche Zahlen im Mai 1834 auf 75 und 78% erhöht wurden. Trotz dieser erhöhten Rendementssätze blieb eine wesentliche Begünstigung der Raffinerieen immerhin bestehen und erfuhr erst dann eine merkliche Veränderung, als das Gesetz vom 2. Juli 1836 die Aufhebung der für Melasse bis dahin gewährten Exportprämie von frcs. 12 decretirte.

Inzwischen hatte die unbesteuerte französische Rübenzuckerindustrie immer grössere Fortschritte gemacht, so dass sie im Jahre 1836 eine Million Centner Zucker auf den Weltmarkt brachte und machte die so entstandene Lücke in den Staatseinnahmen eine Besteuerung auch des Rübenzuckers nunmehr zur gebieterischen Forderung. Dementsprechend wurde das Gesetz vom 19. Juli 1837 erlassen, welches die 100 Kg. Rübenrohzucker zum ersten Mal mit einer Steuer belegte, die vom 1. Juli 1838 frcs. 10 und vom 1. Juli 1839 ab frcs. 15 betragen sollte. Der Zoll für französischen Kolonialzucker blieb einstweilen unverändert mit frcs. 49,50 bestehen, bis in Folge der Reclamationen der Kolonieen durch das Gesetz vom 21. August 1839 der Zoll auf Kolonialzucker auf frcs. 33 ermässigt, dagegen die Steuer auf Rübenzucker auf frcs. 16,65 bis frcs. 20 nach Qualität erhöht wurde.

In Folge dieser Besteuerung gaben die meisten Departements des Landes die Rübenkultur wieder auf und wandten sich anderen steuerfreien Productionszweigen zu; allein im Jahre 1839 verschwanden 142 Fabriken und nur in einigen nördlichen Departements liess man sich durch die Steuer in der Fortsetzung und Ausbildung der Fabrikation nicht beirren. Obgleich die junge Industrie so in Frage gestellt schien, brachte dennoch die Regierung noch im nämlichen Jahre ein neues Gesetz ein, nach welchem die gleichmässige Besteuerung des Rübenzuckers und des französischen Kolonialzuckers herbeigeführt und die Höhe der Abgabe für beide frcs. 45 pr. 100 Kg. betragen sollte. In demselben Gesetz war der Rübenzuckerindustrie eine Entschädigung von 40 Millionen Franken zugedacht, da dieselbe bei Einführung dieser reformatorischen Bestimmung nach damaliger Auffassung einfach dem gänzlichen Untergang geweiht war.

Diese Vorlage wurde indessen im gesetzgebenden Körper nicht angenommen; dagegen wurde durch Gesetz vom 3. Juli 1840 der Zoll auf indische Zucker auf frcs. 45, die Steuer auf Rübenzucker auf frcs. 25 bestimmt, und zugleich die Rendementsziffer der Raffinerieen auf 70 und 73% festgestellt.

Durch diese Abänderung der zollgesetzlichen Bestimmungen konnte die Rübenzuckerindustrie sich immerhin noch am Leben erhalten. Die Folge davon war, dass die Regierung im Jahre 1843 das Verbot der Rübenzuckerfabrikation unter Entschädigung der bestehenden Fabriken direkt beantragte, um so den leidenden Kolonieen die bedenkliche Dimensionen annehmende Konkurrenz des neuen Industriezweiges aus dem Wege zu räumen. Die Industriellen wurden aufgefordert, sich über den Antrag der Regierung zu erklären, indem man ihnen die Aussicht auf die Alternative eröffnete, entweder die Fabrikation gegen Entschädigung aufzugeben oder weitere Steuer-Erhöhungen auf sich zu nehmen. Obwohl sich unter diesem Drucke von 366 bestehenden Fabriken etwa 300 für den Antrag der Regierung erklärten, fand derselbe beim Corps législatif dennoch keine Annahme und es kam zum Gesetze vom 2. Juli 1843, nach welchem der Zoll für Rübenzucker von 1844 ab jährlich so lange um frcs. 5 erhöht wurde, bis die gleichmässige Besteuerung mit dem Kolonialzucker herbeigeführt war, welches Stadium im Jahre 1847 eintrat.

Als sich mit der trotzdem zunehmenden Erweiterung der Rübenzuckerindustrie die Lage der französischen Kolonieen, zum Theil in Folge der 1848 durch die Republik proklamirten Sklavenemancipation immer mehr verschlechterte, wurde durch Gesetz vom 13. Juni 1851 dem Kolonialzucker eine Detaxe von 6 frcs. gegen den Rübenzucker zugestanden, und den von den jenseits des Kap belegenen Kolonieen Martinique, Guadeloupe u. a. stammenden Zuckern sogar ein Zollnachlass von 10 frcs gewährt.

Die einheimische Rübenzuckerindustrie überbot im Jahre 1850 die Kolonial-Einfuhr bereits um 25% und damals zuerst regte sich auch in Frankreich das Bestreben, der Bestimmung des Rendements eine zuverlässigere Grundlage zu geben. Der Vorschlag Arago's, den Zucker nach dem durch das Polarimeter zu ermittelnden Zuckergehalte zu besteuern, kam nicht zur Ausführung. Die Behörden erklärten ein solches Verfahren für unausführbar und ein Decret von 1856 bestimmte, dass ein quintal métrique, also 100 Kg. eines nicht weisser als das bei den Zollämtern deponirte Muster (type) befundenen Zuckers mit frcs. 45, Zucker von intensiverer Weisse mit frcs. 48 zu besteuern sei. Zugleich wurde eine neue Abänderung der Bestimmungen für Kolonialzucker vorgenommen. Zucker der Antillen zahlte frcs. 45, der von Réunion frcs. 42, jedoch mit einem Nachlass, der, mit frcs. 7 beginnend, sich jährlich um frcs. 1

verminderte und mit dem Jahre 1861 wegfallen sollte. — Das Rendement für Rohzucker wurde von 70 bezw. 73% auf 75 bezw. 80% erhöht und mit dem Jahre 1860 auf 76 und 80% festgestellt.

Schon in den vierziger Jahren war die Feststellung des zu versteuernden Quantums Rübenrohzucker in der Weise ermittelt worden, dass die Dichtigkeit des Saftes gemessen und darnach das Ausbringen von fertigem Zucker berechnet wurde. Zu solchem Zwecke wurde der Saft, nachdem er aus den zerkleinerten Rüben herausgepresst worden, in Pfannen oder Gefässe gelassen, welche vorweg geeicht und mit einer graduirten Scala der Flüssigkeitsmengen, die sie zu fassen vermochten, versehen waren. Die Beamten nahmen dann die Menge und Dichtigkeit des Saftes auf, indem letztere dabei durch ein Densimètre genanntes Instrument ermittelt wurde. Dasselbe besteht aus einer gläsernen Spindel, welche durch eine Scala von oben nach unten derart eingetheilt ist, dass die oberste Stelle der Scala (1000 bis 1100) dem Nullpunkte von 100 oder 100,0 (für reines Wasser) entspricht. Jeder Grad ist durch kleine Linien wieder in $^1/_{10}$ Grade getheilt und jeder Grad zeigt vom Nullpunkte ab bei der Anwendung eine Flüssigkeit an, die ebensoviel Procente schwerer als Wasser ist, als die auf der Scala verzeichneten Grade anzeigen. Für jeden von diesem Instrumente bei einer Temperatur von 15 Centigraden angezeigten Grad wurden nach einer Annahme Beaumé's, dass jeder Grad auf 1 Hektoliter 1400 Gramm Zucker enthielte, durch Gesetz vom 31. Mai 1846 dieses Volumen der Steuerberechnung zu Grunde gelegt.

Wenn auch im Allgemeinen der Zuckergehalt des Saftes mit dem specifischen Gewicht desselben in einem gewissen Verhältniss steht, so ist es doch längst erwiesen, dass dieses Verhältniss ein durchaus veränderliches ist und nicht allein von den in den Rübensäften enthaltenen variablen Mengen von Nichtzuckerstoffen und Salzen, sondern auch von anderen Zufälligkeiten abhängt, so, dass bei jener Annahme viele Rübenzucker producirende Gegenden Frankreichs, die aus den Rüben nur ein Ausbringen von 4% bis 5% Zucker haben, überlastet sind, während in anderen besser situirten Gegenden dieselbe Berechnung den Fabrikanten eine erhebliche Prämie lässt. Der französische Ingenieur Corenwinder hat aus den gesammelten Ergebnissen einer im regelmässigen Betriebe erhaltenen Fabrik folgende Zusammenstellung veröffentlicht, welche die Unzuverlässigkeit dieser Saftmessungsmethode nach der angenommenen Proportion an einem eclatanten Beispiele zur Genüge erweist. Es ergaben sich per Hectoliter des Rübensaftes vor der Scheidung folgende Resultate:

	Dichtichkeit des Saftes.	Besteuerter Zucker.	Gewicht des gekochten Syrups.	Gewicht des erhalt. Zuckers.
Während der Fabrikation bis zum 25. Dcbr.	4,25	5,950 Kg.	11,15 Kg.	7,02 Kg.
Vom 24. Dcbr. bis 12. Febr.	3,98	5,572 „	9,53 „	5,08 „
Differenz	0,27	0,378 Kg.	1,62 Kg.	1,94 Kg,

Während sich also betreffs der Besteuerung nur eine Verringerung von 0,378 Kg. ergiebt, beträgt dieselbe für den verkochten Syrup 1,62 Kg. und für den wirklich vorhandenen Zucker 1,94 Kg., also 6,35 % der ursprünglichen Menge nach der Dichtigkeit des Saftes und dem von der Verwaltung besteuerten Zucker, dagegen bis $14\frac{1}{2}$ % für den verkochten Syrup und $27\frac{6}{10}$ % für die wirkliche Zuckerausbeute.

Ausserdem war dieser Besteuerungsmodus ausserordentlich dazu angethan, zum Betruge zu reizen. Schon an sich hat das Messen des Saftes seine Schwierigkeiten und kann zu keinen genauen Ermittlungen führen. Vorher wird der Rauminhalt der Scheidepfannen festgestellt und dem Fabrikanten alsdann die beliebige Füllung dieser Gefässe gestattet, indem bei jeder Füllung ein Zehntel als Steigeraum in Abrechnung gebracht wird. Diese letztere Annahme ist natürlich keine constant zutreffende, und wenn der Fabrikant durch die in diesem Verfahren sich ergebende Differenz bei jeder Füllung auch nur eine kleine Menge des Saftes der Besteuerung entzieht, so ergeben die summirten Ziffern doch schliesslich erhebliche Beträge. Dazu kommt, dass die Messung des Saftes, natürlich sobald das Ergebniss des Densimêtre aufgezeichnet worden, nicht mehr zu kontroliren ist. Zumal dieser Umstand bildete die Ursache zahlreicher Betrügereien, welche von unehrlichen Fabrikanten im Einverständniss mit der Bestechung zugänglichen Beamten ausgeübt wurden, und denen erst ein Ende gemacht wurde durch die im Jahre 1852 eingeführte strenge Betriebskontrole, welche die Fabrikation durch alle Stadien bis zur Lagerung des fertigen Produktes begleitet und für die Industrie ebenso sehr eine Quelle unzähliger Vexationen und Störungen ist, als sie dem Fiskus einen Aufwand von enormen Kosten verursacht, die sich allerdings durch die grösseren Resultate der Steuer mehr als decken sollen! Die Kontrole hat das Ziel im Auge, die vorgenommene Saftmessung auf die am Schlusse der Verarbeitung sich ergebende wirkliche Ausbeute an Rohzucker zu prüfen. Ergiebt sich bei der wirklichen Ausbeute, dass dieselbe die besteuerte Menge überschreitet, so wird der Ueberschuss dem Fabrikanten belastet, ein geringeres Ergebniss durch entsprechenden Nachlass der Steuer berücksichtigt.

In Folge der eingeführten Kontrole zeigte sich von Neuem, wie unzutreffend die Formel war, auf welcher man bei der Saftmessung die Berechnung der Zuckerausbeute basirte. So trat im Campagnejahr 1857/58, als die Ernte eine Rübe von sehr schlechter Beschaffenheit geliefert hatte, zu Tage, dass die meisten Fabriken die nach der empirischen Formel berechnete Zuckermenge nicht erhielten, so dass dieselbe mit Decret vom 17. April 1858 auf 1300 Gramm herabgesetzt wurde, wogegen späterhin per Grad wieder 1400 Gramm in Anrechnung kamen. Im Jahre 1860 wurde den Fabrikanten freigestellt, die Steuer entweder nach dem Volumen des durch densimetrische Messung festgestellten Rübensaftes zu zahlen (fabriques abonnées), oder durch spezielle Beaufsichtigung sich der eventuellen Berichtigung jener Schätzung zu unterwerfen (fabriques non abonnées). Bis zur Feststellung des Betrages der auf die Saftmessung berechneten Abgabe wurde in beiden Fällen die gleiche Aufsicht geführt. Von da ab wurde es in den abonnirten Fabriken den Fabrikanten überlassen, in der weiteren Verarbeitung des Saftes, wie in der Raffinirung des Zuckers, nach Belieben zu verfahren. Die Abgabe wurde einfach nach der ermittelten Saftmenge angeschrieben und von einem Zuschlage wie von einer Ermässigung bei einem Ueberschuss oder einem Unterrendement der wirklichen Ausbeute abgesehen. Bei den nicht abonnirten Fabriken aber wurde die Aufsicht strenge fortgesetzt, indem die Abgabe von allen wirklich fabrizirten und das abgeschätzte Ergebniss übersteigenden Quantitäten angeschrieben, sowie umgekehrt, wenn das Produkt jenen Betrag nicht erreichte und nach Ueberzeugung der Beamten ein Unterschleif nicht angenommen werden konnte, ein entsprechender Nachlass gewährt wurde. Die zur Zeit der Klärung von den Beamten bewirkte Anschreibung galt für Rohzucker, welcher in denselben oder in besonderen Gebäuden raffinirt werden konnte. Im ersteren Falle wurde die Abgabe von dem raffinirten Produkt mit einem Zuschlag von 10 pCt. berechnet, im letzteren wurden die Rohzucker freigegeben. In den Raffinerieen, in welchen neben fremden auch einheimische Rohzucker zur Verarbeitung gelangten, musste über jede Gattung ein besonderes Conto geführt werden, aus welchem jeder Zeit der Betrag der der Staatskasse schuldigen Abgabe zu ersehen war; für fremden Zucker war natürlich vorher die Abgabe zu entrichten. Nur der in den speziell beaufsichtigten Fabriken (fabriques non abonnées) gewonnene Rohzucker konnte ohne Abgaben-Entrichtung direct ausgeführt oder zur späteren Ausfuhr im Entrepôt gelagert werden. Das betreffende Quantum wurde von dem Quantum in der Fabrik abgeschrieben, Abfertigungsscheine dafür ertheilt und diese durch die Bescheinigungen der Verschiffungsbeamten erledigt.

Diese Bestimmungen[1]) sind im Allgemeinen noch heute in Kraft.

Von der eingeräumten Befugniss der fabriques abonnées machten unter 331 Fabriken 31 Gebrauch. Da sich indessen herausstellte, dass diese wenigen günstig arbeitenden Fabriken dem Staate nachweislich einen Steuernachtheil von jährlich ca. 700,000 Frcs. verursachten, wurde das Abonnement im Jahre 1862 wieder aufgehoben und wurden sämmtliche Fabriken wieder unter Kontrole gestellt. Die Verwaltung dieser Steuer erforderte im Jahre 1862 einen Beamtenetat von

7	Inspectoren	mit Gehältern	von	je	Mark	3600—4800
2	Unter-Inspectoren	„	„	„	„	2800
40	Kontroleuren	„	„	„	„	2000—2400
240	Ober-Buchhaltern	„	„	„	„	1520—1760
356	Buchhaltern	„	„	„	„	1040—1360
757	Aufsehern	„	„	„	„	640—800
1402						

[1]) Die auf das Steuerverfahren bezüglichen hauptsächlichen Detailvorschriften finden sich im Anhange.

und belief sich die Gesammtausgabe an Gehältern für die Campagne 1862/63 auf Frcs. 2,115,700 = Mark 1,692,560.

Die Zollverhältnisse waren inzwischen durch verschiedene gesetzliche Verordnungen vom 29. December 1855 und 25. Juni 1856, sowie im Jahre 1861 neu regulirt worden, und lassen wir den französischen Tarif vom Jahre 1863, der Uebersichtlichkeit der verschiedenartigen Sätze wegen, nachstehend folgen.

Die Steuer für im Inlande gewonnenen Rübenzucker belief sich auf Frcs. 42 per 100 Kilogramm, für raffinirten Zucker (+ 10 pCt. Additionalsumme) Frcs. 46,20 per 100 Kilogramm.

Nach dem Gesetze vom 23. März 1852 war Zucker in Broden, Kandis und gestossener raffinirter Zucker, sowie solcher, welcher weniger als 1 pCt. fremde Stoffe, ausser Wasser, enthält, als raffinirter Zucker zu besteuern. Zur Richtschnur für die Beamten war ein Normalmuster adoptirt; in Fällen, wo die Steuerpflichtigkeit zweifelhaft war, wurde die Entscheidung den dem Ackerbau- und Handels-Ministerium beigeordneten Sachverständigen unterbreitet.

Folgende Abgaben wurden von raffinirtem Zucker per 100 Kilo erhoben, wenn solcher eingeführt war aus

Guiana und den Antillen in französischen Schiffen . . .	Frcs. 42,60
Die Einfuhr aus Guiana in fremden Schiffen war verboten, und auf dem aus den Antillen lag eine Additional-Abgabe von Frcs. 20 per Tonne.	
La Réunion in französischen Schiffen	„ 39,—
In fremden Schiffen wurde eine Additional-Abgabe von Frcs. 30 per Tonne erhoben.	
England in französischen oder englischen Schiffen . . .	„ 55,—
in anderen Schiffen	„ 60,20
Belgien in französischen oder belgischen Schiffen und zu Lande	„ 58,—
in anderen Schiffen	„ 63,40
anderer raffinirter Zucker in französischen oder belgischen Schiffen und zu Lande	„ 55,—
in anderen Schiffen	„ 60,20
aus anderen Ländern gänzlich verboten.	

Die Abgaben von dem in Frankreich eingeführten Rohzucker betrugen aus

	pro 100 Kilo.
Guiana und den Antillen	Frcs. 38,40
La Réunion	„ 34,80

	pro 100 Kilo.
Indien, in französischen Schiffen	„ 42,—
in fremden Schiffen	„ 45,—
Cuba, in französischen Schiffen	„ 42,—
in fremden Schiffen	„ 44,—
von auswärts: ausserhalb Europa,	
in französischen Schiffen	„ 42,—
in fremden Schiffen	„ 44,—
aus Entrepôts von Europäischen Plätzen, ohne Unterschied der Nationalität der Schiffe	„ 44,—

Die Fracht-Tonne (tonneau d'affrétement), nach welcher von den in fremden Schiffen eingeführten Waaren zum Schutz der nationalen Flagge eine Additionalabgabe gelegt war, kalkulirte sich nach dem Gewicht, welches die Quantität der betreffenden Waare in einer gewissen Form oder Verpackung für einen Raum von 1 Kubikmeter und 44 Kubikcentimeter einnahm, wofür folgender Tarif festgesetzt war:

Rohzucker oder Melasse	1000 Kilo.
Raffinirter Zucker in Broden,	
als Sturzgut	900 „
in Fässern oder Kisten	700 „
gestossener	1000 „
Kandis in kleinen Kisten	900 „
in Fässern	800 „

Die Zölle wurden fällig, sobald der Zucker direkt bei der Einfuhr oder aus dem Entrepôt in den Verbrauch überging, desgleichen die Steuern auf inländisches Fabrikat. Wurden die Abgaben zum Fälligkeitstermin baar entrichtet, so wurde eine Discontvergütung von 1% bewilligt, auf Wunsch wurde statt dessen dem Interessenten ein Credit von 4 Monaten eingeräumt.

Melasse zur Branntweinbrennerei wurde aus den Kolonieen in Guiana, den Antillen, Réunion und aus fremden Häfen Indiens, Südamerikas, Englands und Belgiens zollfrei, aus anderen Plätzen gegen eine Abgabe von Frs. 2,40 zugelassen.

Melasse zu anderen als Brennerei-Zwecken ging aus den Kolonieen in französischen Schiffen gegen eine Abgabe von Frcs. 11,76 pro 100 Kilo ein, in fremden Schiffen war die Einfuhr aus Guiana verboten, aus den Antillen und von La Réunion war dieselbe mit einer Additional-Abgabe von Frcs. 24 pro Tonne belegt.

Der Rückzoll wurde in den nämlichen Beträgen gewährt, welche für die Einfuhr, bezw. die Steuer des verwendeten Rohmaterials entrichtet waren.

Derjenige, welcher den Rückzoll in Anspruch nahm, musste die Zahlung der Abgaben durch Vorlegung der Eingangsbescheinigungen nachweisen. Da es aber unmöglich ist, zu controliren, von welcher Gattung Rohzucker der raffinirte Artikel hergestellt worden, so lag hier offenbar ein System vor, bei welchem der Defraude Thor und Thür geöffnet war, wenn die Restitution der von fremden Zuckern zu zahlenden hohen Abgaben in Anspruch genommen wurde, während der Artikel, für welchen der Rückzoll verlangt wurde, aus inländischen oder dem geringer besteuerten Kolonialzucker hergestellt war. Die Rendementsbestimmung vom Jahre 1860, welche das Ausbringen des Rohzuckers auf 76 bezw. 80% annahm, bestand noch. —

Aus diesem Stande der französischen Zollgesetzgebung ergiebt sich sehr klar, dass die Regierung der einheimischen bezw. der Kolonial-Industrie und besonders auch der französischen Schifffahrt einen erheblichen Schutz zuwandte. Für die Kolonialzucker waren im Uebrigen mit den Jahren steigende Zölle in Aussicht genommen, während, wie wir gesehen haben, die ausländische Waare, mit Ausnahme der englischen und belgischen, sowie die unter nicht französischer Flagge eingehende Waare entsprechenden Surtaxes unterlag. Den bedeutendsten Vortheil aus der Lage aber zogen wieder die Raffinerieen, welche, ohne Kontrole arbeitend, durch die Prohibition ausländischer Raffinaden gegen jede fremde Konkurrenz geschützt, noch den besonderen Nutzen in dem Umstande fanden, dass für Rohzucker nur ein einziger Zollsatz bestand. Die Raffinadeure kauften nur die reichhaltigsten Zucker, welche anstatt des gesetzlich angenommenen Rendements von 76% bis zu 94% Raffinade ergaben, und genossen auf diese Weise mittelst der Ausfuhrvergütung eine exorbitante Prämie, da sie ihnen gestattete, die über 76% ausgebrachten Zucker steuerfrei in den Konsum übergehen zu lassen, ein legaler Betrug, welcher den Staatsschatz um Millionen seiner Einkünfte brachte. Es konnte nicht ausbleiben, dass die französischen Staatsmänner zu der Erkenntniss gelangten, wie die bestehenden Bestimmungen nur dazu dienten, die Ausfuhr von raffinirtem Zucker durch ein aus den Staatseinkünften dargebrachtes Opfer zu begünstigen. Der Generaldirektor der Douanen Frankreichs, Barbier, der frühere Handelsminister Buffet und Thiers sprachen sich wiederholt über den bestehenden Missbrauch aus und betonten öffentlich, dass derselbe zur Defraude reize und eine demoralisirende Wirkung ausübe. Diese Erkenntniss und das Bestreben, die in den Rückzöllen liegenden Prämien zu beschränken, führten im Jahre 1863 zu den von Frankreich angeregten Verhandlungen der sogenannten 4 Konventionsstaaten Frankreich, England, Belgien und Holland und zu jenen wiederholten Konferenzen, denen wir ihres hohen Interesses wegen ein besonderes Kapitel widmen. Aus dieser Darstellung, auf welche wir hier verweisen, ergiebt sich, dass der Hauptzweck jener Vereinbarungen, das Uebermaass der Ausfuhrvergütungen, die Prämien der Raffinaden zu beseitigen und für die Ausfuhr von Zuckern aus jenen Ländern ein den Grundsätzen der Handelsfreiheit mehr entsprechendes System anzubahnen, keineswegs erreicht wurde.

Der Grund dieses Misserfolges ist hauptsächlich in der seit der Konvention adoptirten Abschätzung der Zucker nach Farbentypen zu suchen, welche nach den in Köln angestellten Versuchsarbeiten eingeführt wurde, indem man nach dem Ergebniss der letzteren für Zucker nach dem holl. Standard

No. 20	bis	15	ein	Rendement	von	94%
„ 14	„	10	„	„	„	88%
„ 9	„	7	„	„	„	80%
	unter	7	„	„	„	67%

feststellte.

Mit dieser Bestimmung war ein neues Mittel zur Defraude im grössten Maassstabe gegeben, indem es ein leichtes ist, durch entsprechende Behandlung der Zucker mit Knochenkohle oder durch Zusatz einer Karamelllösung in der Centrifuge den Zuckern eine andere Färbung zu geben, ohne den Saccharose-Gehalt derselben irgendwie zu ändern, so zwar, dass es möglich wurde Zucker von No. 20 bis 15 zu der Type von No. 7 und darunter zur Verzollung zu bringen. Natürlich profitirten von dieser Umgehung wiederum fast ausschliesslich die Raffinadeure, welche nur in geringem Maass den Rohzuckerfabrikanten einen Preisaufschlag für dunkler gefärbte Zucker zukommen liessen. Wie sehr die französischen Raffinerieen diesen Vortheil wahrzunehmen verstanden, beweist die Thatsache, dass in Paris allein 8 der grössten Raffinerieen entstehen konnten, welche täglich circa 19,000 Centner Zucker verarbeiten. Dieses unnatürliche Verhältniss hat denn auch im Laufe der Jahre zu den heftigsten Reclamationen in den Kammern, wie seitens der Rohzucker-Fabrikanten Veranlassung gegeben, ohne bisher Erfolg zu haben, da die von der Regierung intendirte Betriebskontrole der Raffinerieen (l'exercice) bis heute nicht zur Einführung gelangt ist. Zu den im Typensystem selbst wurzelnden Mängeln ist im Laufe der Zeit noch der getreten, dass die der Einschätzung zu Grunde liegenden Normalmuster sich verändert haben. Bis zum Jahre 1870 war die vorgegangene Veränderung dieser Muster trotz des guten Zustandes der Flaschen eine so bedeutende, dass ein Unterschied bis zu 2 Nummern der holländ. Scala zum Vorschein kam. Dieser Mangel wurde erst bemerkt, als sich im Export nach dem Mittelmeer eine grossartige Einbusse der französischen Industrie gegen Holland fühlbar machte, indem der Unterschied der genaueren Typen und der milderen Praxis der holländischen Behörden einer Prämie von 8 — 10% der Steuer in den französischen Kammern gleichgeschätzt wurde. Im Jahre 1871 wurden in Folge dessen die beim Handelsministerium deponirten Typen ausgewechselt, die veränderten Typenmuster aber nur in Paris aufbewahrt und dadurch das Verhältniss der Rohproducenten der Provinz zu den in Paris domicilirten Raffinadeuren zum Nachtheil der ersteren ganz erheblich verschoben. Der Deputirte für das Département du Nord, Rotours, beleuchtete s. Z. in der Kammer die Wirkungen dieser Verschiebung in handgreiflicher Weise: Beim Zuckerverkauf in der Provinz, führt er aus, stellt der Zollbeamte die Klasse nach den alten Typen fest, die immer sehr hoch ausfällt; mit der Höhe der Zollklasse musste aber der Zuckerpreis ermässigt werden. Kommt nun der Zucker nach Paris, so erklärt der Raffineur-Käufer beim Ministerium: „Mein Zucker ist übertaxirt, ich verlange Entschädigung nach den neuen Typen", die in der Provinz niemand kannte. Die Kommission entschied in diesen Fällen in der Regel dem Antrage gemäss, das Rendement wurde herabgesetzt und so die Ausfuhrprämie des Raffinadeurs vermehrt. Wer verlor dabei? der Staat und der Rohzuckerfabrikant. Vom März 1871 bis Juli 1872 wurde allein für 56,370,000 Kilo Déclassement in der angegebenen Weise verlangt und für 44,176,800 Kilo wirklich zugestanden, freilich habe man, fährt Rotours fort, inzwischen eine Uebergangsbestimmung, die Titrage (die Abschätzung des Zuckers nach dem Aschengehalt), eingeführt, welche aber wieder neue Methoden der Zollumgehung dem Raffinadeur gewähre, der einfach dem zu verarbeitenden Zucker Asche bildende Substanzen zusetzen lässt. So kommt Rotours zu dem Schluss, „dass nur die Besteuerung des consumirbaren Fabrikats im Augenblick des Uebergangs in den Konsum unter gleichzeitiger Einführung einer Betriebskontrole der Raffinerieen die bestehenden Mängel beseitigen könne."

Die Regierung muss diese Mängel sehr wohl erkennen, allein es hat den Anschein, als wenn die Förderung der Raffinationsindustrie von ihr als der Kernpunkt der ganzen Frage betrachtet werde. Diese aber hat in der Kunst, mehr Zucker zu gewinnen, als wofür sie belastet wird, seit langer Zeit enorme Fortschritte gemacht und ist in den letzten Jahren noch mehr gereizt worden durch den Gewinn, welchen die bedeutende Erhöhung der Steuern ihr bei der Ausfuhr gewährte. Die Einführung des „Exercice" hat sie aber bisher durch den Einwand von sich abzuwehren gewusst, dass dadurch Frankreichs Raffinadeure auf dem Markte Englands, welches keine Steuern auf Zucker erhebt, gegenüber der ausfuhrbegünstigten österreichischen Konkurrenz geschädigt werde, wobei allerdings wohlweislich verschwiegen wird, dass 538 Rohzuckerfabriken und 14 Saftmelisfabriken seit Jahren unter dem Régime des Exercice arbeiten und mit Oesterreich sehr wohl konkurriren. Nur die wenigen Raffinerieen geniessen den Vorzug von der Betriebskontrole frei zu sein, und benutzen die günstige Gelegenheit Millionen über Millionen auf Kosten des Landes einzusäckeln. Neben all' diesen Vortheilen für die französischen Raffinadeure sind auch diejenigen nicht zu unterschätzen, welche darin liegen, dass die Steuer für den Konsum nur 2 Klassen mit No. 7—12 und No. 13—20 kennt, während die Exportvergütung 4 Klassen mit den Rendements von 67, 80, 88 und 94 % umfasst. Dazu kommt die sogenannte admission temporaire, d. h. man kann den Rohzucker für den Konsum bestimmen, wobei dann für die

Steuer eine viermonatliche Obligation ausgestellt wird, oder man kann ihn nur zur zeitweiligen Zulassung anmelden, wobei nach 2 Monaten entweder ein entsprechendes Quantum raffinirter Zucker ausgeführt sein oder die Konsumsteuer bezahlt werden muss. Dabei ist nicht nöthig, dass der Anmeldende den Zucker raffinirt oder ausführt, vielmehr sind die bei der Anmeldung ertheilten certificats de sortie verkäuflich. Meldet z. B. ein Raffineur 1000 Kilo Zucker No. 7—9 zur zeitweiligen Zulassung an, wofür er (nach den Sätzen pro 1872) à Frcs. 63 Steuer mit Frcs. 630 belastet wurde, so meldet er gleichzeitig 1000 Kilo No. 20 für den Kosum an und bezahlt dafür in einer viermonatl. Obligation Frcs. 675. — Aus letzteren gewinnt er 98% = 980 Kilo, exportirt davon 800 Kilo zur Deckung seiner Belastung für angemeldete 1000 Kilo Nr. 7—9 und behält für die Differenz zwischen gezahlten Fr. 675 und compensirten Fr. 630 also für Fr. 45: 180 Kilo raffinirten Zucker steuerfrei, welcher zu Fr. 70,50 Steuer für raffinirten Zucker Fr. 126,90 tragen würde, so dass der Raffinadeur zum Nachtheil des Staates auf diese Weise bei nur 2000 Kilo Fr. 81,90 profitirt. — Dieses Missverhältniss ist auch noch bestehen geblieben, als nach der, auf Antrag der französischen Rohzuckerfabrikanten über Einführung einer Konsumsteuer im Jahre 1872 von der Regierung vor dem oberen Rathe für Handel, Landwirthschaft und Gewerbe unter dem früheren Finanzminister Pouyer-Quertier angeordneten, Enquête, seit dem 1. Mai 1876 die Klassifikation der Zucker nicht mehr nach der Farbe sondern nach dem saccharimetrisch ermittelten Zuckergehalt vorgenommen wird.

Diese Methode ergiebt aber auch, wie wir schon an anderer Stelle hervorhoben, ein keineswegs zuverlässiges Resultat und namentlich bleibt die Differenz in der Besteuerung zwischen Konsum- und Exportzucker vermittelst der admission temporaire nach wie vor wirksam.

Die französischen Rübenzuckerindustriellen haben ihrerseits alles Mögliche gethan, um die einseitige Begünstigung der Raffinerieen zu beseitigen. Am 22.—24. Mai 1876 fand zu Arras ein Kongress der französischen Fabrikanten statt, welcher erklärte, dass die mehr oder weniger versteckten Prämien bei der Ausfuhr raffinirter Zucker ein der Zuckerfabrikation, wie der Landwirthschaft schädliches Monopol bilden, dass das Fortbestehen des provisorischen Zustandes der Gesetzgebung Ungewissheit und Verwirrung in den Zuckerhandel bringe, dass der Saccharimeter wohl die Zusammensetzung des Zuckers zeige, aber eben so wenig, wie ein anderes Instrument den genauen Raffinationswerth des Zuckers zu bestimmen ermögliche, sowie endlich, dass eine zu hohe Steuer den Konsum erschwere. Der Kongress verlangte demgemäss:

1. eine definitive Gesetzgebung, welche keinen Prämien Raum lässt,
2. Betriebsüberwachung der Raffinerieen durch die Kontrole mittelst Saccharimeter,
3. bei neuen Handelsverträgen für die Zuckerindustrie vollständige Gleichheit mit anderen Ländern, — und
4. Ermässigung der Steuer.

Diese Forderungen blieben bisher ohne practische Wirkung. Wohl aber wurde das régime der admission temporaire auf die Zucker aus überseeischen Ländern beschränkt und für die sämmtlichen Rohzucker aus den Conventionsstaaten wieder eine Surtaxe von Fr. 2, —, für oesterreichische Zucker sogar eine solche von Fr. 3,60 eingeführt.

Das im Allgemeinen noch heute massgebende Gesetz für die Behandlung des Zuckers ist das Gesetz vom 7. Mai 1864 (Mon. No. 135), dasselbe bestimmte, dass vom 15. Juni 1864 ab die Zölle für Zucker einschliesslich der décimes wie folgt festgestellt sein sollte

Zucker, roher, ohne Unterschied der Provenienz, unter No. 13	per 100 Kilo frcs. 42
von No. 13 bis No. 20 incl.	„ „ „ „ 44
dem raffinirten gleichgestellter weisser Zucker über No. 20	„ „ „ „ 45
raffinirter aus den inländischen Fabriken und jenen der franz. Kolonieen	„ „ „ „ 47

Die Typen No. 13—20 sind mit der Reihenfolge der Pariser Typen übereinstimmend normirt. Die französischen Kolonieen der Insel Réunion und der Antillen genossen vom 15. Juni 1864 ab bis 1. Januar 1870 eine Begünstigung von 5 frcs. pr. 100 Kilo einschliesslich der Decimen; die auf fremden Schiffen aus Ländern ausserhalb Europa's eingeführten Zucker, sowie die aus den Ländern und Entrepôts in Europa eingeführten

Zucker sind ohne Unterschied der Art der Beförderung einem Zuschlage von frcs. 2 pr. 100 Kilo unterworfen. Die den Fabriken inländischen Zuckers durch Art. 4 des Gesetzes von 1860 zugestandene Begünstigung des Abonnements ist aufgehoben; ebenso ist die zur Zeit bestehende Bestimmung über den Rückzoll aufgehoben.

Nicht raffinirte Zucker geniessen die Berechtigung zur zeitweisen zollfreien Zulassung (admission temporaire en franchise) nur unter der Bedingung: dass sie für die Ausfuhr raffinirt werden und ist für den betreffenden Zollbetrag Sicherheit zu bestellen. Ueberdies sind die Operationen binnen einer Frist von höchstens 4 Monaten entweder durch Ausfuhr zum Raffiniren oder dadurch zu beendigen, dass eine Menge raffinirten Zuckers, welche den hier festgesetzten Ergebnissen entspricht, zur Niederlage gebracht, oder endlich dadurch, dass die Zölle und Zuschläge gezahlt werden, mit denen die eingelieferten Rohzucker belegt sind. Wenn die ausgeführten raffinirten Zucker von Indien herstammen, welche auf einem fremden Schiffe eingeführt wurden, so haben die Einlieferer sofort bei der Ausfuhr oder bei der Lagerung in's Entrepôt die Hälfte des Flaggenzuschlages zu zahlen.

Das Ergebniss (rendement) der nach der Raffination zur Ausfuhr bestimmten Zucker wird für jede 100 Kg. Rohzucker nach den angeführten Typen wie folgt normirt:

Zucker jeder Abkunft

unter No. 10	
an Meliszucker oder quatre cassons oder Kandis . . .	78 Kilo
an Lumpen- und weissem Stampfzucker	79 -
von No. 10 bis 13 excl.	
an Meliszucker oder quatre cassons oder Kandis . . .	80 -
an Lumpen- und weissem Stampfzucker	81 -
von No. 13 bis 16 incl.	
an Meliszucker oder quatre cassons oder Kandis . . .	83 -
an Lumpen- und weissem Stampfzucker	84 .

Bastardzucker (vergeoises) von No. 13 und höher werden unter Abtragung der durch die zeitweilige Zulassung übernommenen Verbindlichkeit nach der Proportion von 105 Kilo zu 100 Kilo Rohzucker zur Ausfuhr zugelassen. Kolonial- und ausländische Zucker werden nur dann zur Raffinirung zugelassen, wenn sie unmittelbar zur See aus Ländern ausserhalb Europa's eingeführt werden. Raffinirte Zucker, welche nach diesen Bestimmungen zur Niederlage gebracht oder aus derselben für den Konsum wieder entnommen werden, haben den Zoll zu entrichten, welcher auf dem Rohzucker, aus dem sie stammen, ruht und zwar nach den Quantitäten, welche bei der zeitweisen Zulassung eingeliefert worden sind. Die Zollerstattung bei der Ausfuhr von raffinirtem Zucker erfolgt unter Zugrundelegung des Tarifs und nach den in den frühern Gesetzen bestimmten Ergebnissen, sobald die Zahlung dieser Zölle nachgewiesen wird, und zwar durch Quittungen, welche vor Bekanntmachung dieses Gesetzes ausgestellt und nicht 4 Monate rückdatirt sind. Raffinirter inländischer Zucker, welcher noch nicht in den Verkehr übergegangen und sich zur Zeit der Wirksamkeit dieses Gesetzes noch in den Magazinen oder Raffinerieen oder im Stadium der Verarbeitung befindet, hat einen Zoll von frcs. 47 pr. 100 Kilo zu zahlen.

Vorstehende Gesetze waren unter dem Eindrucke der Verhandlungen der Conventionsstaaten entstanden, denen dann am 8. November der Abschluss der sogenannten internationalen Zuckerkonvention folgte. Frankreich wusste sich der Durchführung derselben fortwährend zu entziehen, wie wir dies sehen werden und dekretirte weiter und ohne Rücksicht auf deren Bestimmungen. Bereits im Jahre 1868 erfloss ein Dekret vom 7. Novbr. (Mon. No. 318), wonach Frankreich bis 31. Dezbr. 1869 von den Vertragsstaaten als Einfuhrszoll für deren raffinirten Zucker frcs. 48,85 pr. 100 Kilo entnahm, welcher Zoll dem mittleren Steuersatz auf Rohzucker bei einem Rendement von 88 pCt. entspricht, und mit Dekret vom 9. Novbr. 1868 (Mon. 319) wurde der Zoll für Kandis und gleiche Qualitäten auf frcs. 52,25 pr. 100 Kilo normirt.

Im Jahre 1871 am 8. Juli (Journal officiel No. 190) und wohl nur in Folge des Krieges wurden die Zölle auf Zucker jeder Provenienz um drei Zehntel erhöht, die aus sogenannter erschöpfter (épuisée) Melasse durch Baryt gewonnenen Zucker einem Zoll von frcs. 15 pr. 100 Kilo, desgleichen die nicht zur Destillation bestimmten Melassen von 50 pCt. oder weniger einem Zoll von 18 frcs. 60 cent. und der Traubenzucker einem solchen von frcs. 10 pr. 100 Kilo unterworfen. Durch Dekret vom 17. Januar 1872 (Journal officiel No. 22) wurden die durch obiges Dekret stattgehabten Erhöhungen auf Zucker und Traubenzucker um weitere zwei Zehntel erhöht und eine Abgabe von 10 cent. pr. 1000 Kilo normirt.

Mit Dekret vom 30. Dezbr. 1873 (Journ. officiel No. 358) wurden die nach den bestehenden Gesetzen den Decimen bereits unterliegenden Abgaben und Auflagen aller Art, „ausserordentlich und zeitweilig," erhöht und zwar um 4 pCt. des vollen gegenwärtigen Abgabensatzes beim Zucker, Uebertretungen der gesetzlichen und reglementairen Bestimmungen in Betreff der Erhebung der Abgaben vom inländischen Zucker und von Glucose wurden gleichzeitig mit Geldstrafen von 1000—5000 frcs. im Wiederholungsfalle von frcs. 10000 und mit Konfiskation der fabrizirten Zucker, Glucose, Syrup und Melasse, welche frauduloser Weise verheimlicht oder bei Seite gebracht oder versendet wurden, bedroht. Bei frauduloser Einfuhr sollten dieselben Strafen eintreten, und zu dem die Einfuhren auch anderer als der Erzeugungsländer mit einer Entrepôt-Surtaxe von frcs. 5 pr. 100 Kilo belegt werden.

Während dann die Verhandlungen der zweiten internationalen Konvention begannen, finden wir auch allsogleich ein franz. Dekret vom 21. März 1874 (Journal off. No. 80), welches auf, nach sehr erregten Debatten erfolgten Antrag der Nationalversammlung im Art. 8 besagt, dass spätestens vom 1. Juli 1875 die Raffinerieen den Betriebskontrolen unter denselben Bedingungen wie die Zuckerfabriken unterworfen sein sollen. Wie aber die Verhandlungen, welche 1875 in Brüssel stattfanden, nicht gleich einen entscheidenden Charakter hatten, dekretirt Frankreich sofort am 29. Juli 1875 (Journal off. No. 209), dass die durch obiges Gesetz beabsichtigte Kontrole erst am 1. März 1876 in Kraft zu treten habe und dass die bis dahin bestehende Norm, wie sie die Gesetze vom 7. Mai 1864, 8. Juli 1871, 22. Januar 1872, 30. Dezbr. 1873 regelten, in Geltung zu bleiben habe. Gleichzeitig aber wird festgestellt, dass die betreffenden Amtsstellen schon jetzt befugt sein sollten, für den Fall ihnen die Besonderheit der äusseren Erscheinung (nuance) des Zuckers mit dessen wirklichem Ausbringen nicht zu harmoniren scheine, die definitive Klassirung des Zuckers mittelst des „saccharometrischen" Verfahrens vorzunehmen, und sollten die gleiche

Art der Untersuchung im selben Falle umgekehrt auch die Fabricanten und Raffineure verlangen können.

Die zweite internationale Konvention wurde endlich am 11. August 1875 vorläufig unterzeichnet, dann aber in Folge des Widerstandes der 2. Kammer Hollands nicht ratificirt. Bevor die Nichtratificirung Thatsache war, erliess Frankreich durch das Gesetz vom 6. Januar 1876 (Journal officiel No. 6) folgende neue Bestimmungen, die zum grössten Theil im Einklang mit den der Ratifikation unterbreiteten Bestimmungen der Konvention standen.

Vom 1. März 1876 sind die Abgaben auf den in Verbrauch übergehenden Zucker, Decimen und Halb-Decimen inbegriffen, die folgenden:

Zucker jedes Ursprungs, Raffinirter Zucker, Kandis-, Hutzucker, gemahlener, gepresster Zucker, sucres tapés, Zucker in krystallisirten Körnern nach Typen oder in Klumpen	pro 100 Kilo	Frs. 73,50.
Roher, in Form weisser Pulver und anderer, Bastardzucker, von jedem Grade absoluten Gehaltes	„	„ 71,50
Melasse aus den Fabriken der Raffineure u. s. w.	„	„ 10.—

Die Verbrauchsteuer auf Glucose wird auf Frs. 20 pro 100 Kilo fixirt. Frei von jeder Abgabe sind die zur Ausfuhr gelangenden Glucosen und Melassen, sowie diejenigen, welche in der Fabrik nicht zur Herstellung von Genussmitteln verwendet oder in solche Produkte umgewandelt werden, welche der Besteuerung unterliegen.

Der in Betreff des durch die Behandlung mit Baryt oder anderweitige Prozeduren aus Melasse hergestellten Zuckers festgestellt gewesene Steuermodus ist abgeschafft. Als Melasse werden nur die flüssigen Rückstände der Fabrikation und Raffinerie des Zuckers betrachtet; dem Rohzucker dagegen alle jene Materien gleichgestellt, welche mehr als 50% krystallisirten Zucker enthalten oder mehr als 70% absoluten Zuckergehalt haben (Glucose inbegriffen) und deren Gewicht bei einer Temperatur von 15° nicht unter 1383 Gramm pro Liter ist.

Der zum Raffiniren bestimmte Rohzucker wird zunächst mit einem Minimum besteuert, nach seinem muthmasslichen Ergebniss bei der Raffinerie. Dies Ergebniss wird gemäss der Grundlagen berechnet, welche ein besonderes Reglement feststellen wird. Die Steuerhebung erfolgt im Verhältniss von Frs. 73,50 für 100 Kilo raffinirten Zucker, und zwar entweder in den Zollämtern oder in den Hebestellen der indirekten Steuer je nach Konvenienz. Die auf diese Weise eingegangenen Beträge verbleiben der Staatskasse, welches auch das Rendement sei. Die Abgaben können in verbürgten Tratten von 2 oder 4 Monaten geleistet werden, auf 2 Monate werden keine Zinsen, auf 4 Monate nur Zinsen für 2 Monate berechnet. Der gemäss Art. 3 des Gesetzes vom 15. Februar 1875 zu machende Abzug darf $^1/_3\,\%_0$ bei 4 Monaten, $^1/_6\,\%_0$ bei 2 Monaten nicht übersteigen. Beim Ausgange aus den Raffinerieen werden die Abgaben in Gemässheit des Art. 1 gegenwärtigen Gesetzes endgültig liquidirt. Auf den Betrag dieser Liquidation wird, war das Minimum gebührend abgerechnet, falls dasselbe den kreditirten Betrag übersteigt, der Rest baar bezahlt oder durch Tratten sichergestellt. Die Abgaben auf die dem Konsum übergebenen Melassen werden in gleicher Weise behandelt. Beim Ausgange von Kandis aus den Raffinerieen werden besondere Certifikate ausgehändigt, gegen welche das auf den fernerhin in die Raffinerie gelieferten Rohzucker anwendbare Gehaltsergebniss um eine Quantität von 7 % des Gewichts des in diesen Certifikaten erwähnten Zuckers herabgemindert wird.

Das durch Art. 5 des Gesetzes vom 7. Mai 1864 eingeführte Verfahren der zeitweiligen zollfreien Zulassung ist abgeschafft. Bei der Ausfuhr raffinirten Zuckers liefert die Zollbehörde ein Ausgangs-Certifikat, welches dessen Natur, Gewicht und Zuckergehalt nachweist. Die nicht über 2 Monate alten Certifikate werden sowohl bei der Bezahlung der Zuckersteuer, als bei der Bezahlung der Tratten angenommen in Kompensation eines Betrages, der demjenigen der Steuer gleich ist, welche das ausgeführte Produkt entrichtet haben würde, wenn es in den Konsum übergegangen wäre. Reglements werden die Verpflichtungen der Fabrikanten und Raffineure normiren, sowie die verschiedenen Bedingungen der Steuerbehandlung feststellen, je nachdem es sich um Raffinerieen, Saftmelis-Fabriken, Zucker-Fabriken oder Anlagen handelt, in denen aus Melasse Zucker hergestellt wird. Diese Reglements bestimmen das Minimum der obligatorischen Rendements, so wie die auf den Ankauf und den Umsatz des Zuckers und zuckerhaltiger Stoffe bezüglichen Bedingungen und Formalitäten. Sie bestimmen ausserdem die Produkte, welche in den Fabriken und Raffinerieen aufgenommen werden können, diejenigen, welche aus denselben zur Versendung kommen dürfen, so wie die unterscheidenden Eigenschaften dieser Produkte und die Verfahrungsarten, mittelst deren der Gehalt der Zuckersorten und zuckerhaltigen Stoffe nachgewiesen wird.

Die alternativen Bestimmungen dieses Gesetzes normiren dass, im Falle die am 11. August 1875 in Brüssel geschlossene Konvention nicht ratifizirt werden sollte und so lange sie nicht ratifizirt ist, auch nach dem 1. März 1876 die Erhebung der Abgaben in Gemässheit des Gesetzes vom 29. Juli 1875 zu erfolgen habe. In diesem Falle, der also eingetreten ist und überhaupt vom 1. März 1876 ab, wenn nach Art. 3 des Gesetzes vom 29. Juli 1875 das saccharimetrische Verfahren zur Anwendung kommt, erfolgt die Klassifizirung des Zuckers gemäss folgender Aufstellung. Zur Zahlung der Verbrauchsteuer werden klassifizirt:

Als unterhalb No. 13 der Scala der Pariser Typen stehend der Zucker	bis 91 Grad excl.
Als von No. 13 incl. bis No. 20 incl. . . .	von 91 bis 98 Grad excl.
Als weisses Zuckermehl	„ 98 Grad und mehr.

Betreffend die zeitweilige zollfreie Zulassung:

I. Klasse No. 15 bis No. 18 incl. begreift Zucker von	92 Grad incl. bis 98 Grad excl.
II. Klasse No. 10 bis No. 14 incl. .	85 Grad incl. bis 92 Grad excl.
III. Klasse No. 7 bis No. 9 incl. .	76 Grad incl. bis 85 Grad excl.
IV. Klasse unter No. 7.	weniger als 76 Grad.

Die Einlieferung einheimischer Zucker einer höheren Stufe als No. 18 (weisses Mehl incl.), zur zeitweiligen zollfreien Zulassung, können durch die Ausfuhr raffinirten Hutzuckers nach Massgabe eines Ergebnisses von 97 pCt. ausgeglichen werden. Dasselbe gilt für aussereuropäischen Rohrzucker der nämlichen Qualität.

Auf Grund aller dieser Gesetze beträgt somit die Verbrauchsteuer für

Rohzucker jeden Ursprungs unter No. 13	Frs.	65,52.
von No. 13 bis No. 20	„	68,64.
dem raffinirten gleichgestellten Zucker, weisses Zuckermehl	„	70,20.
Zucker in den Rübenzucker-Fabriken und in den franz. Kolonieen raffinirt	„	73,32.
Zucker aus erschöpfter Melasse durch Baryt und andere Prozeduren gewonnen	„	26.—
Melassen zur Destillation nicht bestimmt, mit 50% Zuckergehalt	„	19,34.
Traubenzucker	„	11,44.

Die Rückvergütung ist der Verbrauchs-Abgabe entsprechend.

Der franz. Zolltarif stellt folgende Einfuhrzölle fest:

Zucker, roh, Rübenzucker aus England, Belgien, Holland							
unter No. 13	pro	100 Kilo	Netto	Frs.	65,52.	
von No. 13 bis No. 20	„	„	„	„	68,64.	
Aus andern Vertragsstaaten						
unter No. 13	„	„	„	„	68,64.	
von No. 13 bis No. 20	„	„	„	„	71,76.	
Ueberdies zahlen diese letzteren und auch Belgien eine Surtaxe				„	2.—	
Oesterreich eine Surtaxe				„	3,60	+ 4%.
Zucker, roh, Rohrzucker						
unter No. 13	pro	100 Kilo	Netto	Frs.	68,64.	
No. 13 bis No. 20	„	„	„	„	71,76.	
Zucker raffinirt oder dem raffinirten gleichgestellt						
Aus Oesterreich				verboten.		
Aus England, Belgien, Holland				„		
Kandis-	pro	100 Kilo	Netto	Frs.	81,56.	
Anderer Zucker	„	„	„	„	76,18.	
Aus andern Vertragsstaaten .	„	„	„	„	85,83.	
Melasse zu Destillationszwecken aus Oesterreich .	„	„	„	„	3.—	
Aus andern Ländern .	„	„	„	„	frei.	
Zu andern Zwecken						
Aus Oesterreich mit 50 % oder weniger	„	„	„	„	21,45	+ 4%.
mit mehr als 50 % Zuckergehalt	„	„	„	„	66.—	
Aus Belgien, England, Holland						
bei 50% oder weniger . .	„	„	„	„	21,45.	
mehr als 50%	„	„	„	„	63.—	
Aus andern Vertragsstaaten .	„	„	„	„	21,45.	
mehr als 50%	„	„	„	„	66.—	
Syrup. Europäischer . . .	„	„	„	„	66.—	
Aussereuropäischer .	„	„	„	„	63.—	

Bei dem französischen hohen Steuersatze (155 pCt. höher als der deutsche), welcher den Raffinadeuren natürlich auch eine entsprechend höhere Exportprämie zukommen lässt, bleibt eine unnatürliche Ausdehnung der Raffinerieen die Folge, welche sich auf fremden Märkten durch Zuschüsse aus den eigenen Staatskassen bekämpfen, um diese Zuschüsse den Konsum der anderen Länder verwohlfeilern und so die unnatürlichsten Verhältnisse auf dem Zuckermarkt hervorrufen.

Indem wir uns einer weiteren Schlussbetrachtung über das Französische Zoll- und Steuersystem enthalten und in dieser Beziehung auf den folgenden Abschnitt verweisen, begnügen wir uns an dieser Stelle mit einem einfachen, nur auf die Schilderung von thatsächlichen Verhältnissen beruhenden Nachweis. Wir glauben aber, dass dieser Nachweis schon genügend für sich selbst spricht, um zu zeigen, dass das französische Zoll- und Steuersystem und seine Handhabung durch die französische Regierung, den Anforderungen nicht entspricht, welche man an einen gesunden, alle Theile befriedigenden Steuermodus zu stellen berechtigt ist.

4. Belgien.

In Belgien wurde der bis zum Jahre 1830 für die Niederlande seit dem 21. Mai 1819 bestehende Eingangszoll auf fremden Zucker mit herübergenommen. Der Zoll brachte nicht sehr viel, im Jahre 1834 belief sich der Betrag auf Frcs. 986,209,—, welche Summe nicht viel mehr als die Erhebungskosten deckte. Damals wurde denn auch in den Kammern ein Antrag auf Abschaffung des Zolles gestellt, welcher indessen durch die Bemühungen der Raffinadeure nicht zur Annahme gelangte. Der Zoll betrug derzeit Frcs. 38 pr. 100 Kilo und wurde bei der Ausfuhr von Raffinade eine, dem beim Raffiniren entstehenden Verluste entsprechende, Bonifikation erstattet. Bei dem mangelnden Anhalte für die Rendementsberechnung war schon damals wahrzunehmen, dass bei den getroffenen Bestimmungen der Raffinations-Industrie ein gewisser steuerfreier Ueberschuss verblieb. Es betrugen nämlich im Jahre 1830—40 bei einem Konsum von 11,500,000 Kilogr. die Zolleinnahmen für Zucker nur Frcs. 1,525,000, (während dieselben im Jahre 1860—70 bei einem Konsum von 16,500,000 Kg. sich auf 6,500,000 Frcs. beliefen). Inzwischen war der Rübenzucker auch in Belgien aufgetreten, welcher sich unter dem Schutz des Eingangszolles bald einbürgerte, den Markt des fremden Zuckers drückte und wie überall die Einnahmen der Zollkasse erheblich verminderte. Im Jahre 1843 wurde zuerst durch Gesetz vom 4. April der Rübenzucker mit Frcs. 20 besteuert, und der Zoll für fremde Rohzucker auf Frcs. 45 erhöht. 1846 wurde die Steuer des einheimischen Rübenzuckers auf Frcs. 30, 1847 auf Frcs. 34 und 1848 auf Frcs. 40 festgesetzt.

Bei der Einführung dieser Steuer wurde, wie in Frankreich, die Bemessung der Abgabe auf das Gewicht des Rübensaftes basirt. Das Verfahren der Steuererhebung ist fast genau dasselbe, nur ist bei dem belgischen System die Idee der Produktenbesteuerung vollständig verlassen und die Steuer nur auf das Maass und die Beschaffenheit des zur Verarbeitung auf Zucker bestimmten rohen Rübensaftes gelegt, ohne dass der so ermittelte Steuerbetrag in Folge von Verwiegungen der fertigen Produkte noch Zuschläge erhalten könnte. Dies System hat denn auch in der That alle die Nachtheile aufzuweisen, deren wir bei der Schilderung des französischen Verfahrens gedachten. Ist auch der Betrieb nicht jener unaufhörlichen, alle Stadien der Fabrikation begleitenden Kontrole unterworfen, so schliesst die Sicherung der erforderlichen Ueberwachung der Einlasshähne der Scheidepfannen, welche die Steuerbeamten unter ihrem Verschlusse halten, und die gleichmässige Beaufsichtigung des Betriebes bis zur Bestimmung des Saftgewichtes durch das Densimeter, wozu für jede Fabrik 5 Aufsichtsbeamte und für je 10 Fabriken noch ein höherer Beamter erforderlich sind, unter anderen Nachtheilen besonders die vortheilhafte Anwendung vieler Hülfsmittel aus, welche bei der Scheidung oder Saturation von Nutzen sein können, damit die Dichtigkeit des Saftes nicht geändert werden kann. Auch darf der Saft in der Scheidepfanne überhaupt nicht, oder doch höchstens auf 40 ° C. erhitzt werden, so dass z. B. die Anwendung des Diffusionsverfahrens, bei welchem die osmosirenden Säfte mehr oder weniger hoch erhitzt werden müssen, in Belgien keinen Eingang finden konnte.

Auf der anderen Seite ist aber, wie wir bereits erörterten,

das System an sich, sowohl des keineswegs genau zutreffenden Prinzipes wegen und wegen der mit der Messung des Saftes verbundenen Schwierigkeiten, wenig verlässlich, als auch namentlich dazu angethan, zu Defraudationen zu reizen, wie solche im Laufe der Jahre unter Mitwirkung der schlecht besoldeten Beamten auch in zahlreichen Fällen vorgekommen sind.

Im Jahre 1843 wurde zuerst ein Ausbringen des Saftes von 1200 Gramm pro Hektoliter und Grad angenommen und im Jahre 1847 diese Belastung (prise en charge) auf 1400 Gramm erhöht.

Eine im Jahre 1849 seitens der Regierung angestellte eingehende Untersuchung der bestehenden Steuerverhältnisse führte zu dem Gesetz vom 18. Juni 1849, welches zunächst die Herstellung des Gleichgewichts zwischen den Interessen der heimischen Industrie und der Konkurrenz des Auslandes im Auge hatte. Durch dasselbe blieb der fremde Zucker, abgesehen von den nach Ursprung und Flagge verschiedenen Eingangszöllen, die er tragen musste (etwa durchschnittlich Frcs. 1,13), mit einer Abgabe von Frcs. 45 pr. 100 Kg. belegt und der Rübenzucker inländischer Produktion wurde einer Steuer von Frcs. 37 unterworfen. Der den Zucker kaufende Raffinadeur erhielt für die ihm zur Last geschriebenen Abgaben einen Kredit von 4 bis 6 Monaten.

Bei der Ausfuhr wurde ihm — mit Ausnahme einer Differenz von Frcs. 2 für die Syrupe — eine Bonifikation (décharge) in gleicher Höhe (wie der Zoll) bewilligt.

Der Raffinadeur war dadurch in der Lage, die ihm für ein verarbeitetes Quantum Rohzucker angeschriebenen Steuerbeträge abzutragen, ohne die ganze Masse des gewonnenen Zuckers zu exportiren. Auf solche Weise blieb er stets im Besitze eines Fabrikationsüberschusses, welcher von der Steuer nicht getroffen wurde und direkt in den Konsum des Landes ging. Mit dem wachsenden Export mussten diese Ueberschüsse so bedeutend werden, dass die Einnahme des Staates dadurch wesentlich tangirt wurde. Es wurde deshalb zur Vorsorge bestimmt, dass, wenn der Staat während eines Quartals nicht ein bestimmtes Minimum aus der Zuckersteuer als Nettoertrag bezog, dieses Defizit durch die Industrie kompletirt werden müsse. Es geschah das in der Weise, dass die fehlende Summe auf die noch nicht ausgeglichenen Kreditkonti der Raffinadeure pro rata ihrer Beträge vertheilt, und wenn dies zur Deckung des Manko's noch nicht reichte, die décharge in einer durch das Gesetz bestimmten Proportion verringert wurde. Die nachfolgenden Zahlen zeigen die Wirkung dieses Gesetzes für den Fabrikanten, den Schatz und den Konsum in der Periode von 1849 bis 1855, in welcher das gesetzliche Minimum auf Frcs. 875,000 fixirt war.

Die Steuereinnahmen der einzelnen Quartale waren nach dieser Uebersicht verhältnissmässig sehr gering mit Ausnahme von 6 Quartalen, in denen, wohl in Folge eines minder günstigen Exports, bedeutendere Massen Zucker als sonst in den inländischen Vertrieb übergingen. Den zur Deckung der vierteljährlichen Defizits aufzubringenden Summen, welche bis 1853 durchschnittlich 650,000 Frcs. betrugen, stehen auf der anderen Seite die jedesmal in den Kreditkonten der Raffinadeure ungedeckt ausstehenden Beträge gegenüber, durchschnittlich Frcs. 1,500,000, auf welche jene Defizits im Verhältniss zum Franc repartirt wurden (marc le franc de la repartition). Schon 1850 trat im 4. Quartal der Fall ein, dass die gesetzmässige Deckung des Defizits nicht genügte; die Einnahme betrug Frcs. 125,806 und der Betrag des gegebenen Kredits nur Frcs. 408,127, so dass dem Steuerfiskus nach dem Einziehen des ganzen Kredits noch ein. Manko von Frcs. 341,065 verblieb. In Folge dessen wurde die Decharge für Melis und Lumpen von Frcs. 64 auf Frcs. 59,75 ermässigt. Dasselbe Missverhältniss trat auch im 2. und 3. Quartal 1851 ein und hatte weitere Ermässigungen der Decharge auf Frcs. 55,50 für Melis und Lumpen und auf Frcs. 57,59 für Kandis zur Folge.

Im Jahre 1849 hatte sich die Konsumtion, deren Umfang die Höhe der Steuer bestimmen sollte, auf 10,877,000 Kg. raffinirte Zucker belaufen. Dementsprechend war das Minimum der aufzubringenden Steuer auf Frcs. 3,500,000 festgesetzt.

Wenn auch in einzelnen der nachfolgenden Jahre die kollossale Entwicklung der Ausfuhr die den Raffinadeuren belasteten Steuerbeträge derart reduzirt hatte, dass sie nicht mehr ausreichten, das vorgeschriebene Minimum zu ergänzen, so war es doch nicht zu verkennen, dass mit Einfuhr und Ausfuhr sich auch der Konsum im Lande fortdauernd gesteigert hatte. Der-

Ergebnisse
der Steuer-Einnahme nach dem Gesetze vom 18. Juli 1849.

Bezeichnung der Trimester.	Betrag der vor Ende jeden Quartals gemachten Einnahmen.		Betrag der unter die Raffineurs nach dem Art. 6 d. Gesetzes vertheilten Summen.		Gesammt-Einnahme.		Betrag der am Ende jedes Quartals à conto der Raffineurs creditirten und weder abgetragenen noch verfallenen Posten.		Zahl der Raffinerieen.	Export-bonification für		
	Frs.	Cs.	Frs.	Cs.	Frs.	Cs.	Frs.	Cs.		Kandis. Frs.	Melis und Lumpen. Frs.	
3. Quartal 1849 . .	338,415	61	536,584	39	875,000	—	2,004,571	64	47	66	64	
4. - - . .	84,639	03	790,360	97	875,000	—	2,262,572	15	52	"	"	
1. - 1850 . .	111,936	36	763,063	64	875,000	—	2,450,849	86	51	"	"	Art. 5 des Gesetzes.
2. - - . .	192,828	79	682,171	21	875,000	—	1,894,458	40	51	"	"	
3. - - . .	238,349	89	636,650	11	875,000	—	1,378,257	05	48	65	63	
4. - - . .	125,806	62	408,127	92	533,934	54	408,127	92	45	61,75	59,75	21. Januar 1851.
1. - 1851 . .	45,545	92	829,454	08	875,000	—	993,365	24	48	—	—	
2. - - . .	67,996	34	528,836	32	596,832	66	528,836	32	48	59	57	15. Juli 1851.
3. - - . .	80,316	44	631,552	16	711,868	60	631,552	16	37	57,50	55,50	18. Oct. 1851.
4. - - . .	145,682	16	729,317	87	875,000	—	819,449	96	47	"	"	
1. - 1852 . .	116,361	34	758,638	66	875,000	—	1,284,396	10	50	"	"	
2. - - . .	235,476	44	639,523	56	875,000	—	1,585,843	45	49	"	"	
3. - - . .	232,645	95	642,354	05	875,000	—	1,697,569	10	43	"	"	
4. - - . .	153,652	05	721,347	95	875,000	—	2,129,386	87	48	"	"	
1. - 1853 . .	279,462	32	595,537	77	875,000	—	2,922,504	32	52	"	"	
2. - - . .	518,475	34	356,524	66	875,000	—	2,649,380	90	52	"	"	
3. - - . .	980,414	77	—	—	980,414	77	2,707,355	90	—	"	"	
4. - - . .	921,442	94	—	—	921,442	94	2,884,177	60	—	"	"	
1. - 1854 . .	607,839	95	267,160	02	875,000	—	3,648,370	19	57	"	"	
2. - - . .	558,214	17	316,785	83	875,000	—	3,272,756	27	56	"	"	
3. - - . .	1,002,501	53	—	—	1,002,501	53	2,962,428	93	—	"	"	
4. - - . .	903,168	26	—	—	903,168	26	3,330,152	05	—	"	"	
1. - 1855 . .	827,672	78	47,327	22	875,000	—	4,067,888	30	50	"	"	
2. - - . .	742,526	42	132,473	58	875,000	—	4,175,257	45	50	"	"	
3. - - . .	1,202,411	47	—	—	1,202,411	47	3,727,596	17	—	"	"	
4. - - . .	885,563	62	—	—	885,563	62	3,298,652	35	—	"	"	

selbe war denn auch im Jahre 1856 von 10,877,000 Kilo auf ca. 14,500,000 Kilo gewachsen. Dabei war die Staatseinnahme aus der Zuckersteuer, welche eigentlich doch den Konsum des Landes treffen sollte, seit 1849 beinahe gleich gewesen, es musste somit im gleichen Maasse, wie die Ausfuhr gestiegen war, auch ein zunehmend grosses Quantum Zucker steuerfrei in den inneren Verbrauch übergegangen sein, wofür also abermals die Raffinerieen eine nicht unerhebliche Prämie genossen hatten. Die sich an diese Thatsache knüpfenden finanziellen Erwägungen gaben im Jahre 1856 Veranlassung zur Vorlage des noch heute, bezüglich des Systems, in Kraft stehenden Gesetzes. Es musste anerkannt werden, dass die Konsumtion im Lande, — somit die Industrie, welche dieselbe deckte, — einer Vermehrung der Belastung gewachsen war, ohne dass damit ein drückenderes Verhältniss, als das im Jahre 1849 bestehende, herbeigeführt wäre. Um der ferneren Ausbildung eines Missverhältnisses zwischen Konsum und Steuerertrag vorzubeugen, sollte das Gesetz die Einnahmen des Tresors gleich auch für die Zukunft gegenüber einer etwaigen weiteren Steigerung des Verbrauchs sicher stellen. Endlich sollte zugleich die Besteuerung des Kolonialzuckers, welcher bislang

an Zoll	Frcs. 1,13
und an Accise	- 8,—
zusammen	Frcs. 9,13

mehr als Rübenzucker zahlte, in etwa richtiger gestellt werden, da ein solcher Schutz für den Rübenzucker zu hoch erschien.

Die Vorlage, welche weder in den Kreisen der Interessenten noch in den Kammern irgend nennenswerthen Widerspruch fand, wurde am 15. März 1856 zum Gesetz erhoben und enthielt im Wesentlichen folgende Bestimmungen.

Die Steuer für einheimischen Rohzucker wurde auf Frcs. 38 pr. 100 Kg. vom 1. Juli 1856 und auf Frcs. 39 vom 1. Juli 1857 festgesetzt. Die Decharge wurde bestimmt auf Frcs. 61,50 für Kandis und auf Frcs. 55,50 für Melis oder weisse Lumpen, auf die Höhe der Steuer für alle anderen raffinirten Zucker, Cassonade, „defekten“ Kandis mit Krusten und auch Rübenrohzucker, wenn blond und trocken; endlich auf Frcs. 12,50 für Syrupe von Raffinade (nur für Export zur See). Das Minimum der vierteljährlichen Staatseinnahme wurde von Frcs. 875,000 auf Frcs. 1,125,000 erhöht und unterlag einer ferneren Erhöhung, sobald der Durchschnitt des inländischen Konsums sich in drei auf einander folgenden Jahren über 15,000,000 Kg. steigerte; für jede 500,000 Kg. über diese Ziffer erfuhr das Minimum eine Erhöhung um Frcs. 50,000. Falls das Defizit der Staatseinnahme am Ende eines Quartals nicht durch die — nach dem Gesetze von 1849 — auf den Konten der Raffinadeure kreditirten Beträge gedeckt wurde, war das Fehlende durch den Minister auf die Posten (prises en charge) zu vertheilen, von denen die Steuerkonti im abgelaufenen Quartal anders, als durch Zahlung des Zolles entlastet waren. Wenn zwei Quartale hinter einander einen Ausfall von je über Frcs. 500,000 ergaben, wurde der Rückzoll für die Zucker der Kategorie *A* (Melis und Lumpen) um Frc. 1 und für jeden weiteren Ausfall von Frcs. 100,000 um fernere 25 cent. herabgesetzt.

Ein zweites Gesetz vom 26. Mai 1856 enthielt die organisatorischen Bestimmungen über den Erhebungsmodus der Steuer, durch welche dies Verfahren nach dem Gesetze vom 4. April 1843 nur unerheblich abgeändert wurde.

Die belgischen Fabriken werden im sogen. Abonnement besteuert. Die nach dem Ergebniss der densimetrischen Messung berechnete Quantität Zucker wird gebucht und dem Fabrikanten zur Last geschrieben. Gegen Stellung einer Kaution hat derselbe dann bis zum 15. jeden Monats Zeit, über den, in den vergangenen 30 Arbeitstagen ihm belasteten Zucker zu disponiren. Die Zahlung der Steuer, bezw. die Frist für dieselbe richtet sich dann darnach, wie der Zucker verkauft wird, ob er direkt in den Handel, zur Raffinerie, in's Entrepôt geht, oder exportirt wird. Im letzteren Falle wird die Steuer wieder entlastet. Bei der Ausfuhr von Raffinaden wurde von dem das betreffende Konto führenden Steueramte ein Begleitschein (permis d'exportation) ausgestellt. Da nun die Höhe der Exportvergütung bei Ausfuhr der vollen Produktion nicht nur die für den raffinirten Rohzucker belastete Steuer decken, sondern dem Raffinadeur noch ein wesentliches Guthaben verschaffen würde, die Zahlung eines solchen Gewinnes aber nicht zulässig war, so wurde die zur Kompletirung der auf dem betr. Konto belasteten Menge erforderlichen Zuckers unter dem Namen eines anderen mehr an den inländischen Verbrauch abgebenden Kaufmanns oder Raffinadeurs, dessen Konto auch nach Uebernahme dieses Rückzollsaldos noch genügend belastet blieb, ausgeführt und dadurch die Möglichkeit geschaffen, dass Raffinerieen für das Ausland arbeiten konnten, nicht nur ohne einen Centime Steuer zu bezahlen, sondern noch ausserdem unter Genuss einer nicht unerheblichen Prämie.

Die Rechnung liegt einfach, wie folgt:

Angenommen 100 Kilo Rohzucker hatten ein Ausbringen von
80 Kilo Kandis-, Melis- und Lumpen-,
6 „ Kassonade,
11 „ Syrup,
97 Kilo,
bei einem Verluste von 3 pCt., so erhielt der exportirende Raffinadeur bei Verarbeitung von Rübenzucker

für 80 Kilo Raffinade, à Frs. 55,50	Frs. 44,40,
„ 6 „ Kassonade, à Frs. 39,—	„ 2,34,
„ 11 „ Syrup, à Frs. 12,50	„ 1,37,
zusammen	Frs. 48,11,
auf die ihm für 100 Kilo Rohzucker belastete Steuer von	„ 39,—
also eine Prämie pro 100 Kilo von	Frs. 9,11,

welche er sich durch die soeben beschriebene Transaktion mittelst eines geringen Opfers sicherte. — Es hat sich denn in Folge dieses Verhältnisses — wie in Frankreich mit den titres d'acquit — so auch in Belgien ein vollständiger Handel mit Export-Certifikaten ausgebildet, für welche je nach Umständen hohe und niedrige Kurse notirt werden. — Dass das Verhältniss, nach welchem in Belgien der Rückzoll berechnet wird, anerkanntermassen zu niedrig war und ein grosser Theil des in den Konsum gelangenden Zuckers sich, in Folge des Systems, der Besteuerung entzicht, wurde zwar stets zugegeben, da aber der Staat die Abgabe, welche der Zucker einbringen sollte, auf ein Minimum kontingentirt hatte, blieb jene Unzuträglichkeit wenig beachtet. Vielmehr beschränkte man sich darauf, das Minimum gegebenen Falls zu erhöhen, wie solches durch den Minister Frère-Orban 1860 auf Frs. 600,000 und seitdem 1867 auf Frs. 1,650,000 geschah, um 1868 wieder auf den Satz auf Frs. 1,550,000 und 1869 auf Frs. 1,500,000 ermässigt zu werden, welcher letztere Satz sodann bestehen blieb.

Unterdessen waren auf dem Gebiete der Zölle und Steuern folgende Aenderungen vorgenommen. In Folge des Handelsvertrages mit Frankreich, bei dessen Abschluss auch zuerst der Gedanke an die Veranstaltung einer internationalen Konferenz zur Regelung der Zuckersteuerfrage angeregt wurde, war der Zoll für Raffinade von Frs. 114 für den nach diesem Vertrage zuzulassenden raffinirten Zucker auf Frs. 63 pro 100 Kilo herabgesetzt. Der Zoll für Rohzucker blieb mit Frs. 45 bestehen. Dagegen wurde der heimische Rübenrohzucker, für welchen schon 1860 die Steuer auf Frs. 42 erhöht war, nunmehr mit dem fremden Rohzucker durch Normirung des Steuersatzes auf Frs. 45, gleichgestellt.

Mit der Konvention traten neue Aenderungen ein. Die Belastung der prise en charge wurde zunächst 1864 auf 1475 Gramm und 1866 auf 1500 Gramm erhöht.

Behufs Durchführung der Konvention wurde am 27. April 1865 (Mon. Belge No. 120) ein neues Gesetz erlassen.

Nach diesem Gesetze betrug die Accise von Rohzuckern:

für ausländische Zucker, unter No. 7	pro 100 Kilo	40 Frs.	50 Cent.
von No. 7 bis excl. No. 10 . . .	„ „ „	43 „	
von No. 10 bis excl. No. 15 . .	„ „ „	45 „	
von No. 15 bis excl. No. 18 . .	„ „ „	46 „	
für inländische Zucker	„ „ „	45 „	

Die Eingangsabgabe von Zuckern, Syrup und Melasse betrug:

für raffinirte Zucker: Kandis- pro 100 Kilo . . .	59 Frs.	
in Broden „ „ „	55 „	50 Cent.
Rohzucker: über No. 18 „ „ „	55 „	50 „
No. 18 und darunter, ausser der Accise . . .	1 „	20 „

Nicht krystallisirte Melasse, die sich bei der Fabrikation oder beim Raffiniren von Zucker ergiebt und weniger als 50 pCt. Zuckergehalt enthält, pro 100 Kilo 15 Frs.

Melasse, welche 50 pCt. Zuckergehalt oder mehr enthält, sowie Syrup, der krystallisirten Zucker enthält, werden bezüglich des Zolls und der Accise dem Rohzucker gleichgestellt. Die Regierung darf die Zölle von raffinirten Zuckern auf den für derartige Zucker angesetzten Betrag der Rückzölle herabsetzen, sobald jene Zölle in den Niederlanden auf derselben Grundlage angeordnet sind.

Zucker von No. 18 excl. bis No. 20 incl. können zu einem

Zoll zugelassen werden, der 2pCt. mehr beträgt, als die Abgabe von Zuckern No. 15—18. Die Accise-Abschreibung wird wie folgt normirt. Inländischer Rohzucker ohne Feuchtigkeit:

No. 8 bis excl. No. 11 pro 100 Kilo			. . . . . .	Frs. 43,—
No. 11 und darüber	„	„	„	„ 45,—
Raffinirter Zucker in Broden	„	„	„	„ 53,50.
Kandis-	„	„	„	„ 57.—

Die Regierung darf die endgültige Berichtigung der Zollabschreibung von exportirtem Zucker von der Vorlegung der Quittung oder einer andern bei dem Eingang in den angränzenden Staat amtlich ausgestellten Urkunde, woraus sich in Bezug auf die Menge und Klasse des Zuckers eine Uebereinstimmung zwischen den in beiden Ländern abgegebenen Deklarationen ergiebt, abhängig machen. Wenn das bei dem Ablauf eines Vierteljahres ermittelte Defizit in den Einnahmen durch die Repartition auf die Steuerrückvergütungen nicht gedeckt wird, so wird das Einnahme-Minimum des folgenden Vierteljahres um den fehlenden Betrag erhöht und so fort von Vierteljahr zu Vierteljahr bis das ganze Defizit wieder ausgeglichen ist. Das Einnahme-Minimum beträgt 1,500,000 Frs. pro Vierteljahr. — Von dem Betrage der Steuerrückvergütungen werden für die Staatskasse Abzüge gemacht, welche insgesammt im Verhältniss von 50 Cent. zu Frs. 100,000 des konstatirten Ausfalls berechnet werden. Die Regierung setzt den Betrag dieser Abzüge fest, indem sie dieselben zwischen der Abschreibung auf Rohzucker und derjenigen auf raffinirten Zucker vertheilt und zwar im Verhältniss zu den Mengen jeder dieser beiden Arten Zucker, welche während der letzten 4 Vierteljahre ausgeführt oder gelagert wurden. Wenn während zweier aufeinander folgenden Vierteljahre die Einnahme des Staates das Minimum übersteigt, so findet eine verhältnissmässige Verminderung des Betrages der Abzüge statt.

Am 5. Juli 1865 wurde für Rohzucker französischen Ursprungs der Zollaufschlag von Frs. 1,20 aufgehoben, wogegen auch in Frankreich für belgische Rohzucker die Surtaxe von Frs. 2 in Wegfall kam.

Nachdem Belgien und die Niederlande auf den von der Konvention, Art. 14, bewilligten 4 pCt.-Zuschlag verzichtet hatten, wurde mit Gesetz vom 20. Juli 1865 (Mon. Belge No. 203) die

Accisevergütung für raffinirten Zucker in Broden auf 52 Frs. 87 Cent., als Kandis auf 56 Frs. 57 Cent. pro 100 Kilo ermässigt, für die Einfuhrzölle des raffinirten Zucker die gleichen Abgaben festgestellt, Rohzucker über No. 18 mit 52 Frs. 87 Cent. pro 100 Kilo belegt, Zucker No. 18 und darunter frei erklärt.

Als nach den Versuchen in Köln die Rendements für Zucker erheblich höher ausgefallen waren als nach den dafür bisher bestehenden Normen angenommen worden, mussten die bezüglichen Abgaben ebenfalls erhöht werden, und wurde durch Gesetz vom 26. Mai 1867 die Accise von Rohzucker, wie folgt, festgesetzt:

Ausländische, von	No. 15 bis No. 18 excl.	pro 100 Kilo	Frs. 48,07,
	No. 10 bis No. 15 excl.	" " "	" 45,—
	No. 7 bis No. 10 excl.	" " "	" 40,91,
	unter No. 7	" " "	" 34,26.
Einheimische Rohzucker, pro 100 Kilo	. . . . . .		" 45. —

Die Einfuhrzölle auf Zucker, Melasse und Syrup betragen:

Raffinirter Zucker:	Kandis-	pro 100 Kilo	Frs. 54,70,
" "	in Broden	" " "	" 51,13.
Rohzucker über	No. 18 pro 100 Kilo	. . . .	" 51,13.
	No. 18 und darunter, ausser der Accise, frei.		

Nicht krystallisirte Melasse aus der Fabrikation oder beim Raffiniren des Zuckers gewonnen, von mehr als 50 pCt. Zuckergehalt, zahlt pro 100 Kilo 15 Frs.

Die Abgabenabschreibung beträgt bei der Ausfuhr oder bei der Lagerung in Entrepôts für raffinirten Zucker: als Kandis pro 100 Kilo Frs. 54,70; in Broden pro 100 Kilo Frs. 51,13; für einheimischen Zucker ohne Feuchtigkeit, No. 11 und darüber pro 100 Kilo Frs. 45; No. 8 bis No. 11 excl. 40,91 Frs.

Während der Verhandlungen, betreffend den Abschluss einer neuen internationalen Konvention, erliess Belgien am 3. Juli 1875 (Mon. Belge No. 188) ein Dekret, wonach das gegenwärtige Régime der Abgaben und Rückzölle auf Zucker, auch nach Ablauf der internationalen Konvention, vom 8. Novbr. 1864 aufrecht erhalten bleiben sollte. Als aber die Konvention 1875 durch die Weigerung der holländischen Kammer fiel und Frankreich allsogleich die am 5. Juli 1865 (Mon. univ. No. 190) aufgehobene Surtaxe von 2 Frs. für Zucker belgischen Ursprungs retablirte, da erliess Belgien unterm 24. Mai 1876 (Mon. Belge

No. 149) ein Dekret, wonach die Regierung ermächtigt wurde, wenn das Interesse des Handels oder der Industrie es erheischte, bis zum 15. November 1876 Zollzuschläge auf ausländischen Zucker einzuführen und alle Massregeln zu treffen, welche die in Betreff des Zuckers belgischer Abstammung in andern Ländern angeordneten Veränderungen nöthig machten.

Bei der neuen Konvention vom 8. März 1877 war von Belgien eine Ermässigung der Steuer von Frs. 45 auf Frs. 22,50 in Aussicht genommen, welche noch weiter auf Frs. 19 reduzirt werden sollte, wenn die Jahreseinnahme der Steuer den Betrag von Frs. 4,800,000 überschritten haben würde. Nach dem endgültigen Scheitern der Konvention ist es jedoch beim Alten geblieben, ebenso wie bei der Absicht, die Belastung der prise en charge auf 1600 Gramm zu erhöhen und die Fabriken einer Kontrole zu unterwerfen.

6. Holland.

Der Zucker wurde in Holland zuerst durch das Gesetz vom 21. Mai 1819, dem das vom 27. Juli 1822 folgte, einer Abgabe unterworfen. — Da der Zoll beim Eingange in das Königreich erhoben wurde, so musste man, — um demselben den Charakter als Verbrauchsabgabe zu bewahren, — den aus dem Kolonialzucker hergestellten Raffinaden bei einer Wiederausfuhr eine, dem beim Raffiniren entstehenden Verluste entsprechende, Vergütung gewähren. Damit war dieselbe Schwierigkeit, welcher wir bei den Anfängen der betreffenden Gesetzgebung aller Länder in Bezug auf die richtige Bemessung einer solchen Bonifikation begegnen, auch für Holland eingetreten. Trug der nach einem äusserst schwer zu konstatirenden Mittel berechnete Rückzoll den wirklichen Verhältnissen nicht gehörig Rechnung, so wurde der für das Land so wichtige Export erschwert oder gar unmöglich. Wurde bei demselben das Rendement des Rohzuckers in der Raffination zu gering angenommen, so trat ein Theil des raffinirten Zuckers steuerfrei in den Konsum und musste, — grade so wie überall anders, — im gleichen Maasse, in welchem Import, Raffinerie und Export zunahmen, dem Staat die Netto-Einnahme aus dem Zolle schmälern.

Noch im Jahre 1863 bestand nur eine besondere Abgabe

für raffinirten und ein einziger gleichförmiger Zollsatz für unraffinirten Zucker. Es gab für den raffinirten Zucker kein Normalmuster, folglich auch kein gesetzliches Unterscheidungsmittel. Aller Zucker besserer Qualität als No. 20 der holländischen Type wurde als raffinirter behandelt, glich er aber dieser oder einer geringeren Nummer, so galt er als unraffinirt, eine Bestimmung, die zu vielen Streitigkeiten mit der Zollverwaltung Anlass bot. Die Steuer für raffinirten Zucker betrug fl. 35 pr. 100 Kg., für unraffinirten Zucker fl. 22 pr. 100 Kg. Diese Abgabe oder Accise fand ohne Unterschied Anwendung auf Kolonial- wie auf den im Lande erzeugten Zucker; ein Schutz für die Flagge oder Kolonie, wie in Frankreich, bestand nicht. Rübenzucker wird übrigens in Holland, wie wir schon sahen, nur in verhältnissmässig geringem Umfange produzirt.

Der Modus der Besteuerung, bei welcher dem verschiedenen Gehalte der Rohzucker keine Rechnung getragen wurde, sicherte auch in Holland den besseren Zuckergattungen ein Monopol; ein System, welches Rohzucker, die 97 oder 98 pCt. reinen Zucker enthielten, mit demselben Abgabenbetrage belastete, wie diejenigen, welche nur ein Rendement von 70 oder 60 pCt. ergaben, musste die geringeren Qualitäten vom Markte des Landes fast ausschliessen und damit nothwendig sowohl die Interessen der Produzenten, als die der Konsumenten schädigen, da die Preise der geringeren Zuckerqualitäten in Folge dessen derart waren, dass selbst der heimische Produzent gezwungen würde, dafür fremde Märkte aufzusuchen, während der Mangel der besseren Qualitäten, die allein die hohe Abgabe tragen konnten, die Preise dieser Gattungen auf einer künstlichen Höhe erhielt. So kam es, dass auf dem Amsterdamer Markte die besseren Qualitäten Farinzucker absolut theurer waren, als die Zucker ähnlicher Qualität z. B. auf dem Londoner Markte. Bei der wenig strengen Unterscheidung von raffinirtem und unraffinirtem Zucker war es ausserdem möglich, Zuckergattungen als unraffinirt einzuführen, welche über 90 pCt. reinen Zucker enthielten, wobei mit Rücksicht auf die Ausfuhrvergütung dem holländischen Raffinadeur eine bedeutende Prämie zufiel. Die Abgabe von heimischem Zucker wurde, wie in Frankreich und Belgien, zur Zeit der Klärung nach einem nach der Dichtigkeit des Saftes berechneten Ergebniss mit 1400 Gramm für jeden

Grad in Rechnung gebracht und standen sämmtliche Fabriken im Abonnements-Kontrakt.

Der Zoll von fremdem Zucker wurde zur Zeit der Landung erhoben. Es wurde das Bruttogewicht festgestellt und eine bestimmte Tara bewilligt, welche jedoch derzeit anerkanntermaassen um 5 pCt. zu hoch war und dem Importeur einen eben so grossen Gewinn an zollfreiem Zucker gewährte. Der Zucker konnte zur sofortigen Konsumtion oder, ohne Erlegung der Abgabe, zur Niederlage deklarirt werden. Wurde er aus der Niederlage zum inländischen Verbrauch entnommen, so waren 5 pCt. der Abgabe baar zu entrichten, für den Rest wurde ein Zollkredit von 5 Monaten bewilligt, sofern die Abgabe nicht den Betrag von fl. 150,000 erreichte, über welche Summe hinaus der Kredit nur 2 Monate lief.

Bei Ablauf des Kredits wurde die Rechnung abgeschlossen und sowohl der Rückzoll für exportirten Zucker, wie für denjenigen, welcher etwa zur künftigen Ausfuhr zur Niederlage gebracht war, abgeschrieben.

Syrup unterlag einer Abgabe von 8 fl. pr. 100 Kg., Melasse und Melade einer solchen von 15 fl., wenn sie mehr als 50 pCt. Zucker enthielten und von 4 fl., wenn sie diesen Gehalt nicht erreichten. Die bislang noch bestandene Zoll-Abgabe von 42 cts. pr. 100 Kg. Zucker neben der eigentlichen Accise wurde im August 1863 abgeschafft.

Bei der Ausfuhr wurde auf 100 Kg. Rohzucker der Zollsatz dafür zu 73,50 Kg. Kandis oder zu 81,91 Kg. Raffinade berechnet.

Wenn der Gesammtbetrag der Abgaben in sechs Monaten nicht fl. 1,000,000 ergab, so wurden zur Ergänzung die Kredite eingefordert und jeder Kaufmann oder Raffinadeur im Verhältniss des Belaufs derselben zur Deckung des Manko's herangezogen.

Der in Holland raffinirte Zucker ist fast ausschliesslich aus Javazucker hergestellt, eine der besten Rohrzuckergattungen der Welt, und da aller Zucker von No. 20 des holl. Standard und darunter dem niedrigen Zollsatze für unraffinirten Zucker unterlag, so musste ziemlich unzweifelhaft das Verhältniss, nach welchem der Rückzoll berechnet wurde, viel zu niedrig gegriffen sein.

Es ist auffallend, dass gerade in Holland, wo das System

der Farbentypen im Handel zuerst aufgekommen und fortwährend gehandhabt wurde, man dasselbe nicht in Anwendung brachte, um bei der Besteuerung eine grössere, dem Werthe der Rohzucker besser entsprechende Klassifizirung einzuführen. Der holländische Besteuerungsmodus fand denn auch von Seiten des Auslandes, namentlich England's, dem durch dasselbe die besseren Kolonialzucker nicht unwesentlich vertheuert wurden, erhebliche Anfechtungen und musste sich Holland bei Eintritt der Konvention von 1864 zu bedeutenden Modifikationen bequemen; seit derselben wurde zugleich ein doppelter Steuermodus eingeführt, dessen Wahl im Belieben des Fabrikanten liegt.

Die erste Art, l'exercice des fabriques, die jetzt fast ganz ausser Anwendung gekommen ist, besteht in der fortgesetzten Betriebsaufsicht des Staates und in der Besteuerung des unter dieser Aufsicht gewonnenen Produktes. Die zweite ist dieselbe wie in Belgien, das sogenannte System des Abonnements, und besteht darin, dass nach dem amtlichen Befunde einer auf 15° Celsius erwärmten Saftprobe die Steuerleistung in der Weise vorgeschrieben wird, dass für jeden Grad der Dichtigkeit und jeden Hektoliter eine Rohzucker-Ausbeute von 1635 Gramm angenommen wird. Dieses von der Finanzbehörde angenommene Quantum unterliegt sodann dem nämlichen Steuersatze, welchem ausländischer Rüben- und Rohzucker bei der Einfuhr unterworfen ist. In dieser Richtung verordnet das Hauptgesetz vom 2. Juli 1865, dass vom Zucker eine Accise im Betrage von sieben und zwanzig Gulden für hundert Pfund trockenen weissen Brotzuckers und von grössern und kleineren Mengen nach Verhältniss erhoben werde. Anderer als dieser Zucker wird nach seiner Gattung und Güte im prozentweisen Verhältnisse zu dem vorgedachten Betrage wie folgt besteuert:

Raffinirter und diesem gleich gestellter Zucker:

a. Melis-, Lumpen-, Puder-, Körner-Zucker über Java No. 20 im Rendement-Verhältniss 1,00 . . . . . Fl. 27,—

b. Kandis-, im Verhältniss 1,07 . . . . . . „ 28,80.

Rohzucker:

I. Klasse	Java No. 18 bis No. 15	im Verhältniss	0,87	„ 23,49.
II. Klasse	„ „ 14 bis „ 10 „	„	0,85	„ 22,95.
III. Klasse	„ „ 9 bis „ 7 „	„	0,81	„ 21,87.
IV. Klasse	„ unter „ 7 „	„	0,76	„ 20,52.

Aussergewöhnliche Klasse			
Java No. 20 bis No. 19 . . .	im Verhältniss 0,02 über I. Klasse.		Fl. 24,03,
Bastardzucker wie Rohzucker.			
Melado	im Verhältniss	0,76	„ 20,52.
Traubenzucker	„ „	0,76	„ 20,52.

Die zwischen zwei aufeinander folgenden Klassen fallenden Roh- und Bastardzucker werden als zur niederen Klasse gehörig betrachtet. Das Einkommen an Accise von Zucker wurde auf mindestens 1,750,000 fl. für jede 6 Monate vom 1. Januar 1866 ab festgestellt. Wurde dieses Einkommen nicht erreicht, so wurde der Ausfall pfundweise auf den noch nicht verrechneten Betrag der Konten der Raffinadeurs umgelegt, welche die hiernach verschuldeten Beträge binnen zehn Tagen zu entrichten hatten. Syrup, Melasse und anderer Zuckersaft, welche im flüssigen Zustande einen Zuckergehalt von mehr als 50 pCt. haben, zahlten pro 100 Pfd. fl. 6.

Bei der Ausfuhr wurden die Steuern in der Höhe der für die entsprechende Zuckergattung festgesetzten Einfuhrzölle zurückvergütet.

In Folge der Kölner Rendements mussten die Verhältnisszahlen geändert werden, was durch Gesetz vom 14. März 1867 (Staatscourant 69) erfolgte.

Es zahlt darnach

Rohzucker:					
I. Klasse	im Verhältniss von	0,94	pro 100 Pfd.	Gulden	25,38.
II. Klasse	„ „ „	0,88	„ „ „	„	23,76.
III. Klasse	„ „ „	0,80	„ „ „	„	21,60.
IV. Klasse	„ „ „	0,67	„ „ „	„	18,09.
Aussergewöhnliche Klasse im Verhältniss 0,02 über I. Klasse			„ „ „	„	25,92.
Bastardzucker nach Klassen wie die Rohzucker.					
Melado . .	im Verhältniss von	0,67	pro 100 Pfd.	„	18,09.
Traubenzucker	„ „ „	0,67	„ „ „	„	18,09.

Ueberdies wurde mittelst Dekrets vom 27. Juni 1868 (Staats-Courant 168) auch die aussergewöhnliche Klasse No. 19 und No. 20 in die I. Klasse gesetzt und zahlt von da an nur 25 fl. 38 Cents pro 100 Pfd. Die Accise für raffinirten Zucker in Broden und Kandis blieb ungeändert.

7. England.

In England lag die Frage der Zuckerbesteuerung von jeher in sofern am Einfachsten, weil es nur mit dem Zoll auf die eingehenden Kolonialzucker und später auf die vom Festlande auf den englischen Markt tretenden Raffinaden zu thun hatte. Auch die Frage des Rückzolls war ursprünglich weniger komplizirt, da die Kolonialzucker im Rendement immerhin eine geringere Verschiedenheit zeigen, als die Rübenrohzucker, und zugleich mit den Rübenrohzuckern auch die Raffinaden dieser Zuckergattung in den englischen Handel kamen, so dass es verhältnissmässig leicht gewesen wäre, analog den Zollsätzen für diese auch den englischen Raffinaden gleichmässige Vergütungen zu gewähren. Freilich wurde die den heimischen Raffinadeuren bewilligte Exportbonifikation nicht nach derartigen Normen berechnet, sondern es wurde dafür im Laufe der Zeit ein Rendement angenommen, welches zur Zeit der Verhandlungen über die erste internationale Konvention 77 pCt. betrug. Die niedrige Ziffer dieses Ausbringens motivirt sich dadurch, dass in Folge des Steuersystems der nach England hauptsächlich ihre Rübenzucker exportirenden Länder, welche für alle Sorten Rohzucker nur einen gleichmässigen Satz annahmen, nur die geringhaltigen Rübenzucker nach England kamen, welche thatsächlich kaum ein grösseres Rendement ergaben, vielmehr häufig nur ein Ausbringen von 50 bis 60 pCt. hatten. Der Bezug von hochgehaltigen Rohzuckern war für den engl. Raffinadeur des verhältnissmässig höheren Preises wegen nicht lohnend, zumal die feineren Sorten „Grocery sugars“ vielfach direkt in den englischen Konsum übergingen und dadurch ohnehin noch fester im Preise gehalten wurden.

Bis zur Zeit der Verhandlungen über die erste internationale Konvention im Jahre 1863 beliefen sich die englischen Eingangszölle für Zucker pr. 100 Kg. durchschnittlich

im Jahre	1787	auf	24 sh.	—	d.
-	1791	-	26 -	—	-
-	1806	-	60 -	—	-
-	1819	-	54 -	—	-
-	1832	-	48 -	—	-
-	1854	-	31 -	5	-
-	1855	-	37 -	4	-

Für den unraffinirten Zucker bestand ein graduirter Werthzoll. Der Rückzoll wurde, wie in Frankreich, dem Exporteur baar ausbezahlt, anstatt, wie in Belgien und Holland, auf einem Konto verrechnet zu werden.

Im Jahre 1863 betrug der Zollsatz für raffinirte Zucker 18 sh. 4 d. und stufte sich dann ab auf 16 sh., 13 sh. 10 d. und 13 sh. 2 d. pr. Cwt. (engl. Centner) je nach Qualität. Die englischen Rückzölle basirten zuerst auf einer Reihe von Experimenten, welche man mit westindischen Zuckern von durchschnittlicher Qualität vorgenommen hatte. Seit jenen Versuchen hatte indessen im englischen Einfuhrhandel eine grosse Veränderung stattgefunden, und während der englische Raffinadeur früher nur westindischen ziemlich reichhaltigen Rohrzucker bezog, war inzwischen England, — Dank den Ausfuhrprämien der Kontinentalstaaten, bei seinen nicht eben hohen Zöllen — der Stapelplatz für Zucker aus allen exportirenden Ländern geworden, welche neben den feineren Zuckergattungen hauptsächlich geringere Qualitäten, wie wir bereits sahen, nach England ausführten. Es wurde deshalb, wie erwähnt, die Rendementsziffer von 77 pCt. angesetzt und auf den für Raffinade gewöhnlich verwendeten Rohzucker je nach Qualität der Zoll von 13 sh. 10 d. oder 12 sh. 8 d. bezw. im Durchschnitt 13 sh. 3 d. zurückvergütet. Der Einfachheit wegen war dieser Satz nach dem zu 77 pCt. angenommenen Ausbringen mit 17 sh. 2 d. berechnet.

Am 16. April 1864 wurden die bestehenden Zollsätze nach folgender Skala ermässigt:

	pr. Cwt. von	pr. Cwt. auf	Reduktion
Rohzucker 1. Klasse, weisser, gedeckter oder diesem gleichkommend	16 sh. 1 d.,	11 sh. 8 d.,	4 sh. 4 d.
do. 2. Klasse, gelbe Muscovade und brauner gedeckter Zucker oder diesem gleichkommend .	13 - 10 -,	10 - 6 -,	3 - 4 -
do. 3. Klasse, braune Muscovade oder diesem gleichkommend .	12 - 8 -,	9 - 4 -,	3 - 4 -
dieser Gattung nicht gleichkommender Zucker	12 - 8 -,	8 - 2 -,	4 - 6 -
raffinirter Zucker und Kandis .	18 - 4 -,	12 - 10 -,	5 - 6 -

Der Rückzoll wurde auf 12 sh. 10 d. pr. Cwt. festgestellt.

Mit der Akte vom 5. Juli 1865 fand behufs Ausführung der Konvention eine Ermässigung des Rückzolls für raffinirten Zucker in Broden oder Lumps, vollkommen klar und trocken, auch unter Aufsicht der Behörde gestossen oder zerbrochen, so wie für mittelst der Centrifugal-Maschine raffinirten Zucker, nicht geringer als Normalmuster No. 3 auf 12 sh. 4 d. statt; bei 5 pCt. Feuchtigkeit (doch nicht darüber) wurde derselbe Satz nach Abzug von 5 pCt. vergütet.

Mit dem 1. Mai 1876 traten folgende Zollsätze in Kraft:

Rohzucker 1. Klasse	11 sh.	3 d.	pr. Cwt.
- 2. -	10 -	6 -	- -
- 3. -	9 -	7 -	- -
- 4. - einschliesslich Rohrsaft . .	8 -	— -	- -
Melasse	3 -	6 -	- -
Raffinade, brauner oder weisser Kandis, oder diesen gleich	12 -	— -	- -

Die Rückzölle wurden festgestellt:

für raffinirten Zucker in Broden oder Lumps, vollkommen klar und trocken, gestossen oder gebrochen, sowie für anderen raffinirten Zucker od. Kandis wie die Normalprobe 1 auf	12 sh.	— d.	pr. Cwt.
für raffinirten Zucker nicht im Lager, gestossen und geschlagen, von keiner geringeren Qualität als Normalprobe 2 und nicht über 5 pCt. Feuchtigkeit enthaltend, auf	11 -	5 -	- -
für anderen raffinirten Zucker (bastards), Stücke oder Satz, gestossen oder geschlagen, nicht geringer als Normalprobe 3, auf	11 -	3 -	- -
für Zucker von derselben Qualität als Normalprobe 4, auf	10 -	6 -	- -
desgleichen nicht unter Normalprobe 5 auf . .	9 -	7 -	- -
unter letztgedachter Normalprobe	8 -	— -	- -

Am 12. April 1870 wurde im Britischen Parlament eine fernere Herabsetzung der Zölle um die Hälfte der bisherigen Sätze beschlossen und die Skala, wie folgt, normirt:

A. Kandis, raffinirter und solcher Zucker, welcher dem raffinirten gleich zu setzen ist . .	6 sh.	— d.	pr. Cwt.
B. Rohzucker:			
Klasse I (holl. Stand. No. 15—18) . . .	5 -	7½ -	- -
- II (- - - 10—14) . . .	5 -	3 -	- -
- III (- - - 7— 9) . . .	4 -	9½ -	- -
- IV (- - unter No. 7) . . .	4 -	— -	- -
Melasse	1 -	9 -	- -

Die Ausfuhrvergütung wurde in gleichem Maasse reduzirt.

Nachdem alsdann diese Zollsätze im Mai 1873 wiederum um die Hälfte ermässigt waren, erfolgte im Frühjahre 1874 die gänzliche Aufhebung derselben, da die englische Raffinerie gegenüber der Konkurrenz des Kontinents, welche durch hohe Exportprämien die Eingangszölle für Raffinade leicht überwand, noch besonders geschädigt war durch die Abgabe auf Rohzucker, welche nur das zur Verarbeitung erforderliche Rohmaterial und in Folge dessen auch das Product für den Consumenten vertheuerte. Von dem nämlichen Gesichtspunkt waren zumeist auch schon die früheren Ermässigungen ausgegangen, ohne den gewünschten Erfolg zu bringen, und so glaubte man am richtigsten das überhaupt erreichbare Ziel durch eine radikale Beseitigung der Zölle zu gewinnen. Originell sind die Worte, mit denen Sir Stafford Northcote im englischen Parlament die Vorlage einführte, er sagte:

„I think, it was four years ago, that the great article of „sugar, which has been the heroine of so many important „budgets, and had upset certainly one ministery, made positively her last appearance as prima donna“.

Für die deutsche Industrie, die seit längerer Zeit sich auf dem Londoner Markte einen nicht unbedeutenden Absatz erworben hatte, war die Wirkung der Zollermässigungen und der gänzlichen Aufhebung nicht so angenehm, als man bei dem dadurch gesteigerten Consum hätte annehmen können.

So lange die englische Raffinerie noch gezwungen war, für die Rohzucker mehr oder weniger beträchtliche Zölle zu zahlen, fanden die niedrig besteuerten Nachprodukte der deutschen Fabriken von dunkler Färbung auf dem englischen Markte guten Absatz; das musste sich natürlich ändern, mit der successiven Ermässigung und dem Fortfallen der Zölle, da der englische Raffinadeur seitdem keine Veranlassung mehr fand, auf die geringeren Rohzuckersorten zu reflektiren, vielmehr darauf angewiesen war, Zucker von möglichst grossem Rendement zu beziehen, da Fracht und Verarbeitungskosten sich dabei günstiger stellten. — In Bezug auf diesen letztgeschilderten Vortheil für die englische Raffinerie war allerdings mit der Aufhebung der Zölle auf Zucker der gewünschte Zweck erreicht. Vollständig erreicht konnte er aber nur dann werden, d. h. nur dann konnte der englischen Raffinerie und der Zuckerindustrie seiner Kolonieen eine erträgliche Lage geschaffen werden, wenn es auf dem Wege der Konvention oder von Verträgen gelang, die exorbitanten Prämien der kontinentalen Industrie zu beseitigen, was bislang bekanntlich nicht der Fall war. So äusserte sich dann die Zollaufhebung nach dieser Seite in der Art, dass der englische Markt noch mehr als zuvor der Abladeplatz der ganzen Ueberproduktion aller anderen zuckererzeugenden Länder wurde. Der Konsument hat damit allerdings keinen direkten Nachtheil, allein die ehedem blühende Raffinations-Industrie muss auf diesem Wege — bei der längeren Fortdauer des Prämienunfugs anderer Länder — unbedingt ein klägliches Ende finden. Diese Voraussicht hat denn auch schon im vorigen Jahre einen förmlichen Sturm von Eingaben sämmtlicher Raffinadeure des vereinigten Königreichs, sowie der Westindischen Kolonieen hervorgerufen, welche behufs Erhaltung ihrer Industrie, Retorsionszölle gegen die Prämien zahlenden Länder dringend fordern.

Wir wissen nicht, was England zu thun gesonnen ist; — ein Vorgehen in gewünschter Richtung würde unseres Erachtens der englischen Interessen-Politik ganz entsprechen, — und auf jeden Fall wesentlich dazu beitragen, einer vernünftigen Reform der einschlägigen Gesetzgebungen anderer Länder die Wege zu bahnen.

8. Die anderen europäischen Staaten.

a) Italien war bisher von aller Rübenzucker-Steuer verschont, seine wenigen Rübenzuckerfabriken in der Campagna, Arezzo und Umbrien waren nicht bedeutend genug, um eine solche Steuer nothwendig zu machen, und die zwei Raffinerieen in Genua konnten selbstredend, da sie bei weitem nicht in der Lage waren den Konsum zu decken, ohne Exportprämien arbeiten. Ein Einfuhrzoll von 28,85 Lire in Gold pr. 100 Kg. für Raffinaden und Rohzucker über No. 20; und von 20,80 Lire für Rohzucker unter und von No. 20 (holländ. Standard) galt nur als Finanzmaassregel und belastete nur die Konsumtion des Landes, welche, in Rohzucker ausgedrückt, im Jahre 1870, 1871 und 1872 etwas über 800,000 metr. Centner jährlich betrug.

Das Dekret vom 2. Juni 1877 (Gaz. uffic. No. 129) führte zuerst eine Steuer auf inländischen Zucker ein: Diese Steuer beträgt 21 Lire 15 centes. für jede 100 Kg. rohen oder raffinirten Zucker, welcher in den einheimischen Zuckerfabriken oder inländischen Raffinerieen zum Verbrauche im Staate erzeugt wird, und ist an die Staatsverwaltung unmittelbar von den Fabrikanten und Raffineuren abzuführen. Die Zuckerfabriken und Raffinerieen stehen unter dauernder Ueberwachung der Behörden, welche alle in jeder Anlage ausgeführten industriellen Operationen zu controliren haben, um die der gedachten Steuer unterliegende Menge festzustellen. Die Einfuhrzölle werden durch Zuschlag desselben Satzes der für die inländische Produktion statuirt ist, mit Lire 21,15 pr. 100 Kg. erhöht, was auch für den Freihafen von Messina gilt. — Diese Erhöhung des Zolles in schicklicher Weise durchführen zu können, scheint das Hauptmotiv des Gesetzes über die inländische Zuckerbesteuerung gewesen zu sein. — Die Einfuhrzölle von Zucker werden nach dem Nettogewichte erhoben und kommt hierbei vom Bruttogewichte folgende Tara für je 100 Kg. in Abzug: bei raffinirtem Zucker für Fässer, Kisten etc. 6 Kg., bei nicht raffinirtem Zucker für grosse Kisten 15 Kg., für Fässer 10 Kg., für indische Körbe 5 Kg., für Säcke 1 Kg.

Das Regulativ vom 4. Juni 1877 (Gaz. uffic. 130) enthält die nähern Vorschriften über die Anmeldung einer neuen oder in Betriebsetzung einer bestehenden Fabrik oder Raffinerie und ordnet zahlreiche Kontrolmaassregeln an, um die Ueberwachung Seitens der Behörde zu einer wirksamen zu machen. Die Einführung von Erlaubnissscheinen für Zucker, von Bolleti a cauzione für den ausgehenden Zucker, von fortwährenden Deklarationen und Inventuren, Vorlage der Bücher über die Erzeugnisse der Fabrik, sowohl in Betreff der Syrupe, Säfte, Melassen, als auch der verschiedenen Zuckersorten in den verschiedenen Stadien der Fabrikation und der Raffination wird strengstens normirt. In den Fabriken wird in dem Liquidationskonto der dem Etablissement zur Last fallenden Steuer für jeden Hektoliter geklärten Saftes und für jeden Densimetergrad über die Dichtigkeit des Wassers bei 15 ° C. eine Quantität von 1400 Gramm Zucker angeschrieben. Die Densimeter werden von der Staatsverwaltung geliefert und aufbewahrt. Am Schluss einer jeden

Arbeitsperiode wird ein Inventar oder eine Hauptbilanz der zuckerhaltigen Stoffe aufgestellt und die Quantitäten Zucker, welche über das Minimum von 1400 Gr. hinausgehen, werden im Konto zu Lasten des Fabrikanten angeschrieben. Als Melasse werden nur jene Rückstände betrachtet, deren Zuckergehalt geringer als 50 pCt. ist und deren Dichtigkeit das Gewicht von 1410 Gr. pr. Liter (42° B.) überschreitet. In das Konto für Raffineure werden für je 100 Kg. Rohzucker 80 Kg. raffinirten Zucker zu Lasten des Fabrikanten eingetragen. Die Bezahlung der Steuer erfolgt monatlich und kann auch durch Wechsel mit drei Firmen geleistet werden.

Ein königl. Dekret vom 24. August 1877 ordnet die Ausfuhrvergütungen für kandirte Früchte, Konfekt, Chokolade etc., wozu eine Finanzministerialverordnung vom nämlichen Tage die näheren Bestimmungen in Betreff der erforderlichen Modalitäten enthält.

b) Für Dänemark gilt das Gesetz vom 24. März 1877 (Lovtidenden 26. Marz), wonach vom 1. April 1877 die Steuer auf den inländischen Zucker folgendermaassen bestimmt ist.

α) für jedes Pfund fabrizirten Zuckers, welcher dunkler ist als Holl. Stand. No. 19 unter Abzug von 8 pCt. die nämliche Summe, welche der Zoll des auf Holl. Stand. No. 10 bis 18 bestimmten importirten fremden Zuckers beträgt, *β*) für Zucker, welcher Holl. Stand. No. 19 entspricht oder heller ist, sowie für Kandis, Zucker in Broden etc. eine Summe, dass 7 Pfund solchen Zuckers 8 Pfunden des unter *α* genannten gleichstehen.

Der Zoll beträgt:

	per Zollpfd.			
für Rohzucker	4,53 Schill.	1 Zollctr.	=	10,65 M.
für Rohzucker unter No. 10 . . .	4,13 -	1 -	=	9,72 -
für Kandis etc.	6,53 -	1 -	=	15,48 -

Demgemäss beträgt die Steuer für einen Zollcentner Rohzucker unter No. 19: 9 Mark 80 Pf., für einen Zollcentner Kandis: 11 Mark 20 Pf.

c) In Schweden wurde im Jahre 1869 ein Gesetz erlassen, wonach die Besteuerung nach der Menge der verarbeiteten Rüben und unter Voraussetzung, dass 1 Ctr. rohe Rüben 6,25 Pfd. Rohzucker ergeben, in der Form erhoben wird:

dass in der Campagne

1873/75	1/5 des Einfuhrzolls auf Rohzucker von 8 Kronen	= 9 M.
1876/79	2/5 - - - - - - - -	= - -
1879/82	3/5 - - - - - - - -	= - -
1882/85	4/5 - - - - - - - -	= - -

betragen soll, und dass von dieser Zeit ab als Steuer für den heimischen Rohzucker immer der Betrag von $^4/_5$ des jeweiligen Zolles auf fremden Rohzucker unverändert zu gelten hat.

Der Zoll auf raffinirten Zucker beträgt pr. Ctr.	= 42½ Kg.	13,05 M.
auf Rohzucker unter No. 18 . - -	= - -	9 -
auf Syrup . . . . - -	= - -	4,50 -

Der Rückzoll für raffinirten Zucker aller Art ist per Ctr. (42½ Kg.) auf M. 10,80 bestimmt.

d) Norwegen hat für allen Zucker gegenwärtig nur einen Zollsatz und zwar $5^1/_2$ Schilling pr. norweg. Pfund = M. 20,62 pr. norweg. Centner (49,8 Kg.).

e) Rumänien hat im Jahre 1873 unterm 21. Juni ein Dekret erlassen, wonach es allen jenen Privaten und Aktiengesellschaften, welche Rübenzuckerfabriken errichten, 20 Jahre Steuerfreiheit für den erzeugten Zucker, Stempelfreiheit für die Aktien und 20 Jahre Zollfreiheit für die benöthigten Maschinen gewährt.

Die Zölle betragen in diesem Lande

für raffinirten Zucker	20	Frcs. pr. 100 Kilo.
für Rohzucker . .	12	- - - -
für Melasse . . .	6	- - - -

f) Die Schweiz erhebt einen Zoll von 7 Frs. pro 100 Kg. Zucker jeder Art und für Syrup und Melasse einen Zoll von 3 Frs. pro 100 Kg.

g) In Spanien wurde am 1. Juli 1869 folgender Zolltarif für Zucker eingeführt:

I. *a*) direkt aus Amerika, unsortirt, von spanischen Besitzungen	pro 100 K. pes.	19,—	= 16 M. 41 Pf.
b) aus fremden Plätzen . . .	„ „ „ „	23,65	= 20 „ 43 „
II. Raffinirter Zucker wie *a*) . .	„ „ „ „	27,—	= 23 „ 32 „
„ „ wie *b*) . .	„ „ „ „	32,25	= 27 „ 86 „

Ein Dekret vom 12. Juli 1869 stellte nach Ablauf von sechs Jahren eine Ermässigung dieser Sätze in Aussicht, doch hat ein ferneres Dekret vom 17. Juli 1875 diese Bestimmung bis auf Weiteres suspendirt.

Unterm 17. Juli 1877 ist nunmehr ein neuer Zolltarif veröffentlicht und vom 1. August ab in Gültigkeit getreten. Nach den Normativbestimmungen des betr. Gesetzes finden diejenigen Zollsätze, welche niedriger sind, als die von 1869, nur Anwendung auf die Erzeugnisse derjenigen Nationen, welche sich in ihren Verträgen das Recht der meistbegünstigten Nationen gesichert haben. Nach diesem neuen Tarif sind folgende Eingangszölle zu zahlen

für Zucker aller Art, Erzeugniss der spanischen Provinzen und direct von dort eingehend .	pes. 22,50 =	M. 19,44
Desgleichen aus fremden Ländern		
a) für die Nationen ohne Verträge . . .	- 32,25 =	- 27,86
b) für die Nationen mit Verträgen . . .	- 30,80 =	- 26,61

Als Tara für Kisten und Fässer werden nach wie vor 14 % berechnet.

Ueberdies wird nach dem Gesetze vom 21. Juli 1875 ein Supplementzoll auf Rohzucker von pes. 8,80 = M. 7,60, auf raffinirten von pes. 13,50 = M. 11,66 erhoben.

Die Konsumtions-Abgabe beträgt pro 100 Kg. einheimischen Zucker, 67 Pf., pro 100 Kg. fremden Zucker, 82 Pf.

h) Portugal erhebt für Rohzucker aller Art pro 100 Kg. 38 Mark 83 Pf., für raffinirten Zucker aller Art pro 100 Kg. 62,40 Mark.

i) Serbien, welches seinen Zucker zumeist aus Oesterreich-Ungarn bezieht, erhebt als Einfuhrszoll, Verzehrungssteuer und Nebenspesen für je 100 Kg. an raffinirten Zucker oder Pilé 50 Piaster = 16 Mark 96 Pf.

k) Griechenland erhebt einen Eingangszoll pro 100 Kg. auf Zucker in Broden und auf Puderzucker von 17,58 Drachmen (14 Mark 6 Pf.). Auf nichtraffinirten Zucker von 10 Drachmen 55 Cs. (8 Mark 44 Pf.).

l) Die Türkei erhebt einen Zoll von 8pCt. des Werthes von allen Einfuhren.

9. Nord-Amerika.

Die Zoll- und Steuergesetzgebung der Vereinigten Staaten hat erst in neuerer Zeit die Aufmerksamkeit des Kontinents auf sich gelenkt; lange Zeit wurde weder von einem Handel in Zucker nach Amerika, noch von einer Einfuhr von dort nach

Europa gesprochen. Der Bedarf der Republik fand seine Deckung durch die Rohrzucker des grossen amerikanischen Produktionsgebietes und ein Export von Nordamerika fand nach Europa nicht statt. Dies Verhältniss ist in den letzten 10 Jahren ein anderes geworden.

Einerseits ist durch die Exportprämie inzwischen die europäische Industrie selbst in den Stand gesetzt, Zucker auf den amerikanischen Markt zu bringen und andererseits hat die Einführung des Drawback in Amerika, auch den dortigen Raffineuren die Möglichkeit gegeben, wenigstens nach England, wo nur der billige Seeweg in Betracht kommt, exportiren zu können. Im Jahre 1870 bestanden in Amerika folgende Zölle:

Rohzucker nicht über No. 12	3 Cents pro Pfd.
Weisse, gedeckte von No. 12 bis No. 15 . . .	3¼ „ „ „
„ „ 15 „ „ 20 . . .	4 „ „ „
Raffinirte	5 „ „ „

Die Kommission des Kongresses schlug damals folgende Abstufung vor:

Rohzucker oder Muskovaden	2 Cents pro Pfd.
Gereinigter Zucker	3 „ „ „
Raffinirter Zucker	4 „ „ „
Melasse	5 „ „ Gallone.
Rohrsyrup	1¾ „ „ Pfd.

welchen Vorschlägen gegenüber die amerikanischen Raffinadeure jedoch über eine schwere Schädigung ihrer Instustrie klagten und behaupteten, es müsse ein Unterschied zwischen gewöhnlichen Rohzuckern und den gedeckten Zuckern gemacht werden, welche letzteren importirt und direkt in den Konsum gebracht werden könnten.

In Amerika besteht noch heute die Abschätzung der Zucker nach holländischem Standard, d. h. nach Farbentypen und leidet in Folge dessen an allen Ungenauigkeiten und Unregelmässigkeiten, welche dieses System naturnothwendig mit sich bringt. Die Folgen dieses Systems wurden denn auch schon in verschiedenen Fällen fühlbar. So wurden noch in diesem Jahre in New-York Demerarazucker, die nach ihrem Rendement einen Zoll von 4 Cents hätten zahlen müssen, aber nachweislich künstlich gefärbt waren, um deren Klassifikation nach der holländischen Marke 7 zu ermöglichen, für welche der Zoll nur

$1\frac{3}{4}$ Cents pro Pfund beträgt, confiscirt. Der Finanzminister verfügte sofort die Erhebung eines Strafzolles von 15 Cents pro Pfund und ist bald darauf eine Kommission in Boston niedergesetzt worden, um eine Abänderung des Zolltarifs zu erörtern und auch speziell die Frage der gefärbten Zucker zu berathen. Bezüglich der letzteren schlug dieselbe vor, die gefärbt importirten Rübenzucker mit einem Aufschlag von $33\frac{1}{3}$ pCt. zu belegen, eine Maassregel, die unseres Erachtens das Ziel wohl nicht erreichen wird.

Die letzten Aenderungen der Zucker-Zoll-Gesetzgebung in den Vereinigten Staaten erfolgten unterm 22. Juni 1874, 5. März 1875, 17. Dezember 1875 und 8. September 1877.

Der Tarif vom 22. Juni 1874 setzte folgende Eingangszölle fest:

Zucker von No. 7 des Standards und darunter	$1\frac{3}{4}$	Cents	pro	Pfd.
do. über No. 7 bis No. 10	2	„	„	„
do. „ „ 10 „ „ 13	$2\frac{1}{4}$	„	„	„
do. „ „ 13 „ „ 16	$2\frac{3}{4}$	„	„	„
do. „ „ 16 „ „ 20	$3\frac{1}{4}$	„	„	„
do. „ „ 20 und alle Sorten Raffinade, Lumps etc.	4	„	„	„
Kandis, nicht gefärbt	10	„	„	„
Melasse	5	„	„	Gallone.
Syrup aus Zuckerrohrsaft, konzentrirtes Melado und konzentrirte Melasse . . .	$1\frac{1}{2}$	„	„	Pfd.

Mit dem 5. März 1875 wurde auf diese Sätze ein Zuschlag von 20 pCt. gelegt.

Am 17. Dezbr. 1875 wurden die Eingangszölle wie folgt normirt:

Rohzucker	No. 7 und darunter .	\$ $2\frac{3}{16}$	pr. 100 Pfd.
do.	von No. 7 bis 11 . .	- $2\frac{1}{2}$	- - -
do.	- - 12 - 13 . .	- $2\frac{3}{16}$	- - -
do.	- - 14 - 16 . .	- $3\frac{7}{16}$	- - -
do.	- - 16 - 20 . .	- $4\frac{1}{16}$	- - -
do.	über No. 20	- 5	- - -

Der Rückzoll wurde nur wenig abgeändert, nämlich:

		abzüglich 1 pCt.
für Raffinade in Broden, Stücken u. gemahlen	von \$ 3,75	auf \$ 3,60
- weisse Zucker über No. 20	- - 2,50	- - 3
- andere Zucker von No. 20 und darunter .	- - 2,50	- - 2,50
		abzüglich 10 pCt.
- Syrup pr. Gallone	- - 6,25	- - 6,25

Aus diesen letzteren Sätzen ergiebt sich, dass auch der amerikanische Raffinadeur eine immerhin namhafte Exportprämie genoss. Bei einer Ausbeute von 55 Pfd. weisser Raffinade erfolgte z. B. eine Bonifikation von . . . . $ 1,98
weitere 30 Pfd. weisse Zucker $^{11}/_{18}$ entsprechen an Steuer - 0,84
und 10 Pfd. Melasse à $6^1/_4$ cts. pr. Gallone . . . . . . - 0,06

zusammen $ 2,88

oder einen Nutzen von 0,38 cts. für den Centner verarbeiteten Rohzucker. Da der grösste Theil des amerikanischen Konsums weisse Zucker umfasst, konnte der amerikanische Raffinadeur diese Sorten mit Nutzen im Inlande verwerthen und den harten Zucker exportiren, wofür namentlich England bei der geringen Fracht von höchstens 0,30 cts. pr. 100 Pfd. ein gelegener Markt war, wie denn auch bedeutende Posten raffinirter Waare, namentlich als Würfelzucker dorthin Absatz fanden.

Im Jahre 1877 wurde einer Ermässigung dieser Rückzoll-Sätze ernstlich näher getreten. Zwei verschiedene Kommissionen tagten in Boston und New-York, um die betreffenden Drawbacksätze aufzustellen und wurden die höheren Sätze der Bostoner Experten-Kommission angenommen und am 7. Septbr. 1877 publicirt, um nach dem 1. Oktbr. 1877 in Kraft zu treten. Die Sätze des Rückzolls sind nunmehr, wie folgt, festgestellt:

auf „loaf", „cut loaf", „crushed", „granulated" und „powdered" raffinirten Zucker, in der Trockenstube getrocknet (stove dried) oder getrocknet durch einen anderen gleich wirksamen Prozess, gänzlich das Produkt aus ausländischem verzollten Zucker	$ 3,18 cts. pr. Pfd.
auf „refined white coffee-sugar" ungetrocknet (undried) und über No. 20 holl. Marke, gänzlich das Produkt aus ausländischem verzollten Zucker .	- 2,58 - - -
auf alle Sorten von „refined coffee-sugar" No. 20 holl. Marke und darunter in Farben, gänzlich das Produkt aus ausländischem verzollten Zucker .	- 2,08 - - -
auf Syrup gewonnen täglich beim Raffiniren ausländischen verzollten Zuckers per Gallone . .	- 6,25 - - -

Die Rückzollraten unterliegen einem Abzug von 1 pCt. auf Zucker und von 10 pCt. auf Syrup, wie bisher.

DRITTER ABSCHNITT.

Die internationale Zuckerkonvention.

Der erste Anlass zum Abschluss einer internationalen Konvention war, wie schon erörtert, durch die Verhandlungen über den Handelsvertrag zwischen Frankreich und Belgien gegeben worden und wurde die Verwirklichung derselben, sowohl in diesem Handelsvertrage selbst, als im Schlussprotokolle des Handelsvertrages zwischen Frankreich und England in Aussicht genommen. Es hatte sich die Ueberzeugung geltend gemacht, dass, da die Besteuerung des Zuckers in den verschiedenen Ländern auf wesentlich anderer Basis beruhe, und dem entsprechend die einzelnen Zuckersorten in jedem einzelnen Lande mit verschiedenem Zuckergehalte normirt seien, diese Verschiedenheit auf den internationalen Markte einen erheblichen Einfluss ausübe.

Während der Rohzucker bei den meisten Staaten nur eine einzige Klasse bildete und nur mit einem Steuersatze belegt war, besass England für die verschiedenen Sorten eine detaillirte Zollskala. In den anderen Staaten erschienen dadurch die besten Zuckersorten begünstigt und bildeten in Folge dessen den Hauptartikel des Zuckerhandels, in England dagegen waren zumeist die niederen Gattungen vertreten, während die feineren Zuckersorten nur in minimalen Mengen importirt wurden. Auch der Begriff des raffinirten Zuckers war in den verschiedenen Staaten ein verschiedener und überdies die Steuerrückvergütung schon nach dieser Richtung eine ungleichmässige. In England vergütete man den Zoll für 100 Pfd. Rohzucker im Ausmaasse von 77 pCt. Raffinade, während

Belgien hierfür 83 pCt., Holland 82 pCt., Frankreich zuerst 76 pCt., später 80 pCt. normirt hatten. In England und Frankreich bezahlte man damals den Drawback in Baarem, während derselbe in Holland und Belgien durch Abschreibung des proportionalen Theils an der für Rohzucker geschuldeten Summe erfolgte. Wie gross der Verlust schon damals für die einzelnen Staaten war, welche aus dem Unterschiede zwischen wirklichen und gesetzlichen Ausbringen entstand, konnte nicht festgestellt werden, aber es war ausgemacht, dass England, welches nur geringere Zuckersorten einführte, trotz des niedrigsten Rendements von 77 pCt. geringere Exportprämien gewährte, als Belgien und Holland, die ein Ausbringen von 82 und 83 pCt. angenommen.

Erst im Anfang der sechziger Jahre aber brach sich die Ueberzeugung bei den Regierungen Bahn, dass sie nicht nur enorme Exportprämien bezahlten, sondern dass sie durch diese Begünstigung nichts erreichten, als für die heimischen Konsumenten den Preis des Zuckers zu erhöhen und dafür Zucker zu weit billigeren Preisen zu exportiren und war es im Jahre 1862 zuerst Frankreich, welches den Regierungen von England, Belgien und Holland den Vorschlag machte, gemeinschaftlich zu berathen, wie diesem Uebelstande zu begegnen und wie der gesammte Zuckerhandel endlich auf eine gesunde, rationelle Basis zu stellen sei. Zwischen den Bevollmächtigten der vier vorgenannten Staaten fand dann eine erste Konferenz zu Paris statt und einigte man sich in den 9 Sitzungen derselben (vom 24. März bis 16. April 1863) über die Grundsätze einer gemeinsamen Besteuerung. Die Feststellung des raffinirten Zuckers als Basis der Besteuerung, die Einführung einer Klasseneintheilung für die Rohzucker nach deren Gehalte, die Adoption der holländischen Typen für diese Klassifikation und des Hauptprinzips, dass die Exportvergütung sich genau nach der Steuer zu richten habe, war das Ergebniss der ersten Konferenz. In der zweiten Konferenz 1864 einigte man sich endlich über eine ganze Reihe anderer Punkte und verfasste eine definitive internationale Konvention, welche am 8. Novbr. 1864 von den Bevollmächtigten der 4 Staaten angenommen, von diesen letzteren ratifizirt und die wechselseitigen Ratifikationen zur entsprechenden Zeit ausgetauscht wurden.

Diese Konvention trat am 1. August 1865 mit einer Dauer

von 10 Jahren in Wirksamkeit und hatte dieselbe folgenden Inhalt:

Das Minimum des Ausbringens von Zuckern bei den Raffinerieen wird provisorisch wie folgt pr. 100 Kg. Rohzucker festgestellt:

Holl. Typen.		Holl. Typen.		Holl. Typen.	
18	87 Kg.	14	85 Kg.	9	81 Kg.
17		13		8	
16		12		7	
15		11		unter 7.	76 Kg.
		10			

raffinirten Zucker in Hüten. Die Zwischensorten zwischen zwei Klassen gelten zur unteren Klasse.

Es soll unverzüglich in gemeinsamer Uebereinstimmung, auf gemeinsame Kosten und unter Gesammtaufsicht von 4 Regierungsagenten in einer in Uebereinstimmung gewählten Lokalität zu praktischen Versuchen im Raffiniren von Zuckern jeder Klasse und so viel als möglich von verschiedener Herkunft geschritten werden, um deren wirkliches Ausbringen zu ermitteln. Das vorläufig festgesetzte Ausbringen ist nach den Resultaten abzuändern, welche durch die erwähnten Versuche ermittelt werden. Diejenigen Staaten, welche einen einzigen Rückzoll oder eine Steuer-Abschreibung zugestehen, haben ein genaues Verhältniss zwischen den Eingangszöllen und dem hier normirten Ausbringen aufzustellen. Bis zur Einführung der Sätze über das definitive Ausbringen ist das provisorische Ergebniss in England unter der Bedingung nicht verpflichtend, dass das Verhältniss aufrecht erhalten bleibt, welches zur Zeit zwischen dem weiter unten normirten Rückzoll und der Skala der gegenwärtigen Einfuhrzölle für Rohzucker und Raffinaden besteht. Der derzeitige Rückzoll wird bei der Ausfuhr von raffinirten Zuckern um 6 Pence pr. Engl. Centner herabgesetzt.

Das Ausbringen für Kandiszucker darf um 7 pCt. geringer sein, als das für raffinirten Zucker in Broden. Diese letzteren, welche zur Ausfuhr bestimmt sind, müssen bei der Abfertigung vollkommen gereinigt, hart und trocken vorgelegt werden. Nach dieser Operation dürfen diese Zucker unter ununterbrochener dienstlicher Aufsicht zerstossen oder zerstampft werden.

Die durch irgend ein Verfahren den Meliszuckern an Qualität gleichgemachten weissen Farinzucker erhalten beim Export denselben Rückzoll wie die letztgedachten Zucker, wenn sie 1. in Bezug auf die Erhebung der Verbrauchsabgaben oder der Eingangszölle den raffinirten Zuckern gleichgestellt werden, 2. vollkommen gereinigt und getrocknet sind, und den engl. Musterproben entsprechen, welche Proben für die Vertragsstaaten in ähnlichen Fällen obligatorisch sind. Der bei der Ausfuhr von Bastardzuckern oder Farin (vergeoises) zugestandene Rückzoll darf den den Rohzuckern zukommenden Zoll nicht übersteigen. Bei dem Verfahren der zeitweiligen Zulassung dürfen derartige Zucker bei dem Ausgange nur in Kompensation für Quantitäten, welche jene der versteuerten Zucker nicht übersteigen, unter der Bedingung, dass sie an Qualität nicht geringer sind, als Probe No. 10, zugelassen werden. Für Melasse und Syrup wird keinerlei Rückzoll und Steuervergütung geleistet. Der Eingangszoll von dem beim Raffiniren gewonnenen Syrup oder Melasse darf ein Dritttheil des auf Rohzucker No. 10 bis 14 gelegten Zolles nicht übersteigen. Melados zahlen denselben Zoll wie Rohzucker. Die Einfuhrzölle von raffinirten Zuckern in Broden und von weissen, diesem gleichgestellten Farinzucker, welche aus einem Vertragsstaat in den andern eingeführt werden, dürfen nicht höher sein, als der beim Ausgang von Meliszuckern bewilligte Rückzoll. Die Einfuhrzölle dürfen in Frankreich um 15 pCt. höher sein, als der Zoll von Rohzucker No. 15 bis 18. Dieser Satz ist im umgekehrten Verhältnisse zum definitiven Rendement zu erhöhen oder zu ermässigen. Bis zum Inkrafttreten der Sätze über das definitive Rendement dürfen die Zölle von allen raffinirten Zuckern um 4 pCt. höher sein, als der eben aufgestellte Satz.

In den Ländern, wo die Erhebung nicht nach dem Nettogewicht erfolgt, wird die gesetzliche Tara folgendermaassen festgestellt. Verpackung in Holz 13 pCt., in Körben 8 pCt.; sonstige doppelte Verpackung 4 pCt., einfache 2 pCt.; für Runkelrübenzucker und Zucker, der in andern Verpackungen importirt wird, als diejenigen, welche bei Kolonialzuckern gebräuchlich sind, werden die Zölle nach dem Nettogewichte erhoben. Die Anschreibung in den mit einer der Regierungen in einem Vertragsverhältniss stehenden Zuckerfabriken (fabriques de sucre abonnées) soll unverzüglich auf 1475 Gramm pr. Hektoliter Saft und pr. Grad des Dichtigkeitsmessers bei Temperatur von 15 °C. gebracht werden. Dieselbe soll auf 1500 Gramm festgesetzt werden, sobald die Produktion in Belgien jährlich 25 Million Kg. erreicht hat. In denselben Fabriken ist die zu erhebende Steuer die nämliche wie diejenige, welcher Kolonialzucker von No. 10 bis 14 unterliegt. Der aus einem Vertragsstaat in den andern eingeführte Rüben-Rohzucker kann nach der Raffinirung zur Ausfuhr, insofern es sich dabei um die Einfuhr nach Frankreich handelt, unter der Bedingung zugelassen werden, dass derselbe No. 16 nicht übersteigt. Restitutionen und Steuerabschreibungen werden dem einheimischen Rohzucker unter 10, der aus abonnirten Fabriken hervorgeht, nur für eine Menge gewährt, welche nach dem hier festgestellten Rendement verhältnissmässig reduzirt ist. Die Regierungen werden einverständlich alle erforderlichen Proben bestimmen und letztere von Zeit zu Zeit revidiren, sie behalten sich vor, sich über die Mittel zu verständigen, den Beitritt der andern Staaten zu diesem Uebereinkommen zu erlangen und können die Vertragsstaaten, falls in den andern Ländern Prämien bewilligt werden sollten, sich über die Zuschläge verständigen, welche etwa auf die Einfuhren von raffinirtem Zucker aus gedachten Ländern gelegt werden sollten. Die Dauer dieser Konvention wird auf 10 Jahre festgesetzt, die Ratifikation soll binnen 8 Monaten, wenn thunlichst, früher ausgewechselt werden. Die Vertragsstaaten behalten sich vor, alle jene Abänderungen vorzunehmen, welche mit dem Geiste und den Prinzipien dieser Konvention nicht in Widerspruch stehen und deren Erspriesslichkeit erwiesen ist. Die für das definitive Rendement vorzunehmenden praktischen Versuche müssen innerhalb Jahresfrist nach Auswechslung der Ratifikationen zum Abschluss gekommen sein.

Auf Grund dieser Konvention und der von derselben angeordneten praktischen Erhebungen wurde die verabredete gemeinschaftliche Feststellung der Rendements der Zuckersorten im August 1865 vorbereitet. Die Ausführung wurde dem französischen Agenten Mr. Barbier und dem englischen Mr. Ogilvie anvertraut, welche zu diesem Behufe eine Fabrik in Cöln pachteten und vom 1. Septr. 1865 an das successive Raffiniren der Zuckersorten nach den verschiedenen Typen im grossen Maassstabe in's Werk setzten. Bei der Auswahl der Quantität und Qualität des zu raffinirenden Zuckers ging man von dem

Prinzip aus, dass in jeder der vier Klassen die üblichen Zuckersorten in jenem Verhältnisse zu mischen seien, welche der Gesammteinfuhr und Produktion der vier Staaten entspreche; dass bei Zuckersorten derselben Klasse und desselben Ursprunges Qualität und Quantität im Verhältniss der in London jährlich eingelagerten Quantitäten zu nehmen sei, dass alle Zuckersorten einer und derselben Klasse zusammengemischt und einem einzigen Raffinationsakte zu unterwerfen seien.

Diese Prinzipien ergaben folgende Verhältnisszahlen für die einzelnen Zuckersorten und das folgende reelle Ergebniss für jede einzelne Klasse:

I. Klasse (No. 18 bis No. 15).
In Millionen Kilogramm.

Zuckersorte.	England.	Frankreich.	Belgien.	Holland.	Total.	pCt.	Rendement.
Mauritius	1	20	—	—	21	16	94 pCt.
Kuba	2	10	3	1	16	12	
Java	—	—	4	30	34	25	
Französische Kolonieen	—	40	—	—	40	30	
Rübenzucker	—	20	2	1	23	17	
Summa	3	90	9	32	134	100	
II. Klasse (No. 14 bis No. 10).							
West-Indien, Guinea	50	—	—	—	50	14	88 pCt.
Kuba	68	40	10	1	119	33	
Mauritius	33	10	—	—	43	12	
Java	—	—	1	45	46	13	
Rübenzucker	3	90	19	1	103	28	
Summa	154	140	30	47	361	100	
III. Klasse (No. 9 bis No. 7).							
West-Indien	56	—	—	—	80	36	80 pCt.
Guinea	24	—	—	—			
Kuba	41	7	2	1	51	23	
Brasilien	35	15	—	—	50	22	
Rübenzucker	7	30	4	—	41	19	
Summa	163	52	6	1	222	100	
IV. Klasse (unter No. 7).							
West-Indien, Guinea	13	—	—	—	13	21	67 pCt.
Ost-Indien	10	—	—	—	10	16	
Mauritius	9	—	—	—	9	14	
Brasilien	20	—	—	—	20	32	
Philippinen	11	—	—	—	11	17	
Summa	63	—	—	—	63	100	

Es wurde hierauf ein Quantum von 32,000 Ctr. Rohzucker angekauft und zwar Javazucker in Holland, Rübenzucker in Frankreich, die andern Kolonialzucker in London und wurde diese Menge in 4 verschiedenen Serien verarbeitet. Die Aufgabe war, zu ermitteln, wie viel trockener weisser Zucker, resp. wie viel Aequivalente desselben aus dem gegebenen Quantum von Rohzucker jeder Sorte zu fabriziren sei. Im Jahre 1866 waren diese Versuche beendigt. Das schliessliche Ergebniss, trockener weisser Zucker gleich 100 pCt. Zucker, war für die I. Klasse 94 pCt., II. Klasse 88 pCt., III. Klasse 80 pCt., das der IV. Klasse nur 67 pCt. Dasselbe wurde von den Kommissionen aller vier Staaten in der Konferenz am 20. September 1866 mit Einstimmigkeit angenommen und in der am 20. November 1866 zu Paris abgeschlossenen Konvention als verbindlich anerkannt. Dieses definitive Ergebniss trat somit an Stelle der früheren Klassifikation und zwar vom 1. April 1867 in Kraft.

Die internationale Konvention und ihr Zweck, jede Exportprämie zu verhindern, war gewiss ein Schritt zum Bessern. Sie hat das Prinzip festgestellt, wonach der Zuckergehalt jeder Zuckersorte bestimmt und aller Rohzucker eines Landes nur mit einer solchen Abgabe belegt werden dürfe, welche im genauen Verhältniss zu dessen Zuckergehalte stehe, und dass beim Exporte des Zuckers genau wieder und nicht mehr als die ausgelegte Steuersumme rückvergütet werde. Die Möglichkeit einer einheitlichen und rationellen Behandlung des Zuckers war gegeben. Wenn trotzdem nichts von alledem eintrat, wenn die Konvention ihr Ziel vollständig verfehlte, so war der Grund dieser Erscheinung ein doppelter, theils in den Mängeln der Konvention selbst, theils in deren schlechter Durchführung gelegen.

Die Mängel der Konvention waren die Art der Feststellung des Kölner Rendements, die Einführung einer Klassifikation und die Adoption der Holländischen Typen, wonach die Vergleichung mit deren Färbung einzig und allein den Zuckergehalt für die Behörden bestimmen sollte.

Vor Allem war die Methode, nach welcher in Köln vorgegangen wurde, keine naturgemässe. Der Zucker, wie er im Handel vorkommt, ist kein Gemisch von 4 oder 5 verschiedenen Zuckergattungen. Auch das Verhältniss, nach welchem in Köln die einzelnen Sorten gemischt wurden, war ein künstlich zurechtgelegtes. Was nutzte es, dass für die Versuche der 4 Klassen alle erdenkliche Mühe und Sorgfalt verwendet wurden, es wäre zweckmässiger gewesen, den Zuckergehalt jeder einzelnen Sorte, sowie deren Färbung derart zu bestimmen, dass für jede Sorte mit Genauigkeit der entsprechende Zuckergehalt für jede Klasse normirt worden wäre. Es ist ja bekannt, dass Java-Rohzucker und einzelne Sorten von Mauritius- und Cuba-Zucker sehr reiche Ausbeute geben, während das Ausbringen von West-Indien und Guinea, die Muscovados von Cuba und die schwächern Gattungen von Mauritius nur ein sehr geringes ist. Auch der Konsum jedes Landes an den einzelnen Sorten ist gar nicht in Betracht gezogen worden, wenigstens in der für die Praxis nothwendigen Weise; so konsumirt England von der II. Klasse ein Dritttheil Westindischen- und fast keinen Java- und Rübenzucker, während Holland wesentlich Java- und Frankreich in erster Linie Rübenzucker verwendet. Während England also die ärmsten Gattungen in reichster Auswahl verzehrt, stehen Frankreich und Holland nur die allerbesten Sorten zu. Ist nun der angenommene Standard für eine dieser Sorten genau, so muss er für die ärmeren oder reicheren Gattungen ungenau sei, und da die eine Sorte fast ausschliesslich in dem einem Lande, die andere in den anderen Staaten gebraucht wird, so wird die Ungenauigkeit des Standards noch schädlicher, die praktische Wirkung desselben auf den Drawback noch intensiver.

Java, die reichste Sorte und diejenige, welche Holland fast ausschliesslich bezieht, erscheint bei der Mischung der I. Klasse nur mit 25 pCt., bei jener der zweiten mit 13 pCt., bei der III. und IV. Klasse gar nicht berücksichtigt. Rübenzucker, fast der einzige Rohstoff für die Raffinerieen Frankreichs, kommt in der I. Klasse mit 17 pCt., in der II. Klasse mit 28 pCt., in der III. Klasse nur mit 19 pCt., in der IV. Klasse gar nicht vor. Die Wirkung einer solchen Mischung ist, dass die Rendements derselben geringer ausfielen, als das Rendement jeder einzelnen Zuckersorten ist; da nun Holland und Belgien nur reiche Rohzucker verarbeiten, so liegt der Vortheil für diese Länder auf der Hand.

Der zweite Mangel der Konvention ist die Feststellung einer Klassifikation mit zu weit auseinanderstehenden Untertheilungen. Jede klassifizirte Skala ist nur eine Annäherung an die Genauigkeit, aber niemals die Genauigkeit selbst, weil jede Untertheilung derselben Zuckersorten enthält, deren Rendement grösser, oder geringer als das gesetzliche Mittel ist, für welches die Abgabe normirt ist. Der Grundsatz ist stets in den Uebergängen zwischen zwei Abstufungen durchbrochen. Wenn die Abgaben niedrig und die Abstufungen zwischen den einzelnen Klassen nicht zu gross sind, dann ist die Differenz nicht von grosser Bedeutung, wenn aber die Abgaben hoch sind und die Abstufungen wie in der Konvention volle 6 pCt. 8 pCt. und gar 13 pCt. betragen, dann ist die Unvollständigkeit der Klassification eine schreiende und fördert die Ungerechtigkeit der Belastung. Die französischen und holländischen Raffineure haben sich diese Umstände auch sogleich zu Nutze gemacht. Der holländische Raffineur bezieht 87 procentigen Zucker und versteuert denselben, als zur dritten Klasse gehörig, nur als 80 procentigen. Es bleiben ihm mindestens 7 pCt. steuerfrei, wovon er den Steuerbetrag im Zuckerpreise ausbezahlt erhält. In Holland beträgt die Abgabe von No. 9 bis 7: fl. 21,60, während die Abgabe für die II. Klasse mit fl. 23,76 normirt ist, der Gewinn des Raffineurs aus diesem Titel des Gesetzes beträgt fl. 2,16 für je 100 Ctr. Rohzucker. Noch weiter geht der franz. Raffineur, welcher die Fabrikation von niederen Nummern Zucker geradezu erzwingt. Zucker mit 79 pCt. rangirt in die II. Klasse und zahlt Steuer für 67 pCt. und beträgt der Gewinn somit mindestens 10 pCt. für den Raffineur.

Noch grösser war aber der dritte Fehler der Konvention, dass sie die Farbennuance der Holländischen Typen als genügendes und gesetzlich bestimmendes Merkmal für den Zuckergehalt der einzelnen Sorten feststellte. Abgesehen davon, dass für den Rübenzucker, welcher dermalen auf dem Weltmarkt einen hervorragenden Platz einnimmt, eine genaue Scheidung der Färbung nicht möglich, selbst für die gleichen Klassen eine übereinstimmende Nuance zwischen der Farbe des Zollvereins, der Kolonieen und Frankreichs nicht zu erzielen ist und dieses System also von vornherein nicht zu empfehlen war, so zeigte es sich später, dass gerade die Wahl der Nuance der grösste und folgenwichtigste Irrthum der Konvention war. Man hatte geglaubt, dass, weil die holländischen Muster für den Import der Kolonialzucker in der früheren Zeit völlig hinreichend waren, auch mit denselben für die Jetztzeit und für den Rübenzucker trotz alles Fortschrittes, trotz aller Verbesserungen der Fabrikation auskommen zu können. Das war ein Irrthum. Von Seiten der Raffineure war das Losungswort bald gefunden, es hiess dunkle Sorten mit möglichst hohem Zuckergehalte. Die Fabrikanten wurden geradezu gezwungen, nur niedere Zuckergattungen zu erzeugen, und da dies auf natürlichem Wege nicht in solchem Maasse zu bewerkstelligen war, so blieb nichts übrig, als die besseren Sorten dunkel zu färben, um nur die niedere Steuerquote bezahlen zu müssen. Während wir im Jahre 1870 nur 20 Millionen Kg. an niederen Zuckern in Frankreich hatten, fanden wir 1871 bereits 75 Millionen, später 106 Millionen und im Jahre 1874 diese Summe auf 125 Millionen inländischen und 70 Millionen Kolonialfabrikat dieser Sorte steigen. Für das Jahr 1875 schätzte man die französische Produktion an niederen Gattungen ohne die Kolonialimporte auf 180 Mill. Kg. Die Wirkung dieser ganz veränderten Produktion war, dass die Preise der Zuckermärkte sich gar nicht mehr nach dem Zuckergehalte, sondern nur mehr nach dem Bedarf der Raffineure richteten. So kostete 1872 weisser Zucker 80 Frcs., II. Klasse nur 69 Frcs., während III. Klasse schon 73 Frcs. und Klasse IV sogar 76 Frcs. erzielte (Journal des fabricants de sucre, Douai 18. Avril 1872). Die erste Klasse mit 94 pCt. ist nur um 4 Frcs. theurer als Klasse IV mit 67 pCt., die III. Klasse um 4 Frcs., die IV. Klasse um 7 Frcs. theurer als die Zucker der II. Klasse.

Dass eine solche Gestaltung der Preise nur auf künstliche Weise möglich ist, versteht sich von selbst und es ist klar, dass in diesem Falle nur die grosse Exportprämie die Raffineure zu solchen Preisen bewog. Gelänge es einmal den Pariser Raffineuren, die gleichen Qualitäten Rohzucker zu billigeren Preisen einzukaufen, dann würde ein solcher Export mit Raffinaden in Szene gesetzt, dass die Engländer geradezu damit überschwemmt würden, die englischen Raffinerieen stille stehen und das sonst aus Frankreich bezogene Rohmaterial unveräussert bleiben müsste.

Angesichts dieser Verhältnisse blieb den Fabrikanten in Frankreich nichts übrig, als ihre Zucker zu coloriren, um auch den besseren Zuckersorten die Farben und die Steuerbelegung der niedrigsten Klassen zu verschaffen (Sugar duties Memorials for the trade ordered by the House of Commons, March 1873). Es liess sich dies um so leichter machen, als die hierzu verwendeten Rohstoffe ohnedies im Fabrikationsprozess vielfach angewendet wurden und daher die Eruirung und Bestrafung ganz ausgeschlossen war. Diese Art moderner Defraudation besteht, wie solche in der zwischen einer der grössten Zuckerfabriken Rheinlands und der Firma T. Nocq Deusy & fils von Arras geführten, in allen Expertisen und Blaubüchern abgedruckten Korrespondenz in sämmtlichen Details bekannt geworden ist, in der Mischung von Karamel während des Zuckererzeugungsprozesses. Das interessanteste Schreiben aus jener Korrespondenz, welches sich durch Naivetät besonders auszeichnet, lautet folgendermassen:

Ste. Cathérine Arras 1 Fevrier 1872.

„Wir haben Ihre Anfrage vom 29. vor. Monats erhalten.

„Im Handel werden die verschiedenen Zuckersorten nach „ihrem Zuckergehalte bezahlt, bei der Besteuerung ist jedoch „die Farbennuance die Basis. Es ist demgemäss im Interesse „der Zuckerfabrikanten Frankreichs Zucker von dunkler Fär„bung zu erzeugen, ohne ihn darum zuckerärmer zu machen, „als jener von lichterer Farbe ist. Um dieses Ziel zu erreichen, „benutzen die Fabrikanten Karamel, die Benutzung desselben „ist so leicht als möglich. Durch Mischung mit lauem oder „heissem Wasser bringt man es auf 20 pCt. Dichte und giesst „einen halben Liter dem Zucker in jenem Zeitpunkte in die „Centrifugalmaschine zu, wo der Zucker nahezu centrifugirt. „Die Erfahrung lehrt das Maass der Benutzung von Karamel; „je nach der Nuance wird mehr oder weniger davon gebraucht. „Alle unsere Fabrikanten sind bei dem Gebrauche von Karamel „gut gefahren und wir haben unter ihnen Kunden, welche davon „3 bis 4000 Kg. gebraucht haben.“

Achtungsvoll T. Nocq Deusy & fils.

Die Existenz dieser Prozeduren wurden von den französischen Ministern selbst in der National-Versammlung zugestanden, und deren thunlichste Bestrafung dort und in zahllosen diplomatischen Aktenstücken versprochen. Wie gross der

Schaden war, den durch solchen „tour de main“ der französische Staatsschatz erlitt, lässt sich nicht berechnen, es scheint aber, dass er 1875 nahe an die sechzig Millionen Frcs. betragen hat. Noch schädlicher ist die Wirkung auf die volkswirthschaftlichen Verhältnisse des Landes. Durch die riesigen Prämien wird der Raffineur der Herr der Industrie, der Zuckermarkt wird centralisirt und weder der Konsument, noch der Fabrikant, noch der Zuckerhändler kann sich dem Monopol der Raffineure entziehen.

Die Nuance hatte schon an und für sich genug des Unheils angerichtet; es trat noch ein weiterer Umstand hinzu, der den Raffineuren günstig war. Es stellte sich nämlich heraus, dass die Standards für Frankreich plötzlich heller geworden waren, so dass die Probemuster der III. Klasse fast jenen der II. Klasse, jene der II. Klasse jenen der I. Klasse u. s. f. glichen und für dieselbe galten. Dass auch dieser Zufall von den Raffineuren gut ausgenützt wurde und Zucker der II. Klasse mit 88 pCt. Rendement gleich jenem der III. Klasse mit 80 pCt. Rendement bezahlt wurde, versteht sich von selbst, wie wir das auch in der Besprechung der französischen Steuerverhältnisse bereits ziffermässig darlegten. Später, als diese Standards im Einverständniss mit sämmtlichen Mächten 1870 neu revidirt worden waren, blieben die Versuche der Diplomaten, die franz. Regierung zu bestimmen, dieselben ebenfalls durch genauere zu ersetzen, fruchtlos und die franz. Raffineure arbeiteten unter der Gunst der Verhältnisse ruhig weiter.

Mit diesen drei Mängeln ist über die internationale Zuckerkonvention als solche der Stab schon gebrochen. Trotzdem ist es interessant zu sehen, wie auch die Durchführung der Konvention von Seiten der Kontraktstaaten eine derartige war, dass sie hätte niemals ihren Zweck erreichen können.

Nur England blieb vollständig vertragstreu, während Belgien und Holland sich nur langsam entschliessen konnten die Zuckerkonvention in's Leben zu führen, und, was Frankreich anbelangt, so hat es die Bestimmungen derselben überhaupt ignorirt. — Dass wesentliche Gründe hierbei bestimmend wirkten, ist klar.

In Belgien und Holland war es hauptsächlich die Methode der Steuerveranlagung, welche die Wirksamkeit der Konvention von vornherein lähmte. Beide Staaten besteuern den Rübensaft. Es wird also nicht das wirkliche, sondern das vermuthete Ergebniss der Zuckerfabrikation in Rechnung gezogen. Theoretisch ist es allerdings möglich, dass das Eine mit dem Andern zusammenfällt und eine Differenz zwischen beiden nicht statthat, aber wahrscheinlich ist es nicht, denn da die Fabrikation eine höhere als die gesetzliche Besteuerung nicht ertragen würde, eine gleichmässige bei Anordnung eines Durchschnittes nicht möglich ist, so bleibt nichts übrig, als anzunehmen, dass der Steuersatz unter dem wirklichen Ergebnisse bleibt. Dass dies sich in der That so verhält, geht wohl aus der Feststellung eines Minimums für die Einnahme des Staats hervor. Dies Minimum bildet eine Art fiskalischer Nothwehr, womit sich der Staatsschatz gegen eine zu weit gehende, aus dem Gesetze selbst resultirende, Schmälerung seiner Einnahme aus dem Zuckerkonsum sicherstellt.

In Holland ist allerdings der Gewinn der Zuckerfabrikanten nicht so gross, da in diesem Staat für jeden Grad der Dichtigkeit eine Rohzuckerausbeute von 1635 Gramm pr. Hektoliter Saft verlangt wird. Anderseits besitzt aber Holland die zuckerhaltigsten Rüben und dürften seine Zuckerfabriken bei den riesigen Fortschritten, welche die Zuckerfabrikation in den letzten Jahren gemacht hat, gewiss die obige Ausbeute überschreiten. Wenigstens wird in den Kammern aus diesem Extragewinnste selbst bei der öffentlichen Diskussion gar kein Hehl gemacht. Die Holländische Rohzucker-Industrie ist übrigens, wie wir sahen, eine nicht sehr ausgedehnte und deren Gewinn daher auch im Ganzen nicht sehr beträchtlich. Grösser ist der Vortheil, den die Raffinerieen Hollands aus den Bestimmungen der Konvention ziehen. Die Regierung selbst ist hierbei gezwungen, den eigenen Industriellen hülfreiche Hand zu bieten. Während im Gesetze vom 14. März 1867 ausser den 4 Klassen noch eine aussergewöhnliche Klasse No. 19 und No. 20 mit dem Rendement von 96 pCt. und dem Steuersatz von 25 fl. 92 cents pr. Ctr. normirt war, wurde bereits mit Dekret vom 27. Juni 1868 diese besondere Klasse aufgehoben und die darin enthaltenen Zuckersorten der I. Klasse einverleibt. Die Regierung konnte nicht anders vorgehen, wollte sie nicht den Umtrieben Belgiens und der vertragswidrigen Haltung Frankreichs waffenlos gegenüberstehen. Belgien mit seiner Rübensaft-Ausbeute von nur 1500 Gr. bezog die guten und reichhaltigen Rüben von Holland, gewann ganz bedeutende Exportprämien, und erhielt hiedurch auf dem Zuckermarkte einen nicht unbedeutenden Vorsprung vor Holland, indem es gleichzeitig durch seine Bezüge die holländische Rübe für die niederländischen Fabrikanten erheblich vertheuerte. Gegen die mächtige Raffinerie Hollands konnte Belgien umgekehrt nicht aufkommen, aber den dortigen Rohzuckererzeugern brachte es manchen Nachtheil und dies genügte im Vereine mit Frankreichs Auftreten, Holland Maassregeln, die nicht ganz im Einklange mit dem Geiste der Konvention waren, zu diktiren.

Wie wir bereits nachgewiesen, ist die gesetzlich vorgeschriebene Ausbeute in Belgien (1500 gramm) eine so geringe, dass die belgischen Fabrikanten, welche die reichen Rüben des eigenen Landes und der Grenzbezirke Frankreichs und Hollands verarbeiten, sehr bedeutende Prämien gegenüber dem Steuersatze erreichen. Ueberdies wird in Belgien die Steuervergütung, welche nur bis zur No. 8 reicht, jeder einzelnen Fabrik stets nur bis zum Betrage der von ihr gezahlten oder geschuldeten Steuersumme gewährt. Diese Beschränkung zwingt zwar die Belgier, den Zucker zu raffiniren und ihn in dieser Form entweder zu exportiren, oder dem innern Verbrauch zuzuführen, um dafür die grosse Steuervergütung von Frcs. 51,13 oder 54,70 zu erlangen, sie erweist sich aber, nachdem die Fabrikanten ihre Fabrikation darauf eingerichtet oder mit den Raffinerieen das nöthige Uebereinkommen getroffen haben, als eine Quelle grossen Gewinnstes. Noch grösser werden die Vortheile durch die im Grossen ausgeübte Umgehung des Gesetzes von Seiten der Fabrikanten. Der Minister selbst bezeichnete diese Vorgänge in der Kammer als „schamlose“ (éhontées). Trotz aller Vorschriften, trotz aller Detailanordnungen, welche das Gesetz für die Feststellung der Dichtigkeit des Rübensaftes vorschreibt, ist die Umgehung des Gesetzes ausserordentlich leicht, der Nachweis, dass das Gesetz umgangen wurde, fast unmöglich. Wie gross der Schaden ist, den der Staat hiedurch erleidet, ist nicht festzustellen, aber der Umstand, dass das Minimum von Frcs. 1,500,000 pr. Trimester sehr häufig nicht erreicht wird, zeigt angesichts des Wohlstandes und der Vermehrung der Bevölkerung, dass die Summe eine sehr bedeutende sein muss.

Dass die belgischen Raffineure aus den Mängeln der Konvention den grösstmöglichsten Vortheil ziehen, versteht sich wohl von selbst; wenn sie trotzdem nicht in dem Maasse fortschreiten, welche dem früheren Zustand der Zucker-Industrie in Belgien entspricht, so liegt der Grund in der Konkurrenz, welche Frankreichs übermächtige Raffinerie den belgischen Zuckern macht.

Was England anbelangt, so hat dasselbe sogleich nach Ratifizirung der Konvention seine Zölle und Drawbacks in Gemässheit der vertragsmässigen Bestimmungen reformirt, im Laufe der letzten 10 Jahre die Zölle fort und fort ermässigt und schliesslich ganz aufgehoben, so dass in diesem Staate eine Exportprämie für Zucker nicht besteht und auch nicht bestehen kann.

Frankreich allein kümmerte sich absolut nicht um die Bestimmungen der Konvention, die es doch eigentlich selbst in's Leben gerufen; das Einzige, was es that, war, dass es die Klassifikation für die Exporte in seine Gesetze aufnahm. Aber es normirte weder die nothwendige Korrelation zwischen den einzelnen Zollsätzen, noch adoptirte es das genaue Verhältniss zwischen Steuer und Rückvergütung. Allerdings bestand in Frankreich die Produktensteuer und war daher eine Exportprämie bei der Rohzuckerfabrikation nicht zu holen. Dafür kamen alle Vortheile der Gesetzgebung den Raffinerieen zu Gute, welche ihrerseits, und so lange es nothwendig schien, die Fabrikanten durch einen kleinen Antheil an der Prämie entschädigten.

Die französische Regierung behielt vor Allem ihre zwei Steuerklassen, die erste von 20 bis 13, die zweite von 12 bis unter 7 bei und führte, wie bereits gesagt, für den Export die vier Klassen mit ihren Rendements ein. Da nun die Grenze der zwei Steuerklassen gerade in die Mitte der zweiten Rendements-Klasse der Konvention fällt, so wurde bei der „zeitweisen Einlagerung“ auf die doppelte Eventualität des Exportes und des Konsums, auf beide Klassifizirungen Rücksicht genommen.

Durch diese doppelte Klassifizirung bei der Steuer und bei der Ausfuhr ist es ganz in die Hand des französischen Fabrikanten gegeben, durch Wahl der zur Raffination für den Export eingelegten Nummer ganz beträchtliche Prämien zu erzielen.

Der französische Fabrikant wird daher selten die Nummern 20 bis 15 verarbeiten, sondern es wird sich für ihn stets rentiren, die Nummern 10, 11, 12, sowie das weisse Zuckermehl (poudres blanches) für den Konsum zu erzeugen, wobei er 3 Frs. pro 100 Kg. gewinnt, dagegen die Nummern 13, 14, 9, 8, 7 und unter 7 für den Export zu benutzen, weil diese letzteren Klassen mit einem geringeren Rendement normirt sind, als die der gleichen Kategorieen, welche denselben Steuersatz bezahlen. Bei Verwendung von No. 13 und No. 14 tilgt er die Steuer von 68 Frs. 64 cent. durch Ausfuhr von 88 pCt., während bei den übrigen Kategorieen 94 pCt. und 96 pCt. nothwendig wären; ebenso bedarf er für No. 9 bis No. 7 nur ein Rendement von 80 pCt. und unter No. 7 nur ein solches von 67 pCt., um die Steuer von 65 Frs. 52 cent. zu bezahlen, während er bei Einlagerung der Nummern 12, 11, 10 die Steuer nur mit einer Ausfuhr von 88 pCt. tilgen könnte.

Die Folgen dieser gesetzlichen Anordnung sind klar. Während die Fabrikation naturgemäss dahin zielt, die besten und reichsten Produkte zu erzeugen, wird in Frankreich das Gewicht, wie bereits wiederholt hervorgehoben, auf die niederen Zuckergattungen gelegt. Die Rendements-Statistik weist dies vollständig nach.

Es wurden in Frankreich erzeugt die

Typen in der Kampagne	1872/73	1873/74	1874/75
unter No. 7	2	2	2 %
No. 7 bis No. 9	33	32	31 -
No. 10, 11, 12	21	18	12 -
No. 13, 14	11	5	10 -
No. 15, 16, 17, 18	2	2	3 -
No. 19, 20	0	1	1 -
Weisses Zuckermehl . . .	29	37	37 -
Raffinirt	2	3	4 -
	100	100	100

Die für den Export und für die Konsumtion wichtigsten Gattungen sind am besten vertreten, während die hohen Klassen des Zuckers nur mit 2 bis 5 pCt. in der Erzeugung erscheinen. Bei Verwendung der Klasse 9 bis 7 beträgt der Gewinn für die Raffineure mindestens 7 bis 8 pCt. Dieser Gewinn wird natürlich durch die künstliche und fraudulöse Färbung der einzelnen Zuckersorten, wie wir diese bereits nachgewiesen, im beträchlichen Maasse erhöht.

Frankreich brachte des Weiteren auch seine Zollsätze nicht in Uebereinstimmung mit den Rendements der Konvention. Den Zoll für raffinirten Zucker mit Frs. 73,32 angenommen, entsprechen die Zollsätze von Frs. 68,64 und Frs. 65,52 nicht den Rendements von 94, 88, 80 und 67 pCt. Die wirklichen Zollsätze müssten auf Frs. 68,92 für 94 pCt.; Frs. 64,52 für 88 pCt.; Frs. 58,65 für 80 pCt. und Frs. 49,12 für 67 pCt. lauten. Freilich hatte diese Bestimmung für die Drawbacks keine Bedeutung, denn da die Steuer- und die Rückvergütung nicht im Baaren, sondern durch An- und Abschreibung gezahlt wird, so wird durch Abschreibung von z. B. 80 pCt. raffinirten Zuckers thatsächlich der proportionale Theil des Zollsatzes für raffinirten Zucker und nicht irgend ein anderer Zoll oder Steuersatz bezahlt. Für die Importe aber war diese Nichtübereinstimmung mit der Konvention ein rechts- und vertragswidriger Vorgang.

Eine weitere Vertragswidrigkeit übte Frankreich bei den poudres blanches aus. Dieselben bezahlten nur eine Abgabe von 70 Frs. 20 cent. und zwar entgegen der Bestimmung des Art. 9 der Konvention, welcher feststellt, dass die durch irgend ein Verfahren den Meliszuckern an Qualität gleichgestellten Farinzucker und Zuckermehle beim Exporte dieselbe Rückvergütung wie die raffinirten Zucker erhalten sollen, wenn sie 1) in Bezug auf die Verbrauchsabgaben und die Eingangszölle den raffinirten Zuckern gleichgestellt sind und 2) wenn sie vollkommen gereinigt und getrocknet sind und den englischen Musterproben No. 3 entsprechen, welche Proben für diese Sorten Zucker in allen Vertragsstaaten obligatorisch sind. Der Zoll für raffinirten Zucker beträgt aber für Frankreich und französische Besitzungen 73 Frs. 32 cent., für die Vertragsstaaten 76 Frs. 18 cent. Da nun die Verbrauchsabgabe nur 70 Frs. 20 cent. beträgt, so erhalten die Raffineure hiermit eine Exportvergütung von Frs. 73,32, also eine Prämie von Fr. 3,12 und haben überdies gegenüber den fremden Raffinaden einen Schutzzoll von 6 Frs. Dass die Exportprämie, die hier gewährt wird, eine sehr bedeutende ist, geht daraus hervor, dass die Produktion Frankreichs dermalen weit über 400,000 Tonnen beträgt, der Export an raffinirtem Zucker bereits die

Ziffer von 200,000 Tonnen überschritten hat und zur Raffinirung des Zuckers ein Zusatz von 25 bis 33 pCt. an poudres blanches nothwendig ist.

Die Form, in welcher nun diese und die anderen Exportbonifikationen erlangt werden, ist, wie das bereits bei der Besprechung der französischen Steuergesetzgebung dargelegt wurde und hier zur besseren Uebersicht im Zusammenhang noch einmal exemplificirt werden mag, die folgende. Der französische Raffineur zahlt seine Steuer im Baaren nur für die höchste Klasse No. 20 bis 15 und allenfalls für die poudres blanches. Für alle anderen Roh-Zuckersorten besteht die zeitweilige zollfreie Zulassung (admission temporaire en franchise) und lässt sich der französische Raffineur für deren Steuersumme einfach debitiren. Die Steuervergütung besteht dann darin, dass ihm für je 100 Kilo Rohzucker ein Certifikat über die Ausfuhr einer solchen Menge raffinirten Zuckers gewährt wird, die dem Rendement des eingelagerten Rohzuckers entspricht. Hat z. B. Jemand 100 Kilo Rohzucker mit 80 pCt. eingelegt, während das wirkliche Rendement 92 pCt. beträgt, so erhält er, wenn er 80 Kilo raffinirten Zuckers exportirt, ein Certifikat über diese Ausfuhr, womit er seine schuldige Steuer für die eingelegten 100 Kilo Rohzucker begleichen kann. Da das Rendement aber 92 pCt. betrug, so behält er 12 Kilo steuerfrei. Die Menge Zuckers, welche mehr als das gesetzliche Rendement hat, ist natürlich immer sehr gross, und es ist begreiflich, dass daher eine grosse Nachfrage nach diesen Steuer-Certifikaten existirt. Diese Nachfrage erzeugt eine Prämie für den Besitzer des Certifikats, welche gegenwärtig 5 Frs. beträgt, d. h. die Steuervergütung beträgt 70 Frs. 20 cent., und das Certifikat hat einen Verkaufspreis von 75 bis 76 Frs.

Der Raffineur A. lagert z. B. sehr reiche Zucker, während der Raffineur B. nur weisses Zuckermehl verwendet oder braucht, für welches er bereits 70 Frs. 20 cent. pro 100 Kilo Steuer gezahlt hat. Dieser Raffineur B. exportirt nun sehr viel, verdient am weissen Zuckermehl die Prämie von 3 Frs. und erhält überdies Certifikate, welche er ohne weiteres verkaufen kann, da er für die poudres blanches, welche er bezogen hat und nicht lagern darf, die Steuer bereits bezahlte und hierzu die Certifikate selbst nicht brauchen kann. Raffineur A. exportirt aber nicht und braucht Certifikate, welche er daher von B. mit einer Prämie von 5 Franken kauft. Der Raffineur B. kumulirt somit den Gewinn aus dem drawback der poudres blanches mit 3 Franken und die Prämie für das Certifikat, mithin 8 Frs. für je 100 Kilo. Der Raffineur A. dagegen gewinnt die ganze Differenz zwischen dem wirklichen Rendement seines Zuckers und dem Preis des Certifikats von 75 Franken.

Diese Gewinnste, welche die französischen Raffineure aus der französischen Gesetzgebung und mit Unterstützung der Regierung ziehen, sind natürlich um so grösser, je höher die Zölle und Abgaben sind. Während dieselben 1864 ca. 42 Frcs. bis 51 Frcs. betrugen, stiegen sie bekanntlich in Folge der finanziellen Lasten, welche der deutsche Krieg Frankreich verursachte, bis auf 65 und 81 Frcs., also über 50 pCt., und da inzwischen die andern Vertragsstaaten insbesondere die Zölle und Abgaben ermässigt, England sogar dieselben aufgehoben hatte, so wurde die Differenz immer grösser und das Uebergewicht der französischen Raffineure so gewaltig, dass die Erzeugung von Raffinaden in andern Ländern gehemmt wurde. Die regelmässige Entwickelung der Zuckererzeugung und insbesondere des Zuckerhandels wurde auf das empfindlichste gestört und gleichzeitig das fiskalische Interesse des Staates in ganz ungehörigem Maasse verletzt. (Commercial Correspondences 1874. Parlamentary Papers No. 20.)

Aber die französische Regierung verweigerte trotz dieser Verhältnisse unter allerlei Ausflüchten die strikte Durchführung der Konvention von 1864. Es scheint, dass der Regierung die Steigerung der Produktion zwischen 1865 und 1876 von 209,000,000 Kg. bis auf 450,000,000 Kg., die Vermehrung des Exports von 122,000,000 Kg. auf 215,000,000 in 1876 genügte, um sie allen Vorstellungen der Vertragsstaaten und selbst der eigenen Unterthanen gegenüber unerbittlich zu machen. Es fanden im Verlaufe der Jahre 1867, 1869, 1872 und 1874 Konferenzen über Konferenzen, Expertisen und Enquêten statt, welche den Zweck hatten, Frankreich zum Verlassen der eingeschlagenen Bahnen zu vermögen. Alles vergeblich. Es würde zu weit führen alle diese Schritte, alle Memoranda, alle diplomatischen Aktenstücke vorzuführen, sie füllen ganze Bände des englischen Blaubuchs aus. Es genüge anzuführen, dass schon 1868 durch

Nachtragsdeklaration der Vertragsstaaten (7. und 9. November 1868) (Mon. univ. No. 318 und 319) Frankreich eine Frist zur endlichen Feststellung eines genauen Verhältnisses zwischen Zoll und Steuer gewährt ward und dass diese Frist durch Deklaration vom 27. Dezember 1869 (Mon. univ. 1. Januar 1870) bis auf den 31. Juni 1871 verlängert wurde. Trotzdem blieb Frankreich jederzeit bei seinen früheren Bestimmungen.

Die Verletzung der Interessen der mitbetheiligten Kreise wurde jedoch immer ärger, so dass, wie wir gesehen haben, sogar aus der Mitte der Zuckerfabrikanten die Stimmen nach Reform der Gesetzgebung sich mehrten. Im Jahre 1869 war es schon gestattet worden, um die Mängel der Klassifikation einigermaassen zu heben, dass Unterabtheilungen innerhalb der Grenzen der IV Konventionsklassen gemacht werden durften. Desgleichen adoptirte die internationale Konferenz 1872 in London das Prinzip der saccharimetrischen Bestimmung des Zuckergehaltes und forderte die Regierungen auf, diese Methode in der heimischen Gesetzgebung einzubürgern. In den Jahren 1873 und 1874 fanden ähnliche Konferenzen statt, um den drängenden Klagen der Zuckerinteressenten, zumal der englischen, gegenüber Frankreichs Vorgehen, gerecht zu werden. Das Resultat aller dieser Berathungen war allerdings unmittelbar kein praktisches, aber es verbreitete und befestigte in allen Betheiligten die Ueberzeugung, dass nur das von England verfochtene und dringend begehrte System der Betriebskontrole (refining in bond — exercice des fabriques et des raffineries) und dessen Anwendung auf die franz. Raffinerieen allein Abhülfe verschaffen könne. Die französische Regierung, von allen Seiten wegen ihres illoyalen Benehmens auf das empfindlichste angeklagt, wurde endlich mürbe und, durch ein starkes Deficit in ihren Budgeterwartungen eines Besseren belehrt, legte sie endlich am 21. März 1874 ein Gesetz vor, wonach vom 1. August 1874 das System der Steuerkontrole auch auf die Raffinerieen ausgedehnt werden und an die Stelle der Farben-Nuance die saccharimetrische Bestimmung des Zuckergehaltes treten sollte. Dieses Gesetz wurde öfter geändert und vertagt, endlich am 29. Juli 1875 angenommen, die Einführung des exercice bis zum 1. März ausgesetzt und bis heute — nicht durchgeführt. In der Zwischenzeit hatten in Brüssel neuerdings Konferenzen stattgefunden und am

11. August 1875 zu einer neuen internationalen Zuckerkonvention geführt. Die wesentlichsten Bestimmungen derselben waren die Einführung des Systems der Steuerkontrole für Frankreich und Holland, eventuell für England; für Belgien aber die Erhöhung der Ausbeute von 1550 auf 1600 Gramm pro Hektoliter, die Herabsetzung des Zolles von 45 Frcs. auf $22^1/_2$ Frcs., die Schaffung einer höchsten Klasse von 98 pCt., Erhöhung der Rendements der III. Klasse auf 81 pCt., der IV. Klasse auf 72 pCt., Normirung des Drawback nach den Typen No. 20, 17, 12, 8 und Einführung des saccharimetrischen Verfahrens oder der chemischen Analyse für die Bestimmung des Zuckergehaltes. Auch die Prinzipien der vollständigen Gleichstellung der Zölle, Steuern und Drawbacks, sowie das Verbot der Einhebung von Differentialzöllen oder Zuschlägen (Surtaxes) von fremdländischen Einfuhren wurde ausdrücklich ausgesprochen.

Diese Konvention wurde auf 10 Jahre geschlossen und die Genehmigung der Legislativen behufs wechselseitiger Ratifikation vorbehalten.

Inzwischen hatte Frankreich endlich seinen Gesetzentwurf über die Ausdehnung des exercice auf die Raffinerieen, der National-Versammlung vorgelegt und mit einigen Zusätzen am 6. Januar 1876 promulgirt. In diesem Gesetze war der Zoll für raffinirten Zucker mit Frcs. 73,50, der Rohzucker mit $71^1/_2$ centimes pro Procent besteuert, für die Zuckerbestimmung die Saccharimetrie adoptirt, die zollfreie zeitweilige Zulassung aufgehoben und das exercice für die Raffinerieen eingeführt; dieses letztere unter der Voraussetzung, dass die neue Konvention in Wirksamkeit treten würde. Dabei handelte es sich jedoch nicht um das reine exercice, welches darin besteht, dass der Rohzucker unter Kontrole und ohne Steuer in die Raffinerie eingeführt und aus derselben ohne alle Rückvergütung zum Export oder zum inneren Konsum exportirt wird, es wurde vielmehr, um den Raffineurs gewisse Erleichterungen und dem Staatsschatz die nothwendigen Summen ohne Unterbrechung zu verschaffen, die Einrichtung getroffen, dass für den Rohzucker bei der Einfuhr in die Raffinerie der Steuerbetrag für das nachgewiesene Rendement erlegt und bei der Ausfuhr dagegen ein Certifikat dem Raffineur ausgefolgt werde, mit welchem er die Steuervergütung erheben könne. Die Befürchtung, dass darunter eine admission temporaire und eine Exportprämie versteckt sei, wurde von der franz. Regierung offiziell mit der Erklärung zum Schweigen gebracht, dass das Wesen des exercice darin bestehe, dass kein Theil des raffinirten Zuckers, auch nicht die kleinste Partikel Zucker ohne Kontrole und daher auch ohne Bezahlung der Steuer die Raffinerie verlassen könne, dass daher selbst, wenn der Raffineur ein höheres Rendement erhalte, als er vorläufig besteuert habe, ihm dies nichts nütze, weil er es steuerfrei nicht in den Verkehr bringen könne, sondern in der Schlussliquidation jeden Monats als steuerpflichtig bezahlen müsse.

Durch diese gesetzlichen Bestimmungen waren nun allerdings die meisten Beschwerden und Ungleichheiten der Behandlung des Zuckers beseitigt und man konnte endlich auf einen geordneten Gang dieser Industrie rechnen. Die Konvention wurde aber am 6. März 1876 von der zweiten Kammer der Niederlande verworfen und damit auch das obige Gesetz Frankreichs bis auf weiteres unwirksam gemacht. Eine Koalition der Raffineure Hollands, welche die Steuer-Kontrole nicht wollten, der Freihändler, welche die volle Zollfreiheit anstrebten und schliesslich der sogenannten Ueberklugen, welche an den Vortheilen der neuen Konvention — von der sie glaubten, dass sie auch ohne Holland für die 3 andern Vertragsstaaten in Wirksamkeit treten würde, — mit Vergnügen zu partizipiren geneigt waren, ohne deren Verpflichtungen zu übernehmen, brachte den Sturz der Konvention zu Wege.

Die andern Staaten erklärten die Konvention damit für frustrirt und Frankreich hatte nichts eiligeres zu thun, als sogleich eine Surtaxe von 2 Frcs. für belgische Provenienz zu normiren, worauf Belgien sich prinzipiell durch Gesetz ein gleiches Recht vorbehielt. Zugleich wurden aber, insbesondere von England, alle Anstrengungen gemacht, um eine neue Konferenz und eine neue Konvention zu Stande zu bringen. Diese Anstrengungen hatten insofern den gewünschten Erfolg, als am 8. März 1877 eine neue Konvention abgeschlossen und der Ratifikation und Genehmigung der einzelnen Staaten unterbreitet wurde.

Der Text derselben lautet folgendermaassen:

Art. 1. In Frankreich und den Niederlanden werden die Zuckerfabriken und Raffinerieen der Steuerkontrole unterworfen.

Art. 2. In den Zuckerfabriken wird die Steuer nach den einen oder andern heute in Frankreich und Holland geltenden Bestimmungen stattfinden.

Art. 3. In den Raffinerieen besteht die Betriebskontrole in der genauen Ueberwachung der Ein- und Ausgänge, ohne dass sich die Steuerbeamten in den Betrieb einzumengen haben, ausgenommen bei den Bestandsaufnahmen. Diese Ueberwachung wird durch eine Rechnungsführung vervollständigt, nach welcher die Rohzucker bei ihrem Eintritte nach ihrem absoluten Gehalte belastet und ebenso nach dem Gehalt und der Quantität der ausgeführten Produkte abgeschrieben werden. Jährlich je einmal wenigstens wird eine Inventur-Aufnahme der Raffinerieen gemacht. Der Zoll wird auf das fertige Produkt erhoben, doch soll in Frankreich auch ein Minimalsatz auf Rohzucker vor Eingang in die Raffinerieen berechnet werden. Die zu leistende Aufzahlung wird durch die Steuerkontrole bestimmt, für Zucker, welche nach der Raffination ausgeführt werden sollen, ist vorläufig keine Steuer zu entrichten.

In Holland wird die Rechnung über den Raffineriebetrieb nur als Kontrole geführt. Der Zoll wird in dem Augenblicke erhoben, wo die Produkte aus den Raffinerieen austreten.

Art. 4. Für den Fall, dass in England die Zuckersteuer wieder eingeführt werden sollte, findet die Steuerkontrole, sowohl in Zuckerfabriken als Raffinerieen, Anwendung, entweder nach den in Frankreich oder Holland geltenden Bestimmungen, oder nach andern Regeln, die durch die kontrahirenden Mächte bestimmt werden.

Art. 5. Das in Belgien seit Abschluss der 1864er Konvention bestehende Steuerverfahren wird mit folgenden Abänderungen beibehalten:

a) Der Steuersatz wird von Frcs. 45 auf 22,50 ermässigt mit dem Zeitpunkt des Inslebentretens der Konvention, und wird auf 19 Frcs. vermindert, wenn während zweier Jahre, für welche der neue Steuersatz von Frcs. 22,50 in Anwendung gewesen, die Zuckersteuer den Betrag von Frcs. 4,800,000 überschritten haben wird.

b) Die Belastung der abonnirten Fabriken wird von 1500 Gr. auf 1550 Gramm für die Campagne 1877/78 und auf 1600 Gramm für die folgenden Campagnen erhöht.

c) Das obligatorische Rendement an raffinirtem Zucker der I., II., III. und IV. Klasse wird mit 94, 90, 81 und 72 pCt. festgesetzt. Ausserdem soll eine höhere Rohzuckerklasse bis zum weissen Pulverzucker mit 98 pCt. geschaffen werden.

d) Für die Ausfuhr von einheimischem Rohzucker dieser neuen Klasse und der 3 folgenden werden die Typen nach den holländischen Standardmustern No. 20, 17, 12 und 8 gebildet.

e) Geschnittene Zucker, Würfelzucker, die trockenem Meliszucker gleich sind, können beim Export, was das Ausmaass der Steuervergütung anbetrifft, dem raffinirten Zucker gleichgestellt werden.

f) Die Saccharimetrie wird zur Bestimmung der Zucker, der Kontrole und zum Ersatze der Typen Anwendung finden, wenn in Bezug auf die Taxirung nach der Farbe durch die belgischen Zollbehörden bei der Ein- oder Ausfuhr notorische Steuer-Umgehungen konstatirt werden. Es ist vereinbart, dass der Drawback den Betrag des Zolles oder der Steuer, womit die Produkte belastet sind, nicht überschreiten dürfe.

Art. 6. Während der ganzen Dauer der Konvention kann die Zuckersteuer in Belgien nicht über das in Art. 5 angegebene Maximum erhöht werden. Unter diesem Vorbehalte behält jede der kontrahirenden Parteien das Recht, die Zuckersteuer zu erhöhen, herabzusetzen oder gänzlich aufzuheben.

Art. 7. Die von einem der Konventionsstaaten in den andern eingeführten Zucker können mit keiner höheren Steuer, als die gleichen Inlands-Produkte zahlen, belegt werden.

Art. 8. Wenn in einem oder dem andern der vier Staaten die Steuerkontrole der Raffinerieen unter andern Bestimmungen eingeführt werden würde, als im Art. 2 dieses Vertrages angegeben und zwar der Art, dass dadurch der Industrie des Landes ernstliche Schwierigkeiten bereitet werden würden, so soll dieser Staat berechtigt sein, seinen Raffinerieen eine entsprechende Entschädigung zuzugestehen. Die Form, sowie der Betrag derselben werden durch Vereinbarung der kontrahirenden Staaten festgestellt.

Art. 9. Für den Fall, dass von andern an diesem Vertrage

nicht betheiligten Staaten bei der Ausfuhr von rohem oder raffinirtem Zucker direkte oder indirekte Exportprämien bewilligt werden, welche der Zuckerfabrikation in dem einen wie in dem andern Lande gefahrbringend werden, kann eine neue Verständigung verlangt werden, um gemeinschaftlich die hiergegen zu ergreifenden Maassregeln zu berathen.

Art. 10. Die Konventionsstaaten werden sich gegenseitig die in den betreffenden Ländern gültigen oder einzuführenden gesetzlichen Bestimmungen und Vorschriften mittheilen, welche den hier behandelten Gegenstand berühren.

Art. 11. Die Ausführung der hier aufgestellten gegenseitigen Verpflichtungen ist der Zustimmung der gesetzgebenden Körper der Kontraktstaaten unterworfen.

Art. 12. Die Konventionsstaaten behalten sich die Befugniss vor, unter gegenseitiger Zustimmung Abänderungen dieser Vorschriften zu treffen, soweit solche den in dieser Konvention ausgesprochenen Prinzipien nicht widersprechen und die Erfahrung deren Nützlichkeit darthut.

Art. 13. Die kontrahirenden Staaten behalten sich vor, über die Mittel sich zu einigen, welche dazu führen könnten, auch andere Regierungen zum Beitritte zu dieser Konvention zu bestimmen.

Art. 14. Die Dauer dieser Konvention ist vom 1. Septbr. 1877 an auf 10 Jahre festgesetzt. Nach Ablauf des 3. Jahres jedoch hat jede Regierung das Recht, diesen Vertrag mit einjähriger Kündigungsfrist aufzusagen.

Art. 15. Die Konvention ist zu ratifiziren und die Ratifikation, wo nicht früher, binnen 5 Monaten in Paris auszutauschen.

Diese fünf Monate sind längst verstrichen, ohne dass es zu der vorgesehenen Ratifikation gekommen wäre. Wenn schon die Beantragung von Modifikationen seitens Hollands eine gewisse Verzögerung zur Folge haben musste, so hat namentlich die seiner Zeit unvorhergesehene Auflösung der französischen Deputirtenkammer das Zustandekommen des Vertrages unmöglich gemacht und darf wohl die Ausführung desselben einstweilen wieder als vertagt, wenn nicht überhaupt als gescheitert betrachtet werden.

Im Interesse des gesammten internationalen Verkehrs muss dieses Missgeschick, welches fast wie ein Unstern alle derartigen Vereinbarungen der letzten Jahre verfolgt, lebhaft bedauert werden, da — wenn auch nicht radikal — so doch im erfreulichen Maasse die Ausführung der Bestimmungen der Konvention das Unwesen der Exportprämien abgestellt haben würde. Es dürfte nunmehr in der Hand Deutschlands liegen, vor Allem durch Einführung eines richtigen Steuersystems bei sich die Initiative zu neuen allgemeinen internationalen Verhandlungen zu ergreifen und sich zunächst mit Oesterreich zu verständigen, um auf diesem Wege, sowie etwa in Gemeinschaft mit England, eventuell selbst durch Prohibitiv-, oder Retorsionsmaassregeln, eine gesundere Gestaltung der einschlägigen Gesetzgebung der übrigen Länder herbeizuführen.

VIERTER ABSCHNITT.

Die Reform der Zuckersteuer und der bezüglichen internationalen Zollgesetzgebung, unter specieller Berücksichtigung der Deutschen Verhältnisse.

Legen wir an die im Vorhergehenden geschilderten Steuersysteme den Maassstab volkswirthschaftlicher Kritik, so müssen wir uns sagen, dass kein einziges denjenigen Grundsätzen vollkommen entspricht, nach welchen eine Konsumtionsabgabe, wie es die Zuckersteuer ist, bemessen und erhoben werden soll. Und in der That regt sich denn auch bei allen Nationen der Wunsch nach einer Steuerreform auf diesem Gebiete immer mächtiger.

Ueberschauen wir den gegenwärtigen Stand der Gesetzgebung in den hauptsächlichsten Staaten Europas, so finden wir, dass nach Inhalt der internationalen Konvention Frankreich und Holland die Fabrikatsteuer für ihre zukünftige Gesetzgebung im Prinzip adoptirt hatten, Italien dieselbe eingeführt hat, Oesterreich nicht abgeneigt schien, dieselbe bei sich einzuführen und von diesem Bestreben höchstens aus Rücksichten des staatsrechtlichen Ausgleichs für die allernächste Zukunft abgesehen hat. Wir finden, dass England, welches dermalen bei seiner vollen Steuer- und Zollfreiheit nicht in Frage kommt, unter bestimmten Voraussetzungen sich verpflichtet hat, die Fabrikatsteuer und keine andere Methode bei sich einzuführen und dass Belgien, welches aus rein sachlichen Gründen und zwar wegen der Art seiner Fabrikanlagen, die eine Isolirung derselben erschwert, die Fabrikatsteuer zwar bis jetzt abgelehnt hat, durch Erhöhung seiner gesetzlichen Rohzuckerausbeute und des Rendements der Klassen und sodann und in wesentlichster Form durch eine weitgehende Zoll- und Steuerermässigung der Forderung der Konventions-Staaten gerecht zu werden und wenigstens gegenüber seiner Ablehnung den möglichsten Ersatz zu bieten geneigt ist. Mit Ausnahme Russlands, dessen Zuckergesetzgebung noch schwankend ist und eines Tages, wie die österreichische, gründlich reformirt werden dürfte, zielen die Bestrebungen aller industriemächtigen Staaten dahin, die Zuckersteuer gleichmässig zu machen, das ganze Produkt zu treffen, den Handel auf eine gerechte, die Interessen aller Producenten schonende Basis zu stellen.

Es frägt sich demnach, was soll Deutschland in dieser Richtung thun? Ist ein Bedürfniss nach Reform der Zuckersteuer auch dort vorhanden und wie soll dieselbe im bejahenden Falle durchgeführt werden?

Die einzelnen Methoden der Versteuerung des Zuckers beruhen, wie wir sehen, auf der Ermittelung der Leistungsfähigkeit der Werksvorrichtungen und Apparate der Zuckerfabriken, auf Erhebung einer Abgabe von der Menge der bei der Zuckererzeugung zu verarbeitenden Rüben, auf Feststellung und Besteuerung des Rübensaftes und schliesslich auf Besteuerung des fertigen Produktes.

Die wesentlichen Erfordernisse, welche man in einem möglichst rationellen Steuersystem von den Konsum- und Aufschlagsteuern verlangt, sind folgende:

1. dass die Steuer gerecht sei und keinem ein besonderes Vorrecht verleihe;
2. dass sie die Fabrikation möglichst wenig stören, dieselbe nicht in ihrer Freiheit oder in ihrer naturgemässen Entwickelung hemmen oder vertheuern solle,
3. dass der Staatsschatz weder direkt noch indirekt durch dieselbe verkürzt werde und
4. dass sie den Verkehr und Handel und insbesondere den internationalen Handel nicht erschwere oder gar unmöglich mache.

Auf diese Anforderungen wollen wir obige Methoden prüfen: Die Besteuerung nach der Leistungsfähigkeit der Vorrichtungen einer Fabrik, wie solche in Oesterreich und Russland besteht, widerspricht gleich dem obersten Grundsatz der Verzehrungssteuer, welcher erheischt, dass deren Objekt wirklich vorhanden und nicht blos vorausgesetzt werde. Die Verzehrungssteuer, wird sie auf den Rohstoff oder auf den Halbstoff oder auf das fertige Produkt gelegt, immer soll sie einen vorhandenen, für den Konsum, der eigentlich besteuert werden soll, vorbereiteten Gegenstand treffen. Bei der erwähnten Steuermethode ist ein solcher aber gar nicht vorhanden, es wird nur die Möglichkeit, einen solchen in einer bestimmten Menge zu erzeugen, vorausgesetzt, und natürlich unter der weiteren Voraussetzung eines begonnenen und ununterbrochen geführten Betriebes das eventuelle Produkt in Rechnung gezogen. Ueberdies wird durch diese Modalität dem Fiskus in der Ermittlung der actuellen Leistungsfähigkeit eine Aufgabe zugemuthet, die eben soweit über seine Kraft wie über seinen Wirkungskreis geht. Die Praxis hat denn auch dieses System ad absurdum geführt. Ein System, welches den Konsum besteuern will und dessen Resultat darin besteht, dass es die ganze Steuer rückvergütet und den inländischen Konsum ganz unbesteuert lässt, ist ein Nonsens und um so schädlicher, als es die bezogene Steuer häufig nur jenen zurückersetzt, welche den Staat auf gesetzliche Weise verkürzt haben. Führt der Erfolg einer solchen Steuermethode überdies noch dahin, dass der Staat ausser der eingenommenen Steuer noch aus den eigenen Fonds den Fabrikanten eine weitere Bonifikation in Baarem gewähren muss, dann ist diese Methode überhaupt kaum mehr ernsthaft zu diskutiren, sondern nur deren gänzliche Aufhebung anzurathen. Dass eine solche Methode eigentlich nur dazu da ist, riesige Exportprämien zu gewähren und den Preis des Zuckers im eigenen Lande hoch zu halten, um ihn dem Auslande billiger zu offeriren, ist einleuchtend. Auch die Kontingentirung einer solchen Steuer, durch ein für den Staat garantirtes Einnahme- und Reinerträgniss, verdoppelt nur die Ungerechtigkeit, da die Kontingentirung nicht anders als auf die vermuthete Erzeugung gelegt werden kann, und der redliche Fabrikant doppelt, zuerst seine Steuer und obendrein noch die Quote bezahlen muss. Im übrigen könnte, ein ordentliches Steuersystem vorausgesetzt, eine solche Kontingentirung doch nur dort überhaupt Berechtigung haben, wo der Staat sich gegenüber der Unzuverlässigkeit seiner

Steuerbeamten nicht anders vor dem Entgange der ihm zustehenden Einkünfte schützen könnte.

Die zweite Methode, die Steuer-Erhebung durch Abwägen der Rüben, hat den Vortheil, dass sie ohne allzu lästige Maassregeln geschehen kann, weil das Einführen der Rüben in die Fabriken nicht leicht zu verheimlichen ist. Die so eingerichtete Abgabe hat aber den Nachtheil, dass dabei auf die Qualität der Rüben keine Rücksicht genommen wird. Sie fehlt daher gegen das oberste Prinzip einer Steuerpolitik, gegen die gleichmässige Vertheilung; denn je nach dem Zuckergehalte der Rüben trifft den Centner Zucker eine bald mehr, bald minder hohe Steuer. Der Zuckerreichthum der Rüben wechselt aber nicht nur nach den verschiedenen Örtlichkeiten, sondern auch in den verschiedenen Kampagnen in ganz besonderem Maasse. Da nun bei dieser Steuerart auf das Gewicht der Rüben allein Rücksicht genommen wird, so geniessen die Landstrecken, in welchem die zuckerreichsten Rüben vorkommen, ein ganz ungerechtfertigtes Monopol. Nicht nur, dass bei den Fabriken dieser Bezirke in Folge des günstigen Materials, welches sie verarbeiten, die ganze Fabrikation billiger zu stehen kommt, es fällt auch auf die von ihnen hergestellte Zuckermenge eine weit kleinere Steuerquote, als bei den anderen Fabriken, welche unter weniger günstigen Verhältnissen arbeiten.

Aber auch für die landwirthschaftlichen Interessen ist die Rübensteuer nicht empfehlenswerth, denn sie spornt den Rübenbauer an, seine ganze Thätigkeit auf die Qualität und nicht auf die Quantität der Rüben-Ausbeute zu richten, ohne Rücksicht auf das entgegengesetzte Interesse der Landwirthschaft und der Viehzucht. Denn die reiche Qualität der Rüben erheischt eine magere Düngung der Felder. Mit denselben Betriebsmitteln liesse sich ein weit grösseres Quantum Rüben bauen und eine grössere Menge Zuckers erzielen. Die Rübensteuer aber drängt nach der entgegengesetzten Richtung, da sie durch eine relativ grössere Ausbeute an Zucker absolut geringer wird. Der Zucker-Fabrikant muss es demnach vortheilhafter finden, selbst aus den Presslingen das letzte Prozent zu holen, obwohl die für die Gewinnung dieses letzten Restes nöthigen Anstrengungen und Betriebsmittel unverhältnissmässig bedeutend sind im Vergleich zu den damit erzielten Erfolgen. Der Gewinn liegt in der ersparten Rübensteuer.

Vom allgemeinen wirthschaftlichen Standpunkt ist ein Steuersystem zu verwerfen, welches die steuerfreie Herstellung steuerpflichtiger Artikel begünstigt. Es würde, falls die letztgewonnenen Prozente nicht unversteuert wären, deren Ausbringen nicht versucht werden, vielmehr würden die auf ihre Gewinnung verwendeten Anstrengungen und Kosten zur Darstellung grösserer Zuckermengen verwerthet werden. Dies zeigt die französische Arbeitsmethode — besonders zur Zeit vor der Konvention — wo nicht andere Motive geltend gemacht werden können, bei welcher mit den gleichen Mitteln eine grössere Rübenmenge bewältigt, also weit mehr und weit billiger produzirt wird. Durch die in Deutschland übliche forcirte Zuckergewinnung werden dagegen die Abfälle entwerthet, der Rohzucker verschlechtert und vertheuert, die Raffinirungskosten erhöht und der Preis des fertigen Produktes in erheblicher Weise gesteigert.

Aber auch für die Industrie selbst hat die Rübensteuer ihre unverkennbaren Nachtheile. Bei grossen Ernte-Erträgen an Rüben mit geringem Zuckergehalt, wie sie erfahrungsmässig keineswegs sehr selten sind, ist der Fabrikant nicht allein insofern geschädigt, als er in den zu verarbeitenden Rüben eine unverhältnissmässig grosse Menge Nichtzuckers zu versteuern hat, sondern er muss gleichzeitig mit diesem Mehraufwand an Steuer auch noch wesentlich grössere Kosten für die Verarbeitung, sowohl an direkten Löhnen, als an Brennmaterial aufwenden. Und dieser Schaden betrifft die Industrie gerade dann, wenn sie des Schutzes am meisten bedürfte, da notorisch gerade bei solcher Konjunktur der ausländische, speziell der Rohrzucker, ihr das Terrain in empfindlichster Weise streitig macht.

Ueberdies darf nicht übersehen werden, dass die Rübensteuer immerhin eine Rüben-Zuckersteuer ist, dass damit der Zuckergehalt getroffen werden soll. Dies führt dahin, dass die Zuckerfabrikation in der Tendenz, bei gleichem Quantum Rüben den grössten Effekt zu erzielen, fort und fort zu neuen Verfahren gedrängt wird, welche ihrerseits immer wieder Umgestaltungen und Veränderungen der Fabrikanlagen erfordern. Jene Etablissements, welche aber hierzu die Mittel nicht besitzen, erscheinen dann den übrigen gegenüber in empfindlich nachtheiliger Lage. Die natürlichen Verschiedenheiten sind bei keiner Industrie zu beseitigen, aber es ist nicht zweckmässig, dieselben durch gesetzliche Bestimmungen noch weiter zu verschärfen.

Dass mit der Rübensteuer wenigstens im Prinzip eine Exportbonifikation verbunden ist, kann nicht geläugnet werden. Obwohl in Deutschland dies gewiss in der Praxis nicht in so eklatanter Weise vorliegt und stattfindet, so ist es doch klar, dass überall dort, wo die Steuervergütung nicht nach dem effektiven Rendement, sondern nur nach einem gesetzlich vorausgesetzten Ausbringen berechnet wird, wenn auch nicht für alle, so doch für einzelne Producenten gewiss eine Exportbonifikation vorhanden ist.

Die gegenwärtige Steuerrückvergütung für Rohzucker beträgt 9 M. 40 Pf.; das Gesetz geht von der Voraussetzung aus, dass zu einem Centner über 12 Centner Rüben nothwendig wären. Je weiter nun die Technik der Zuckerfabrikation fortschreitet, je besser die neu eingeführten Prozesse arbeiten, desto weniger Centner Rüben werden zu einem Centner Rohzucker benöthigt[1]) und desto grösser ist die Prämie, welche der Fabrikant beim Exporte gewinnt. Dass bei einem so schwan-

---

[1]) Diese Erkenntniss hat auch bereits zu einem Antrag der Königlich Sächsischen Regierung auf Erhöhung der Rübensteuer von 0,80 M. für jeden Centner Rüben auf 0,85 M. geführt, der am 6. December seitens des Bundesrathes den Ausschüssen überwiesen worden ist.

Die den Antrag motivirende Denkschrift führt aus: Eine Erhöhung der Rübensteuer von 8 Sgr. auf 0,85 M. stelle nach dem im Durchschnitt der Jahre 1870 bis 1876 versteuerten Rübenverbrauch von 62,668,703 Ctr. für die Reichskasse eine Mehreinnahme von jährlich netto 3,133,435 M. in Aussicht und könne eine solche Steuererhöhung, die ihre Berechtigung in dem gegenwärtig notorisch grösseren Ausbringen an Zucker aus dem Ctr. Rüben, als das Gesetz annehme, finde, grade jetzt den Rübenzuckerfabrikanten um so unbedenklicher angesonnen werden, als sie seit 1872 gute Ernten und 1875 eine geradezu unerhörte Rübenernte gemacht und zugleich recht hohe Preise für ihre Fabrikate erzielt hätten. Ausserdem seien bei dem Export von Zuckerfabrikaten Vergütungen gewährt worden, welche die wirklich entrichtete Steuer erheblich überstiegen haben dürften. Jedenfalls will die Denkschrift eine Reduktion des Zollsatzes für raffinirten Zucker nach dem Verhältniss von 12,5 : 11,739, sowie der Ausfuhr-Bonifikationssätze, da die Bewilligung eines höheren Zollschutzes nicht weiter Platz greifen dürfe.

kenden Ausmaasse die Regelung des internationalen Verkehrs eine schwierige wird, ist selbstverständlich, und dies zeigt sich auch in der Praxis dahin, dass Frankreich, obwohl es selbst die Exportbonifikation zu einem vollständigen System ausgearbeitet hat, doch diese Verhältnisse benutzt, um die belgischen, deutschen und österreichischen Einfuhren mit einem Zollzuschlage zu belegen, trotz der Verträge, welche wenigstens für Deutschland (im Friedensvertrage 1871), die Klausel der meist begünstigten Nation enthalten.

Nun ist es allerdings richtig, dass sich der bisherige Steuermodus eingelebt hat, dass die ganze Fabrikation auf der Basis der gegenwärtigen Besteuerung sich so und nicht anders eingerichtet hat. Und ebenso richtig ist es, dass man lieber mit einer alten, aber eingelebten Steuer vorlieb nehmen soll, anstatt zweifelhafte Neuerungen zu versuchen, welche immer mit Umwälzungen auf dem materiellen Gebiete verbunden sind. Andrerseits darf aber nicht vergessen werden, dass mit Reform auch in der Steuergesetzgebung vorgegangen werden muss, wenn solche Veränderungen in den zu besteuernden Objekten eingetreten sind, denen die alte Steuer nicht gerecht werden kann. Und dies ist bei der Zuckersteuer der Fall.

Die zwei grossen neuen Erfindungen in der Zuckerfabrikation, die Osmose und das Elutionsverfahren, sind zwei solche Prozesse, welche für sich schon die Reform der Rübensteuer, ganz abgesehen von andern Motiven, nothwendig herbeiführen müssen. Wir wollen dies des Nähern untersuchen.

Die Osmose nach Dubrunfaut bezweckt die Gewinnung des Zuckers aus der Melasse durch Entfernung der Salze aus derselben vermittelst Dialyse. Das Prinzip selbst, nämlich das ungleich schnelle Uebergehen von Stoffen aus Lösungen durch eine feuchte Membrane hindurch in Wasser, war schon seit langem bekannt und ebenso waren die weiteren Erscheinungen bekannt, wonach das Diffusionsvermögen des Zuckers geringer ist, als das der in der Melasse befindlichen Salze. Aber erst als es gelungen war, ein gutes, gleichmässig poröses Pergamentpapier zu erfinden, — und dies geschah durch einen Deutschen in Belgien — erst dann wurde dieser Prozess praktisch durchgeführt und hat seitdem eine immer grössere Verbreitung gefunden.

Das Verfahren ist sehr einfach und besteht im wesentlichen darin, dass man durch ein System von Kammern, welche durch Scheidewände von Pergamentpapier durchzogen sind, auf der einen Seite der Wand die gehörig vorbereitete Melasse, auf der andern Seite das Wasser, beide unter einer bestimmten Temperatur langsam abfliessen lässt. Während dieses langsamen Abfliessens vollzieht sich die dialytische Scheidung, die Melasselösung wird verdünnter, salzärmer und dadurch zuckerreicher, während das Wasser dagegen sich in eine salzreiche Flüssigkeit verwandelt. Die osmosirte Masse wird eingedampft und krystallisirt in 4 bis 6 Wochen aus; die resultirende Melasse wird wieder osmosirt und gestattet in der Regel noch eine dritte Operation. Auch die zum zweiten und dritten Male osmosirte und eingedickte Melasse zuckert in der gleichen Zeit aus. Die Reinheit und chemische Beschaffenheit des Wassers, insbesondere der Mangel an Salzen, — weil es sonst nicht so viel Salze der Melasse entziehen kann —, Mangel desselben an Alkalien, — da Alkalien gute Melassenbildner sind —, Mangel an Kalk, — weil Kalk das Pergament mit einer Kalkschicht bedecken und unwirksam machen würde —, sind ebenso wesentliche Erfordernisse einer günstigen Osmose, als die genaue Vorbereitung der Melasse, die Einhaltung der Temperatur, die Fixirung der Dauer des ganzen Prozesses.

Was die Erfolge dieses Prozesses anbelangt, so beträgt der erste Ausschuss 18 bis 20, der zweite 8 bis 10, der dritte 4 bis 5 pCt. der ursprünglichen Melasse, so dass aus einem Centner derselben bei dreimaliger Osmose 30 bis 35 Pfd. Zucker von 90 bis 93 pCt. Polarisation resultiren. Die restirende Melasse, meist 25 pCt. der ursprünglichen, hat 50 pCt. Zucker bei 42 ° Bé., während 40 bis 42 pCt. der ursprünglichen Melasse durch die Osmose absorbirt wurden und verloren gingen. Es versteht sich von selbst, dass die Osmose so lange wiederholt werden kann, bis die Melasse auf Null reduzirt ist. Die Betriebskosten betragen bei einmaliger Osmose 0,60 M. pr. Centner und werden, da die Osmosemasse immer geringer wird, naturgemäss auch geringer, so dass man mit der Summe von 1 M. 20 Pf. bis 1 M. 40 Pf. für die dreimalige Osmose weitaus das Auslangen findet.

Da dies Verfahren keine sehr bedeutenden Anlagekosten

erheischt, so ist der Gewinn, der durch die Verwerthung der Melasse in dieser Form resultirt, ein nicht unbedeutender. Hierbei soll aber nicht geläugnet werden, dass durch die Osmose die in der Melasse enthaltenen Dungstoffe vollständig verloren gehen und dass bei diesem Verfahren der Abgang der gesundheitsschädlichen Wasser eine ernste Schwierigkeit bereiten kann.

Das zweite Verfahren, welches in der jüngsten Zeit erfunden und die ganze Fabrikation des Zuckers zu reformiren geeignet zu sein scheint, ist das von Dr. C. Scheibler angegebene Elutions- oder Auslaugeverfahren.

Auch dieses Verfahren ist auf die vielfachen Versuche zurückzuführen, den Zucker aus der Melasse in einer unlöslichen Verbindung abzuscheiden, ihn so von dem Nichtzucker zu trennen und die Verbindung dann zu zersetzen, um den Zucker frei und krystallisirbar zu machen.

Giebt man z. B. einer siedenden Lösung Melasse Baryt (Barythydrat) in erforderlicher Menge zu, so scheidet sich eine Verbindung des Zuckers mit dem Baryt als körnige Masse aus, die von der siedenden Melasse getrennt und mit siedendem Wasser ausgewaschen werden kann. Rührt man dann den Zuckerbaryt in Wasser ein, leitet Kohlensäuregas in die Flüssigkeit in den Saturationspfannen, so entsteht unlöslicher kohlensaurer Baryt und der Zucker geht frei in Lösung und lässt sich aus der Lösung krystallisirt erhalten. Statt des Baryts wandte man später Strontian und Kalk an und man benutzte dann die Unlöslichkeit des Zuckerstrontians oder Zuckerkalks im Weingeist, um dieselben möglichst frei von den übrigen Bestandtheilen der Melasse zu erhalten.

Bei dem Scheibler'schen Verfahren wird aus Melasse und Kalk eine trockene Masse hergestellt, diese zerkleinert und aus derselben, nach Auslaugen der Salze und organischen Substanzen mittelst verdünnten Alkohols, reiner Zuckerkalk hergestellt, welcher, in Zuckerkalkwasser aufgelöst, den Rübensäften in den Scheidepfannen zugesetzt wird. Das früher sehr kostspielige Trocknen des Melassekalkes wird gegenwärtig durch eine einfache Reaktion, in billigster Weise effektuirt.

Die Ausbeute an Zucker betrug bei einer aus 56,9 Theilen von 100 bestehenden Melasse 49,5, was auf 100 Theile Zucker gerechnet, 86,96 und einen Verlust von nur 13,04 ergiebt und wurde dementsprechend auch im Zuckergehalt der verbleibenden Laugen ein Verlust von nur 12,23 pCt. des in der verarbeiteten Melasse gewesenen Zuckers berechnet. Ein weiterer Vortheil dieses Verfahrens besteht darin, dass ein Unterschied im Reinheitsquotienten der vermittelst Zuckerkalk geschiedenen und der mit reinem Aetzkalk gereinigten Rübensäfte nicht nachzuweisen war. Noch wesentlicher ist aber die restirende Lauge, ca. 10 pCt. vom Rübengewichte, welche nach der Analyse als Hauptbestandtheil 56,3 pCt. Kali in der Asche enthält und zur Kompostirung sehr gut zu verwenden ist. Die Melasse lässt sich augenblicklich bei diesem Verfahren mit einem Reingewinn von rund 6 M. pr. Ctr. verwerthen.

Dagegen sind die Anlagekosten dieses Verfahrens bedeutend und dürften bei einer Fabrik, die ca. 100 Ctr. Melasse pr. Tag verarbeitet, wohl an die M. 200,000 betragen. Die Kosten an 5 pCt. Zinsen, an 10 pCt. Amortisation und die Betriebsspesen dürften bei einer Fabrik von 20,000 Ctrn. Melasse wohl bei 2 M. pr. Ctr. betragen. Hierzu der Preis der Melasse sehr hoch mit 5 M. angenommen, würde bei einer Ausbeute von 40 bis 42 pCt. der Centner Rohzucker auf M. 17,50 zu stehen kommen. Schlägt man die ganze Exportbonifikation mit 9 M. 40 Pf. als Steuer auf diesen Preis, so erhält man 26,90 M. pr. Centner, ein Preis, bei dem die Erzeugung von Zucker ausserordentlich gewinnreich erscheint.

Noch wichtiger ist das Elutionsverfahren durch die Vortheile, welche es der Landwirthschaft gewährt. Diese Vortheile bestehen darin, dass durch dies Verfahren die Pflanzennährstoffe, welche durch den Rübenbau dem Boden entzogen wurden, zur Genüge wieder zurückgegeben werden. In der That war namentlich dieser Gedanke die Triebfeder, welche den Erfinder des Verfahrens, nach dessen eigener Erklärung, veranlasst hat, seine Forschungen zu ihrem Resultate zu führen. Die Rübenmüdigkeit des Bodens und die Nothwendigkeit, denselben alljährlich auf künstliche und kostspielige Art zu düngen, zeigt, wie wichtig dieser Ersatz ist. Die Melasse enthält im Durchschnitt 1,9 pCt. an Stickstoff, 10 bis 12 pCt. an Salzen, meist Kali, jedenfalls 5 bis 6 pCt. desselben. Durch das Elutionsverfahren allein wird der Stickstoff erhalten. Denn durch die Osmose oder durch die Branntweinbereitung aus Melasse geht der

Stickstoff stets verloren. Deutschland hat nun 1876 nicht weniger als 2,9 Millionen Ctr. Melasse produzirt, mit einer Stickstoffmenge von 2,75 Mill. Kilogramm. Da der Handelswerth des Stickstoffs jetzt M. 1,90 pr. Kg. ist, so repräsentirt diese Masse ein Kapital von $5^1/_2$ Million Mark. Ebenso bezog Deutschland zur Düngung seiner Rübenfelder 249,000 Ctr. schwefelsaures Ammoniak im Werthe von 4,7 Million Mark. Der durch das Elutionsverfahren gewonnene Stickstoff genügt, um das ganze Quantum schwefelsaures Ammoniak zu ersetzen. Ebenso werden gegenwärtig ca. 1,75 Mill. Ctr. Guano im Werthe von 21 Mill. M. eingeführt, welche 15 Mill. Ctr. Stickstoff liefern. Die gegenwärtige Vergeudung von Stickstoff in der Melasse wäre hinreichend, um ein Drittheil dieses Quantums zu ersparen. Die Melasse enthält überdies Salze und zwar Kali, und es sind 300,000 Ctr. Stassfurter Kali-Salze nothwendig, um die in der Melasse vorhandene Menge zu ersetzen. Aus diesem Kali wird bei der Melassespiritusbrennerei zwar Pottasche fabrizirt, es ist aber vortheilhafter, die Melassesalze direct für die Felder zu verwenden.

Der einzige und nicht unbedeutende Nachtheil, der aus der Einführung der Osmose und des Elutionsverfahrens für eine bestimmte Industrie eintreten wird, ist, dass die Melasse aufhören wird, ein Rohstoff für die Destillations- und für die Spiritus-Industrie zu sein. Auf der andern Seite wird dadurch für den Kartoffelbau eine bessere Conjunctur herbeigeführt und dies ist bei der Bedeutung dieser Kultur für unsere östlichen Provinzen nicht zu unterschätzen; auf der anderen Seite dürfte sich für die Spiritus-Industrie der Ausfall nicht unwesentlich dadurch kompensiren, dass die für das Verfahren — zum Auswaschen des Kalks — erforderlichen Mengen Alkohol ihr eine neue Absatzquelle von keineswegs zu unterschätzender Bedeutung sichern.

Beide Verfahren haben den grossen Vortheil, dass sie ein früher fast werthlos erachtetes Produkt, die Melasse, zu einem bedeutenden und werthvollen Stoff der Zuckerbereitung gewonnen haben, und dass damit die Tendenz der Zucker-Industrie aus der Rübe möglichst viel Zucker zu gewinnen, nunmehr vollständig erreicht zu sein scheint. Das Elutionsverfahren hat überdies noch den Vortheil, dass es die in der Melasse enthaltenen

Pflanzennährstoffe rettet und dieselben dem Boden wieder zurück giebt. Die Eigenthümlichkeit beider Operationen, die Verschiedenheit ihrer Anlagekosten, werden dahin führen, dass die verschiedenen Fabriken Deutschlands, je nach Konvenienz, das eine oder das andere System adoptiren werden, falls nicht künstliche Faktoren die ganze Zuckerfabrikation zu dem Elutionsverfahren zwingen.

Nachdem wir nunmehr beide Verfahren ihrem Wesen und ihrer Wirkung nach kennen gelernt haben, frägt es sich, wie stellt sich die Frage der Besteuerung, die Rübensteuer zu jedem derselben?

Die Rübensteuer geht von der stillschweigenden Voraussetzung aus, dass eine gewisse Anzahl Centner Rüben nothwendig sind, um einen Centner Rohzucker zu erzeugen. Früher brauchte man 20, dann 17, später $12\frac{1}{2}$ Centner und gegenwärtig nennt man eine Ziffer, die weit unter die vom Gesetze vorausgesetzte Menge zu gehen scheint. Der im Inlande erzeugte Zucker ist aber ein unter dem Gesetze der Steuerpflicht stehender Konsumtions-Artikel und durch die bekannten Erfindungen und Fortschritte der Fabrikation wird notorisch von demselben Quantum Rüben mehr Zucker gewonnen, als das Gesetz annimmt. Die Basis des Zuckersteuergesetzes ist hierdurch vollständig alterirt und es ist gar kein Zweifel, dass früher oder später eine andere Besteuerung besonders in Folge der Osmose und der Elution wird eintreten müssen. Dazu ist die Regierung nicht nur berechtigt, sondern geradezu verpflichtet. Es ist dies um so nothwendiger, als sonst ein steuerpflichtiger Artikel steuerfrei hergestellt würde, und die Regierung von diesem unversteuert erzeugten Zucker, in ziemlich gleichem Betrage von der nicht erhobenen Steuer, die Bonifikation bei der Ausfuhr des so gewonnenen Fabrikates bezahlen müsste. Es würde dies auf eine grossartige Exportprämie hinauslaufen, die der Zuckerfabrikation gewährt würde, wobei zu erwägen ist, dass daneben auch die Steuer von der auf Spiritus verarbeiteten Melasse verloren ginge.

Wenn es also fast unumgänglich ist, dass eine Steuer auf diese beide Verfahren gelegt werden muss, und wir folgen in dieser Frage hier den Ausführungen einer anerkannten fachmännischen Autorität, dem Geh. Ober-Finanzrathe v. Jordan, so frägt es sich nun, wie diese Steuer angelegt werden soll.

Für eine allgemeine Erhöhung der Rübenzuckersteuer, welche gegenwärtig 80 Pf. pro Centner Rüben beträgt, würde sich vielleicht sagen lassen, dass auch diejenigen Fabriken, welche nicht selbst Osmose oder Elution einführen, jedenfalls ihre Melasse künftig besser verwerthen werden und desshalb auch eine höhere Steuer tragen könnten. Hierbei müsste aber angenommen werden, dass sich das Elutions- und Osmoseverfahren auf die Rübenzuckerfabriken beschränken wird.

Dies ist aber kaum wahrscheinlich. Es ist möglich, dass die Brennereibesitzer nach wie vor Melasse kaufen, zunächst osmosiren und dann den Melassenrückstand noch auf Branntwein verarbeiten werden; ausserdem könnten sich besondere Anstalten bilden, die ein Interesse finden, Melasse aufzukaufen, dieselbe zu osmosiren oder daraus Zuckerkalk zu machen. In diesen beiden Fällen wäre die Rübenzuckersteuer überhaupt gar nicht anwendbar.

Gegen die allgemeine Erhöhung der Rübenzuckersteuer liesse sich ferner anführen, dass, wenn das Elutionsverfahren sich als das vollkommenere bestätigen sollte, die Erhöhung der Steuer naturgemäss nur nach dem bestmöglichsten gewinnbaren Resultat zu bemessen wäre und hierdurch alle Fabriken zur Einführung des Elutionsverfahrens gezwungen sein würden. An sich wäre in diesem erzwungenen Fortschritt bei der Fabrikation kein Uebelstand zu erkennen, wenn es sich bewährt, dass das Elutionsverfahren ziemlich bis auf den letzten Rest den Zucker aus der Melasse entführt. Aber das Elutionsverfahren passt nicht für alle Fabriken, es setzt jedenfalls einen grossartigen Betrieb voraus und es läge ein positiver Nachtheil darin, wenn man da, wo die wirthschaftlichen und sonstigen Verhältnisse nicht geeignet sind, bloss um der Regelung des Steuerpunktes willen, gewissermaassen die Fabriken zwingen wollte, Elution einzurichten.

Eine zweite Möglichkeit wäre die, alle Fabriken, welche Elutions- oder Osmoseverfahren haben, höher zu besteuern. In Belgien wird bei allen Fabriken, welche osmosiren — es sind deren über 70 — die Zuckerausbeute um 6 pCt. höher angenommen. Dies Verfahren würde aber das Bedenken in sich bergen, dass ein doppelter Steuersatz gesetzlich normirt werden müsste, für solche Fabriken, die das eine oder das andere

Verfahren, und für andere, die es nicht haben. Aber selbst diese Unterscheidung könnte nicht gleichmässig für das Elutions- und Osmoseverfahren festgesetzt werden, mit Rücksicht auf die geringere Ausbeute an Zucker bei der Osmose.

Eine dritte Möglichkeit wäre die besondere Besteuerung der Melasse, aber abgesehen von der Schwierigkeit, die Basis für die Besteuerung der Melasse zu finden, ist in Erwägung zu ziehen, dass die Besteuerung dann mitten im Prozesse der Fabrikation stattfinden müsste und auch dann nur ein wahrscheinliches Rendement festgestellt werden könnte.

Kurz, welche Modifikationen immer auch durch die neuen Verfahren eintreten mögen, so viel ist gewiss, dass die Rübensteuer nicht geeignet ist, diese zwei Verfahren, welche unter gegenwärtigen Verhältnissen die Zukunft der Zuckerfabrikation bilden, in rationeller Weise zu umfassen. Ist aber eine Reform nothwendig, dann sollte sie wesentlich eine derartige sein, welche allen Schwierigkeiten gerecht wird.

Was die dritte Steuermethode, die Besteuerung des Rübensaftes anbelangt, so ist dieselbe allerdings gegenüber der Steuer nach dem Gewichte der Rüben ein bedeutender Fortschritt, denn es werden hierbei schon mehrere der Rübensteuer anhängende Uebelstände vermieden. Es wird dabei wenigstens annähernd die im Safte enthaltene Zuckermenge bemessen und darnach die Steuer festgestellt. Sie gestattet daher auch weniger zuckerhaltige Rüben ohne Nachtheil zur Zuckerfabrikation zu verwenden und beseitigt, wenn sie rationell veranlagt ist, soweit als thunlich die Prämien, welche Boden und Methode durch die Zuckersteuer geniessen. Allerdings darf hierbei nicht das in Belgien und Holland übliche Abonnement Platz greifen, nach welchem lediglich nach einer einfachen Saftprobe für jeden Hektoliter Saft und für jeden Grad Dichtigkeit eine oft ungenügende Zuckerausbeute angenommen wird. Mehr als ein Durchschnitt kann aber auch bei dieser Besteuerung nicht normirt werden und das effektive Rendement kann daher leicht über dem gesetzlichen stehen und Exportprämien bewirken. Dass bei dieser Steuermethode Defraudationen am allerhäufigsten vorkomme, ist aus allen Enquêten hinreichend bekannt, nicht weil bei den anderen Bestimmungsarten die Umgehungen des Gesetzes oder die Vertrauensmissbräuche der Beamten unmöglich wären, sondern weil bei der Besteuerung nach dem Rübensafte der erfolgte Missbrauch, der in der Feststellung der Dichtigkeit liegt, mit dem kurzen behördlichen Akte verschwindet und ausserordentlich schwierig zu konstatiren und zu bestrafen ist.

Die Besteuerung nach dem Rübensafte hat schliesslich noch den wesentlichen Mangel, dass die behördlichen Maassnahmen gerade während der Fabrikation vor sich gehen und den Fabrikationsprozess empfindlich hemmen.

Wir finden daher auch bei dieser Methode Ungenauigkeit des Steuersatzes, Verkürzung der Aerars, Hemmung der Fabrikation und Exportprämien, also gerade jene Mängel, welche ein rationelles Steuersystem thunlichst vermeiden sollte.

Es bleibt nunmehr von den vier genannten Methoden nur die Besteuerung des Zuckers nach dem fertigen Produkt im Augenblick seines Uebergangs in den Consum zu erwägen übrig. Die Steuer vom fertigen Fabrikate ist die gerechteste von allen. Sie trifft das industrielle Produkt in gleichmässiger Weise, welches Fabrikations-Verfahren auch angewendet worden sei, um es zu erzeugen, und ohne die individuellen Verhältnisse der erzeugenden Fabrik irgendwie zu berücksichtigen. Sie begünstigt keine Erzeugung und keine Fabrik, sie benachtheiligt nicht jene, welche ohnedies die Konkurrenz schwerer ertragen. Dadurch, dass sie nur das fertige Produkt besteuert, verkümmert sie nicht dem Produzenten die Wahl des Rohstoffes und gewährt der Erzeugung des letztern die volle naturgemässe Freiheit. Die Agrikultur ist nicht genöthigt, bestimmte Gattungen reichhaltiger Rüben zu erzeugen, sie kann nach eigenem Ermessen vorgehen und blos dem Interesse der eigenen Wirthschaft Rechnung tragen.

Die Fabrikatsteuer lässt die Wahl des Fabrikationsverfahrens uneingeschränkt, ob der Zucker durch Pressen, Ausschleudern, Diffusion oder Maceration gewonnen wird, ob durch Osmose oder Elution: die Besteuerung bleibt die gleiche. Aus dem Titel derselben erwächst dem Fabrikanten weder ein Privilegium, noch ein Nachtheil. Wenn der Fabrikant es für zweckmässig findet, den letzten Rest von Zucker aus den Rüben zu extrahiren, so thut er es, weil der voraussichtliche Gewinn, der aus solchem Verfahren resultirt, ihn reizt. Er wird es unterlassen, wenn seine Rentabilitätsrechnung zeigt, dass die darauf verwendeten Kosten nicht im Verhältnisse zum schliesslichen Erfolge stehen. Die Steuer wird er nicht in Rechnung ziehen.

Die Ansicht, dass die Einführung der Fabrikatsteuer die vielfachen Verbesserungen und Reformen der Zuckerindustrie erheblich machen, dass die darauf verwendeten zahlreichen Kapitalien verloren sind, sind nicht stichhaltig. Denn alle diese Verbesserungen gingen aus der Tendenz jeder Fabrikation hervor, den grössten Nutzeffekt mit den geringsten Kosten zu erzielen. Die Steuer war wohl mit ein Anlass, möglichst in der Technik fortzuschreiten, aber sie war nicht das treibende Motiv. Die Ersparungen in den Betriebskosten, die Einschränkung der Verluste, waren jene Elemente, welche Praxis und Wissenschaft mit gleichem Erfolge zu erzielen anstrebten, die Steuer selbst spielte nicht die Hauptrolle.

Der Fiskus wird bei der Fabrikatsteuer genau jene Einnahmen erhalten, welche dem Ergebnisse der jährlichen Konsumtion entsprechen. Er kann nicht weniger erhalten, es sei denn durch Umgehung des Gesetzes. Dies kann überall und bei jeder Steuer geschehen. Der Vorgang aber, dass der Fiskus gerade durch seine eigenen Vorschriften und Maassnahmen um seine Einnahmen gebracht wird, dieser Vorgang kann bei der Fabrikatsteuer nicht eintreten. Der Handel und insbesondere der internationale, wird durch die Fabriksteuer in regelmässige Bahnen gelenkt. Da eine Besteuerung der zum Export eingelagerten Zucker oder zum Raffiniren und Reexport gemachten Importe nicht stattfindet, so kann auch eine Steuerrückvergütung mit ihrem Gefolge von Prämien gar nicht gewährt werden und entfällt damit ein wesentlicher Faktor des bisherigen, künstlich in falsche Bahnen gebrachten Handels; es entfällt damit eine der unnatürlichsten Ursachen, der fortwährenden Schwankungen der Preise auf dem internationalen Zuckermarkte.

Die Ausführung der Fabriksteuer erheischt allerdings die ununterbrochene finanzbehördliche Ueberwachung und Kontrole der Zuckerfabriken und Raffinerieen als solcher — nicht der Fabrication — und verlangt nicht nur die Isolirung der betreffenden Etablissements, sondern auch, dass der Rohzucker während des Transportes in die Raffinerie etc. von denselben

Sicherungsmaassregeln umgeben ist, wie die ausländischen Zucker auf ihrem Wege von der Landesgrenze in die Raffinerieen. Auf den ersten Blick könnte es scheinen, als ob eine solche Ueberwachung schwer möglich und dem Unterschleife hierdurch Thür und Thor geöffnet wäre, weil die Eruirung der Defraudationen schwierig, deren Bestrafung selten und hierdurch eine weitere Anlockung zur Umgehung des Gesetzes gegeben wäre.

Aber abgesehen davon, dass die jetzigen Transportmittel eine behördliche Ueberwachung sehr erleichtern, so möchten wir doch darauf aufmerksam machen, dass das System der Ueberwachung in Frankreich seit langem besteht und gut funktionirt, dass auch die meisten übrigen Staaten es anzunehmen geneigt scheinen und wüssten wir in der That nicht, weshalb die Redlichkeit der deutschen Staatsbürger zweifelhafter sein sollte, als die der Bürger anderer Länder; warum also, was anderswo ausführbar erscheint, bei uns unausführbar sein sollte. Es soll zwar nicht geläugnet werden, dass die Isolirung und die fortdauernde Kontrole mannigfache Umwälzungen und Umänderungen und sogar Kapital-Auslagen den Zucker-Industriellen verursachen wird.

Daher ist wie bei jeder Reform das Hauptaugenmerk auch in diesem Falle darauf zu richten, dass sie nicht allzuplötzlich und mit möglicher Schonung bestehender berechtigter Interessen, und mit Anlehnung an die gegebenen Verhältnisse vorgenommen werde.

Der Hauptgrundsatz hierbei muss der sein, dass die Fabrikatsteuer vom wirklichen, zum Konsum vorbereiteten Fabrikate und in jenem Zeitpunkte erhoben werde, in welchem das Produkt in den inneren Konsum übergeht. Ob die Sicherung dieses Grundsatzes durch eine fortgesetzte Ueberwachung der Fabriken, oder bloss des Ein- und Ausgangs der Rohstoffe und Produkte erfolgen soll, ob es zweckmässig sei, die Abwage der Rüben beizubehalten und die Sicherungs-Maassregeln auf die Kontrole des Ausgangs einzuschränken, hängt von den faktischen Verhältnissen der deutschen Zuckerfabriken und Raffinerieen ab. Eine umfassende Erhebung der aktuellen Verhältnisse derselben, eine genaue Erwägung der Kosten, welche die Erzeugungs-Anstalten in Folge der geplanten Steuer-Reform treffen würden, sowie die Berechnung der Kosten der Ueberwachung, müssten dem Reformwerke vorangehen.

Da die Fabrikatsteuer das fertige Produkt zu treffen hat, also bloss den Zucker, so frägt es sich auch bei dieser Besteuerungsmethode, in welcher Art und Weise der Zuckergehalt bestimmt werden soll.

Die Rohzucker des Handels sind Gemische aus krystallisirtem Zucker und variablen Mengen Melasse, die den Zuckerkrystallen äusserlich anhaften. Der Werth dieser Gemische, sowohl für den Handel, als für die Steuerabmessung, wird durch die Menge des vorhandenen krystallisirbaren Zucker bedingt; es kann also nichts natürlicher sein, als den krystallisirbaren Zucker im Rohzucker als Maassstab für die Werthsbeurtheilung zu wählen.

Die Menge des in einem Rohzuckerquantum vorhandenen krystallisirbaren Zuckers ist aber, wie wir wiederholt sahen, verschieden von der effektiven Ausbeute an Zucker — dem Rendement und wird nach verschiedenen Methoden, deren prinzipielle Begründung und Anwendung wir bereits im dritten Abschnitte unserer Arbeit ausführlich schilderten und die wir hier nur kurz recapituliren, zu ermitteln gesucht.

Die Methode der Farbentypen haben wir als vollständig unhaltbar erkannt, da es zu leicht ist, dem Rohzucker durch künstliche Mittel jede beliebige Färbung zu geben, und die grossartigsten Defraudationen die Folge dieses Systems waren.

Die polarimetrische Methode dagegen, die bisher für den Handel fast allgemein gebräuchliche, giebt deshalb kein genaues, zuverlässiges Resultat, weil auch Nichtzucker-Bestandtheile sich an der Drehung der Polarisationsebene betheiligt und sich dessen Menge daher auf solchem Wege nicht genügend bestimmen lässt.

Das Verfahren der Pariser Börse, vermittelst Anwendung des Koeffizienten 5 den melassemetrischen Werth der im Rohzucker enthaltenen Salze im Aschengehalt festzustellen, und deren procentischen Betrag von der procentischen Polarisation in Abzug zu bringen, hat sich ebenso, wie die belgische Methode, das rendement par différence, von dem durch Polarisation ermittelten Zuckergehalte die Differenz zwischen 100 und diesem Gehalte als nicht krystallisirbaren Zucker abzuziehen, als wissenschaftlich unhaltbar erwiesen.

Es bleibt somit als das an sich vollkommenste Verfahren

das einzige, das überdies den Vorzug hat, auf alle Zuckerarten mit gleichem Erfolge angewendet werden zu können[1]), nur das von Dr. Scheibler mitgetheilte übrig, welches sich als zuverlässig erwiesen hat und welchem sich, auch was allgemeine Anwendbarkeit angeht, kaum mehr irgend schwer wiegende Bedenken entgegenstellen.

Die Grundlage einer sicheren Rendements-Bestimmung ist für die Einführung einer Fabrikatsteuer unentbehrlich; so lange diese fehlt, würden die Einwendungen, welche wir vom Standpunkte der Kritik aus gegen alle bis jetzt bestehenden Systeme erhoben, mit Recht auch gegen die Fabrikatsteuer geltend gemacht werden.

Da wir uns aber, wie gesagt, zu der Annahme berechtigt halten, dass die Scheibler'sche Methode allen Anforderungen, die vernünftiger Weise an eine solche gestellt werden können, entspricht, so ist der Zeitpunkt gekommen, den sonst auszutragenden Fragen in Betreff der Fabrikatsteuer ernsthaft näher zu treten, wobei zu berücksichtigen ist, dass die Einführung einer so durchgreifenden Reform ohnehin nicht ohne die sorgfältigsten Erhebungen und die allseitige Erörterung aller einschlägigen Verhältnisse vor sich gehen kann, und bis dahin ausreichend Zeit bleiben wird, kleine, etwa noch nöthig erscheinende Vereinfachungen des Scheibler'schen Verfahrens zu experimentiren.

Dass in der Fabrikatsteuer auch für die Besteuerung des Zuckers nur die einzige, absolut richtige Form gegeben ist, wird nicht allein seitens der National-Oekonomen, der landwirthschaftlichen und der Konsumenten-Kreise hervorgehoben; sondern auch die berufenen Vertreter der betheiligten Industrie selbst waren gezwungen, dies im Prinzipe anzuerkennen. Wenn letztere sich trotzdem gegen die praktische Durchführbarkeit desselben sträubten, so führten sie als Argument stets mit in erster Linie an, dass es keine Methode gebe, das zu besteuernde Produkt auch wirklich und vollständig für die Steuer greifbar zu machen. Jetzt, nachdem das Scheibler'sche Verfahren

---

[1]) Daher auch die grosse Wichtigkeit der Scheibler'schen Rendementsbestimmungsmethode, vom rein kaufmännischen Standpunkt, als Werthmesser beim Zuckerhandel.

sich als praktisch erwiesen hat, und jenes Argument als definitiv beseitigt angesehen werden kann, wird die Industrie sich, — davon sind wir überzeugt, — nicht in Verlegenheit finden, gegen eine Reform des Systems neue und andere Gründe in's Feld zu führen.

Wir finden das auch überaus natürlich und sind weit entfernt, eine berechtigte Vertheidigung der eigenen Interessen verurtheilen zu wollen, nur müssen wir die Frage von einem anderen Standpunkte betrachten. Die deutsche Zuckerindustrie hat sich unter dem herrschenden Systeme der Rübensteuer entwickelt und ist gross geworden, und jede Veränderung des Systems wird auf den Gang der Weiterentwicklung, wie auf den des aktuellen Betriebes für den Anfang eine unzweifelhaft störende und in gewissem Maasse schädigende Wirkung ausüben. Dasselbe würde nicht allein in Deutschland, sondern in allen Ländern der Fall sein. Allein, wenn wir demgegenüber zugeben müssen, dass die deutsche Zuckerindustrie eines eigentlichen Schutzes nicht mehr bedarf, dass aber das bestehende Steuersystem falsch ist, den Staat wie den Konsumenten schädigt und die Herbeiführung eines gesunden Verkehrs auf dem internationalen Zuckermarkte auch seinerseits erschwert, dann dürfte doch wohl die Frage unabweislich sein, ob es nicht besser ist, auch für die heimische Industrie selbst, noch jetzt, oder vielmehr jetzt endlich das falsche System durch ein richtiges zu ersetzen.

Wir bejahen diese Frage unbedenklich.

Auch darf man nicht vergessen, dass es unberechtigt wäre, die Gewinne in Anschlag zu bringen, welche der Fabrikant jetzt dadurch geniesst, dass er aus der Rübe mehr Zucker erzielt, als der Fiskus bei der Bemessung der Steuer angenommen hat, denn in diesem Vortheil liegt wohl oder übel eine nicht zu rechtfertigende Anomalie, welche sich auch dann bald wieder herausstellen würde, wenn der Staat den Steuersatz mässig erhöhte; — und gerade in diesem Punkte möchten wir den Ausgleich erkennen. Die für Einführung der Fabrikatsteuer nothwendige Isolirung der einzelnen Etablissements wird denselben erhebliche bauliche Kosten verursachen. Wir glauben nun, dass dieser Mehrbelastung dadurch am einfachsten Rechnung getragen würde, wenn die nach den gegenwärtigen Sätzen für das Rübengewicht zu normirende Produktensteuer für die ersten Jahre eine entsprechende Ermässigung erführe, um den Fabrikanten für die verursachten Extra-Aufwendungen ein gewisses Aequivalent zu bieten, dessen Betrag sich für den Staat sehr bald dadurch kompensiren würde, dass die Fabrikatsteuer die ganze wirkliche Produktion trifft und dadurch einen wesentlichen Mehrertrag sichert.

Wenn von einer Seite, gegenüber den Reklamationen derjenigen Landestheile, welche bei der Rübensteuer, wegen Mangels eines die Kultur zuckerreicher Rüben begünstigenden Bodens, in ein ungünstiges Konkurrenzverhältniss gebracht sind, geltend gemacht wird, dass bei einer Fabrikatsteuer ein Massenbau von Rüben Platz greifen werde, welcher das Bodenkapital gegenüber den jetzt in Deutschland bestehenden Verhältnissen verschlechtern würde, so halten wir diese Argumentation mit Rücksicht auf die bei uns bestehenden Verhältnisse nicht für zutreffend. Wenn sich bei der französischen Landwirthschaft nach dieser Richtung ein ungesundes Verhältniss herausgebildet hat, so muss gleichzeitig wohl beachtet werden, dass diese Erkenntniss nicht von uns, sondern seitens der französischen Landwirthe selbst gewonnen worden ist, und so dürfte es auch zu erwarten sein, dass rationeller Weise einerseits dort, nachdem der Schaden erkannt ist, nicht auf dem gleichen Wege weiter gewirthschaftet wird und andererseits die Erfahrungen des Nachbarlandes auch in Deutschland ihre Beherzigung finden werden. Ueberdies scheint uns, dass die Gefahr eines ähnlichen Raubbaues, wie ihn das Steuersystem Frankreichs veranlasst haben soll, für Deutschland schon aus dem Grunde viel weniger nahe liegt, weil die meisten Fabriken ihre Rüben selbst züchten und somit selbst das meiste Interesse haben, ihren Rübenboden so zu bewirthschaften, dass er ihnen ertragsfähig bleibt. Dass die zuckerreichste Rübe aber in allen Fällen auch mit dem meisten Vortheil zu verarbeiten sein wird, und dass diejenigen Fabriken, welchen dieselbe zu Gebote steht, vor denen, welche auf Rüben geringerer Qualität angewiesen sind, unter sonst gleichen Fabrikationsbedingungen stets am günstigsten gestellt bleiben, braucht wohl kaum eingehender vertheidigt zu werden; es kann somit eine wesentliche Verschiebung der gegenwärtigen Konkurrenzverhältnisse nicht wohl eintreten.

Anders liegt es mit der Technik der Zuckerfabrikation. Es ist keine Frage, dass dieselbe bei Einführung einer Fabrikatsteuer wesentliche Umwälzungen erfahren wird und wir wollen auch denjenigen Ansichten nicht entgegentreten, welche es für fraglich halten, ob selbst die beiden neuesten Vervollkommnungen der Fabrikation, die Osmose und die Elution, bei einer solchen Reform — in der bisherigen Form — in Aufnahme kommen werden. Wir sagen — in der bisherigen Form, — denn im Grunde wird auch auf diesem Gebiete nichts wesentliches verschoben. Die Behauptung bezüglich der vergeudeten Kapitalien für die gegenwärtige technische Vollendung der Fabrikationseinrichtungen erscheint uns wenig stichhaltig. Unter den bisherigen Verhältnissen hat ebensowohl stets ein neues Verfahren das alte verdrängt und kostspielige Aenderungen hervorgerufen, wie es auch für die Folge der Fall sein wird. Wie bisher bei uns die Bestrebungen der Technik darauf gerichtet waren, thunlichst das letzte Prozent Zucker aus der Rübe zu gewinnen, wie in Oesterreich dahin gearbeitet wurde, möglichst schnell mit den vorhandenen Werksvorrichtungen eine grosse Leistung zu erzielen, wie in Belgien das Augenmerk auf diejenigen Momente gerichtet wurde, welche nach der Klärung des Saftes das grösste Ausbringen von Zucker begünstigen, so wird bei der Fabrikatsteuer die Technik ihre Aufgabe nicht weniger darin suchen, die Fabrikationsmethoden, entsprechend den Anforderungen des neuen Systems, zu vereinfachen und ihre Kosten zu verringern, und es ist nicht wohl anzunehmen, dass die Industrie bei veränderten Voraussetzungen nicht auch hier ebensowohl Fortschritte erzielen werde, wie sie solche bisher in fortdauerndem Maasse zu erzielen wusste.

Eine grosse Industrie, wie die Zuckerindustrie es ist, wird schon durch die natürliche Konkurrenz ihrer einzelnen Glieder dahin geführt, unter allen Steuerverhältnissen nach thunlichster, die Rentabilität der einzelnen Unternehmungen fördernder, technischer Vervollkommnung zu streben. Für uns ist es durchschlagend, dass allein die Fabrikatsteuer für die Besteuerung des Zuckers geeignet ist, alle die finanziellen und wirthschaftlichen Mängel zu beseitigen, welche, wie wir im Verlaufe unserer Arbeit zum Ueberfluss zu erkennen Gelegenheit hatten, allen anderen Steuersystemen anhaften. Ueberdies giebt es neben derselben auch kein anderes Mittel, für den internationalen Verkehr im Zuckerhandel gesundere Zustände zu schaffen, da allein auf diesem Wege die alle natürlichen Bedingungen dieses Verkehrs vernichtenden Exportprämien aus der Welt geschafft werden können.

Detaillirtere Vorschläge bezüglich der Durchführung der Fabrikatbesteuerung zu machen, fühlen wir uns nicht berufen und glauben, dass solche Spezialitäten nur in contradictorischen Verhandlungen zwischen dem Staate und der Industrie ausgebildet werden können und auszubilden sind. Ganz abgesehen davon, dass die steuertechnischen Erfordernisse des Systems nicht vom ersten Tage an den Stempel der Vollkommenheit tragen, vielmehr — gerade, wie z. B. bei der Spiritusbesteuerung — sich erst an der Hand der täglichen Erfahrungen als praktisch brauchbar herausbilden können, giebt es überdies in den über diese Frage erschienenen Denkschriften, wie in dem Reglement der französischen Steuererhebung jedenfalls eine Menge Anhaltspunkte, welche als diskutirbare Vorschläge auch in Bezug auf Deutschland betrachtet werden dürften.

Das wirkliche Bestehen der erforderlichen Kontrole in Frankreich macht jedenfalls die Behauptung hinfällig, dass die Einrichtung einer solchen nicht möglich oder auch nur äusserst schwierig sei; was in Frankreich geht, geht auch mutatis mutandis bei uns.

Als Hauptgrundsatz bei Einführung der Fabrikatsteuer müsste gelten, dass zunächst nur der in den Konsum, beziehungsweise in die Raffinerie übergehende Zucker, sei er fremden oder heimischen Ursprunges, einer Besteuerung unterliegen und der Fabrikation selbst volle Freiheit der Bewegung gelassen werde; — eine behördliche Kontrole, welche den inneren Betrieb in bestimmte einseitige Bahnen einlenken würde, ist durchaus zu vermeiden. — Im Allgemeinen wäre also nach unserer Auffassung für die Besteuerung — natürlich mit Ausnahme der aus dem Auslande eingehenden Raffinaden — zunächst der Rohzucker in's Auge zu fassen. Ob nun die Besteuerung am praktischsten so durchgeführt wird, dass nur an der Zollgrenze oder Abfertigungsstelle und beim Ausgange aus der Rübenzuckerfabrik die behördliche Kontrole und die Bemessung der Auflage stattfindet, wobei die Raffinerieen, soweit sie nicht mit Rohzuckerfabriken verbunden sind, von jeder steueramtlichen Ueberwachung frei bleiben würden, oder ob es zweckmässiger sein wird, den für die Raffinerie bestimmten Rohzucker, wie denjenigen für den Export, vorerst steuerfrei zu lassen und das aus den Raffinerieen ausgehende Fabrikat zu besteuern, ist eine Frage, deren Lösung für den praktischen Steuer-Erfolg irrelevant sein dürfte, immerhin aber im Zweckmässigkeits-Interesse einer auf die Einrichtung der verschiedenen Fabrikanlagen, wie auf die Erfordernisse der besten steuerlichen Kontrole gerichtete eingehende Erörterung seitens der betheiligten Faktoren bedarf.

Da die Rohzucker einen äusserst verschiedenen Werth haben, so ist eine diese Werthverschiedenheit gehörig berücksichtigende Klassifikation im Steuertarife unentbehrlich. Soviel ein einziger gleichmässiger Satz auch sonst für sich haben mag, so können wir uns doch denjenigen vereinzelten Stimmen nicht anschliessen, welche die Anwendung eines solchen bei der Zuckersteuer befürworten, nachdem wir bei der Betrachtung der früheren Steuersysteme einzelner Länder, speziell derjenigen Frankreichs, Hollands und Belgiens und deren Einwirkung auf den allgemeinen Zuckermarkt in England, die in einer solchen Verallgemeinerung liegenden grossen Unzuträglichkeiten zur Genüge erkannt haben. Ein einziger Satz wäre bei der Zuckersteuer dann nur als Nothbehelf einzuführen, wenn man keinen zuverlässigen Werthmesser, der alle Umgehungen ausschliesst, finden könnte. Einen solchen haben wir aber jetzt in der Scheiblerschen Methode.

Diesen Gesichtspunkten möchten wir nur noch den hinzufügen, dass Deutschland die Initiative ergreifen sollte, den internationalen Verkehr für diesen wichtigen Artikel endlich in gesunde, gesicherte Bahnen zu lenken.

Hierzu ist der Zeitpunkt so günstig, wie nie. Alle in Betracht kommenden Staaten haben entweder schon jetzt einer Fabrikatsteuer sich annähernde Systeme oder sind nicht abgeneigt, solche einzuführen. Zwischen Deutschland und Oesterreich schweben von Neuem Zoll-Vertrags-Verhandlungen, dieselben bieten die Handhabe, auch in dieser Frage eine feste Vereinbarung zwischen beiden Ländern zu erzielen, welche dann die Hälfte der europäischen Zucker-Produktion umfassen würde.

Auf der anderen Seite ist die Konvention, welche zwischen Frankreich, Belgien, Holland und England bestand, abgelaufen und die neue Konvention, welche die alte zu ersetzen bestimmt war, als gescheitert zu betrachten. Durch das Scheibler'sche Verfahren ist eine Rendements-Bestimmungs-Methode gewonnen, welche neben allen anderen Vortheilen für den internationalen Verkehr zumal den bietet, auf alle Zucker-Arten und Sorten gleichmässig anwendbar zu sein. Somit wäre es für Deutschland eine Aufgabe von hervorragender Bedeutung, die es lösen kann und muss, zunächst nach Einführung der von uns befürworteten Steuer-Reform für Deutschland, in der Verhandlung mit Oesterreich und dann weiter mit den übrigen Staaten auf der Grundlage einer bei allen einzuführenden Fabrikatsteuer, an der Hand des Scheibler'schen Verfahrens, eine neue Konvention in's Leben zu rufen, welche dann mit Recht den Namen „Internationale Zucker-Konvention“ tragen würde.

ANHANG.

Uebersicht

der

gegenwärtig in den europäischen Staaten geltenden Gesetze über Zuckerzoll und Zuckerbesteuerung nebst den bezüglichen Tarifen.

Deutschland.

Die Besteuerung des Rübenzuckers erfolgt innerhalb des Deutschen Reichs nach dem Gewichte der zu verarbeitenden Rüben. Die Steuer beträgt per netto Zollcentner oder 50 Kg. frischer Rübe 80 Pf. ohne Rücksicht auf den Zuckergehalt, wobei es indessen dem Fabrikanten gestattet ist, die Rübe vor der amtlichen Verwiegung zu reinigen und zu köpfen, und wird laut der auf der VII. Generalkonferenz vom 23. Oktober 1845 vereinbarten Verordnung, deren Bestimmungen bis heute nur ganz unwesentliche Abänderungen erlitten, auf Grund spezieller Gewichtsermittelung erhoben. (Bei Fabriken, deren Rübenverbrauch innerhalb einer Campagne die Höhe von 10,000 Centner nicht übersteigt, ist an Stelle der speziellen Abwage auch eine Fixation der erfallenden Steuer auf Grund der angemeldeten und revidirten Materialvorräthe zulässig.)

Die Instruktion vom 23. Oktbr. 1845, nach welcher die Erhebung der Steuer erfolgt, hat folgenden Inhalt:

Die Steuer wird erhoben:

1. Auf Grund spezieller Gewichtsermittelung, und zwar:

a) In denjenigen Rübenzuckerfabriken, welche die Rüben in frischem Zustande verarbeiten, wird das Gewicht der Rüben, bevor solche auf die Zerkleinerungsapparate (Schneid- und Reibmaschine) gelangen, durch amtliche Verwiegung ermittelt. Zu diesem Behufe muss in einer jeden solchen Fabrik und in jeder von der eigentlichen Fabrik getrennt stehenden Anstalt zur Verwiegung von Rüben für die Zuckerbereitung eine Wage nebst Gewichten in unmittelbarer Nähe der Schneid- und Reibmaschinen vorhanden sein, und dürfen nicht weniger als je fünf Centner Rüben auf die Wage gebracht werden.

b) In denjenigen Fabriken, welche auf die Bereitung des Zuckers aus getrockneten Rüben eingerichtet sind, werden sowohl die in der Fabrik getrockneten, als auch die von auswärts bezogenen Rüben, vor Einbringung in die Zuckerfabrik gewogen.

c) Behufs Erleichterung des Verwiegegeschäfts ist die Anwendung von Brückenwagen gestattet. Die zur Verwiegung nothwendigen mechanischen Vorrichtungen hat der Fabrikinhaber auf seine Kosten einzurichten.

d) Ausserdem sind die Fabrikanten verpflichtet, solche bauliche Einrichtungen und sonstige Veranstaltungen zu treffen, dass die mit dem Verwiegegeschäft beauftragten Beamten gegen Nässe und Kälte geschützt sind.

2. Im Wege der Fixation.

Für Fabriken, welche innerhalb einer Betriebsperiode nicht über 10,000 Centner rohe Rüben verarbeiten, kann auf Grundlage der angemeldeten und revidirten Materialvorräthe eine Fixation der dafür zu entrichtenden Steuer eintreten. In diesem Falle unterbleibt die in §. 2 angeordnete spezielle Verwiegung der Rüben und es findet nur eine allgemeine Beaufsichtigung statt.

Der vereinigte Betrieb der Zuckerfabrikation aus Rüben und Kolonialzucker darf nur unter Beobachtung der vom Finanzminister zur Verhütung von Missbräuchen und zum Schutze des Steuerinteresses zu treffenden Anordnungen, stattfinden.

Rübenzuckerfabriken innerhalb des Grenzbezirks unterliegen, ausser den in vorerwähnter Verordnung enthaltenen Bestimmungen, den Vorschriften in §. 35 des Zollgesetzes, sowie den in §. 88—90 der Zollordnung vom 23. Januar 1833 enthaltenen Vorschriften und dürfen daher nur unter Beobachtung der zur Sicherung des Gewerbes und Zollinteresses nöthig erachteten Bedingungen und Beschränkungen fortgesetzt, oder neu angelegt und betrieben werden. — Wer eine Rübenzuckerfabrik anlegen oder sonstige darauf bezügliche Einrichtungen treffen will, ist verpflichtet, solches der Steuerbehörde mindestens 6 Wochen vor Beginn des Betriebes schriftlich anzuzeigen, und der gedachten Behörde spätestens 8 Tage vor Eintritt dieses Zeitpunktes eine Nachweisung in doppelter Ausfertigung einzureichen, worin die Räume zur Aufstellung der Geräthe und zum Betriebe der Zuckerbereitung, einschliesslich aller dazu gehörigen oder damit im Zusammenhang stehenden Vorbereitungen und Operationen, die Räume zur Aufbewahrung der Rüben, und der zur Aufbewahrung der verschiedenen Fabrikate, ferner die zu benutzenden feststehenden Geräthe, als: die Apparate zum Waschen, Zerkleinern und Dürren der Rüben, zum Extrahiren und Auspressen des Rübensaftes, die Kessel, Pfannen und sonstige Vorrichtungen zum Kochen, Läutern und Klären des Zuckers u. s. w., ingleichem der in preussischen Quarten ausgedrückte Rauminhalt der Kessel und Pfannen von jedem dieser Geräthe besonders, genau und vollständig angegeben sein müssen.

Diesem Nachweis muss ein Grundriss der Betriebsräume und der Stellung der darin befindlichen, feststehenden Geräthe und Apparate nach Anleitung der Steuerbehörde beigefügt, und die darin bezeichnete Stellung der Geräthe und Apparate so lange unverändert beibehalten werden, als Abänderungen nicht amtlich angemeldet werden.

Ebenso dürfen neue oder abgeänderte Geräthe und Apparate ohne vorausgegangene behördliche Genehmigung nicht in Gebrauch genommen werden. Die in den Betriebsräumen vorhandenen feststehenden Geräthe und Apparate werden nach Maassgabe der Steuerbehörde numerirt und kann dieselbe auch eine Nachmessung der Kessel und Pfannen vornehmen lassen.

Die Nummer und den ermittelten Quartinhalt muss der Fabrikinhaber an den Geräthen deutlich bezeichnen und erhalten lassen. Ueber die Anmeldung, Vermessung und Bezeichnung der Geräthe hat die Steuerhebestelle Bescheinigung zu ertheilen.

Die angemeldeten Betriebsräume und die darin vorhandenen Geräthe und Apparate stehen unter Aufsicht der Steuerbehörde und können von derselben für die Zeit ausserhalb der Campagne ausser Gebrauch gesetzt werden und zwar auf Kosten des Fabrikinhabers. Die Inhaber von Zuckerfabriken sind verpflichtet, über ihren gesammten Fabrikationsbetrieb Bücher zu führen, aus welchen die Menge der verarbeiteten Rüben und der daraus gewonnenen Fabrikate verschiedener Gattung ersichtlich sein muss, und sind dieselben verpflichtet, solche den Oberbeamten der Steuerverwaltung (Oberkontroleuren der Inspektoren oder noch höher stehenden Beamten) sowie deren Vertretern jederzeit, andern Beamten aber nur, wenn dieselben dazu von der Provinzial-Steuerbehörde besonders beauftragt sind, auf Erfordern vorzulegen.

Wenn eine neu angelegte Zucker-Fabrik zuerst, oder eine ausser Thätigkeit gewesene ältere Anlage der Art wieder in Betrieb gesetzt werden soll, so muss der Inhaber davon der Steuerbehörde 14 Tage vor Beginn des Betriebs schriftlich Anzeige machen und sich darüber Bescheinigung ertheilen lassen. Diese Anzeige muss zugleich die Angabe enthalten, ob und mit welchen regelmässigen Unterbrechungen der Betrieb stattfinden soll. Befinden sich Geräthe unter amtlichem Verschlusse, so ist solcher durch die Steuerbehörde zu entfernen.

Wer Zucker aus Rüben bereitet, hat im Herbste jeden Jahres, drei Tage nach Beendigung der Ernte, und wenn diese über den Schluss des Monats November hinaus dauern sollte, spätestens am letzten Tage des gedachten Monats, der Steuerbehörde ein nach einem besonderen Muster anzufertigendes Verzeichniss seiner sämmtlichen

Rübenvorräthe, worin zugleich die Art ihrer Aufbewahrung angegeben sein muss, zweifach einzureichen, auch jeden ferneren Zugang von Rüben, zur Nachtragung in dem Verzeichnisse, sogleich anzumelden.

Das eine Exemplar dieses Verzeichnisses wird, mit dem Visa der Steuerhebestelle versehen, zurückgegeben und muss in dem Betriebslokal aufbewahrt und auf Verlangen vorgelegt werden. Als besondere Vorschriften für Fabriken, in welchen getrocknete Rüben verarbeitet werden, schreibt der §. 14 vor: dass die gesammten Vorräthe an getrockneten Rüben nur an einem gewissen, ein für allemal zu bestimmenden Orte, welcher unter Mitverschluss der Steuerbehörde steht, aufzubewahren, auch, so oft getrocknete Rüben von ausserhalb, sei es von auswärtigen Trocknungs-Anstalten oder von dritten Personen bezogen werden, sollen der Steuerhebestelle solche spätestens am Nachmittage des vorhergehenden Tages schriftlich angemeldet werden.

Diese Anmeldung, welche die Menge und die Art der Verpackung der einzubringenden Rüben, den Ort ihrer Herkunft, sowie den Tag und die Stunde der Einbringung enthalten, muss nach der Wahl des Fabrikinhabers entweder für jeden einzelnen Transport oder für einen längeren Zeitraum im Voraus gemacht werden.

Zur angemeldeten Stunde der Einbringung ist die Ankunft eines Steuerbeamten abzuwarten, und in dessen Gegenwart alsdann sogleich, je nachdem die Rüben sofort verarbeitet werden sollen, oder nicht — im ersteren Falle deren Verwiegung, im anderen Falle deren Aufnahme in das unter Mitverschluss der Steuerbeamten stehende Aufbewahrungslokal zu bewirken.

Sollen demnächst Rüben, behufs Verarbeitung aus dem Aufbewahrungslokal entnommen werden, so findet sich ein Steuerbeamter in der Fabrik ein, um das Lokal zu öffnen und unter seiner Aufsicht die Rüben herausnehmen und verwiegen zu lassen. Das auf einmal zu entnehmende Quantum Rüben, ingleichen die Zeit der Entnahme wird für jede Fabrik nach Maassgabe des stattfindenden Betriebes von der Steuerbehörde bestimmt.

Zu gleichem Zwecke hat dieselben die Notizen über den Betrieb der in ihrem Bezirke befindlichen Rübenzuckerfabriken mit denen der kontrolirenden Beamten anderer, namentlich benachbarter Bezirke, wo sich dergleichen Fabriken befinden, von Zeit zu Zeit zu vergleichen. Ergiebt eine solche Vergleichung für eine oder die andere Fabrik auffallende Ertragsresultate, so muss den Gründen dieser Erscheinung genau nachgeforscht, und wenn sich dadurch der Verdacht wahrheitswidriger Eintragungen in das Fabrikbuch herausstellen sollte, die Kontrole gegen die betreffende Fabrik so lange verschärft werden, bis entweder von der Grundlosigkeit des Verdachtes Ueberzeugung gewonnen, oder der Fabrikinhaber zu richtiger Buchführung genöthigt worden ist.

Ein- und Ausfuhrzölle.

a) Einfuhrzölle.

	Per netto Zoll-Ctr. oder 50 Kg.
1. Raffinirter Zucker aller Art, so wie Rohzucker von No. 19 des holländischen Standardmuster und darüber (Thlr. 5. —) = ...	M. 15,—
2. Rohzucker, soweit solcher nicht zu dem unter 1 gedachten gehört (Thlr. 4. —) = ...	- 12,—
3. Syrup (Thlr. 2.15) = ...	- 7,50
4. Melasse unter Kontrole der Verwendung zur Branntweinbereitung	frei.

Für Tara werden vom Zollcentner Bruttogewicht bei der Einfuhr von Brodzucker, Candis-, Bruch- oder Lumpenzucker vergütet:

14 %	für Zucker in	Fässern mit Dauben von Eichenholz oder anderem harten Holz,
10 -	- -	- anderen Fässern,
13 -	- -	- Kisten,
7 -	- -	- Körben;

ferner bei Einfuhr von Rohzucker und Farin, sowie gestossenem Zucker:

13 %	für Zucker in	Fässern mit Dauben von Eichenholz oder anderem harten Holz,
10 -	- -	- anderen Fässern,
13 -	- -	- Kisten,
8 -	- -	- aussereuropäischen Rohrgeflechten: (Ranassers, Kranjanys),
7 -	- -	- anderen Körben,
4 -	- -	- Ballen, und
11 -	- Syrup und Fässer.	

Rückvergütungen.

Bei der Ausfuhr von inländischem, wie auch von ausländischem Zucker über die Grenzen des deutschen Zollvereins, oder bei dessen Niederlegung in den Zollvereinsniederlagen, wird, wenn die auszuführende Zuckermenge wenigstens 10 Ctr. beträgt, folgende Steuervergütung gewährt:

	Per Zoll-Ctr. = 50 Kg.
1. Für Rohzucker von mindestens 88 % Polarisation (Thlr. 3. 4 Sgr.) = ...	M. 9,40
2. Für Candis und für Zucker in weissen, vollen, harten Broden bis zu 25 Pfund Nettogewicht, oder für in Gegenwart der Steuerbehörde zerkleinerten raffinirten Zucker (Thlr. 3. 25 Sgr.) = ...	- 11,50
3. Für alle übrigen harten Zucker, sowie für alle weissen, nicht über 1 % Wasser enthaltenden Zucker in Krystall-, Krümel- und Mehlform von mindestens 98 % Polarisation (Thlr. 3. 18 Sgr.) = ...	- 10,80

Oesterreich - Ungarn.

In der österreichischen Monarchie ist die zur Zuckererzeugung dienende Rübe mit einer Steuer von 73 Kr. Oesterr. Währung per 100 Kg. frischer Rüben belegt, während sich dieser Betrag für die getrocknete Rübe auf das fünffache Fl. 3, 65 Kr. erhöht. Die Menge der zur Verarbeitung gelangenden Rüben wird nach der Leistungs-

SCA

Bei einem Flächenraume in Quadrat-Centimeter	Bei einer Packhöhe																						
	95	94	93	92	91	90	89	88	87	86	85	84	83	82	81	80	79	78	77	76	75	74	73
	Anzahl der																						
2500	108	110	111	112	113	114	115	117	119	120	121	122	124	126	127	128	130	131	132	133	135	137	138
2350	110	111	112	113	114	115	117	119	121	122	123	124	126	128	129	130	131	132	133	135	137	139	140
2209	112	113	114	115	116	117	119	121	122	123	124	126	128	130	131	132	133	134	135	137	139	140	142
2115	113	114	116	117	118	119	121	122	124	125	126	128	130	131	132	133	135	136	137	139	140	142	143
1930	115	116	118	119	120	121	122	124	126	127	128	130	131	133	134	135	137	138	139	140	142	144	145
1848	117	118	119	121	122	123	124	126	128	129	130	131	133	135	136	137	139	140	141	142	144	146	147
1764	119	120	121	122	123	124	126	128	130	131	132	133	135	137	138	139	140	141	142	144	146	148	149
1638	121	122	123	124	125	126	128	130	131	132	133	135	137	139	140	141	142	143	145	146	148	149	150
1521	122	123	124	126	127	128	130	131	132	133	135	137	139	140	141	142	144	145	146	148	149	151	152
1443	124	125	126	128	129	130	131	133	134	135	137	139	140	142	143	144	146	147	148	149	151	153	154
1332	126	127	128	130	131	132	133	135	136	137	139	140	142	144	145	146	148	149	150	151	153	155	156

fähigkeit der Saftgewinnungswerkzeuge ermittelt. Zu dem Zwecke wird diese Leistungsfähigkeit d. h. das Quantum der innerhalb 24 Stunden möglichen Rübenverarbeitung seitens der Steuerbehörde genau ermessen.

Für die Zuckererzeugungsperiode 1877/78 sind zur Bemessung der Leistungsfähigkeit der Saftpressen in Rübenzuckerfabriken, welche frische Rüben mittelst des Pressverfahrens verarbeiten, nachstehende Normen festgestellt.

I. Der Berechnung des in einer jedesmaligen Pressladung enthaltenen Rübenbreies sind nebst der Press- oder Packhöhe die Längen- und Breitenmasse der Pressbleche oder, bei Verwendung von Presshorden, die Pressflächen zwischen den Leitstangen, nach Abzug von je 5 Centimetern in der Länge und Breite, zu Grunde zu legen und hierbei 1790 Cubikcentimeter gleich Einem Kilogramm Rübenbrei anzunehmen.

II. Die Zahl der täglichen Pressungen wird bestimmt:

A) Bei hydraulischen mit Dampf- oder Wasserkraft betriebenen Saftpressen,

1. wenn je zwei derselben nur Ein Pumpwerk haben, abwechselnd thätig sind und kuchenweise beladen werden nach der folgenden Scala:

L A.

von Centimeter

72	71	70	69	68	67	66	65	64	63	62	61	60	59	58	57	56	55	54	53	52	51	50	49	48	47
täglichen Pressungen																									
139	140	141	143	144	146	148	149	150	151	153	155	156	157	158	160	161	162	164	166	167	168	169	171	172	173
141	142	143	144	146	148	149	150	151	153	155	157	158	159	160	161	162	164	166	167	169	170	171	172	173	175
143	144	145	146	148	149	151	152	153	155	156	158	159	160	162	163	164	166	168	169	171	172	173	174	175	176
144	146	147	148	149	151	153	154	155	157	158	160	161	163	164	165	166	167	169	171	172	173	175	176	177	178
146	148	149	150	151	153	155	156	157	158	160	162	163	165	166	167	168	169	171	173	174	175	176	177	178	180
148	149	150	151	153	155	157	158	159	160	162	164	165	166	167	168	169	171	173	175	176	177	178	179	180	182
150	151	152	153	155	157	158	159	160	162	164	166	167	168	169	170	171	173	174	176	177	179	180	181	182	184
151	153	154	155	157	158	160	161	162	164	166	167	168	169	171	172	173	175	176	178	179	181	182	183	184	185
153	155	156	157	158	160	162	163	164	166	167	169	170	172	173	174	175	176	178	180	181	183	184	185	186	187
155	157	158	159	160	162	164	165	166	167	169	171	172	173	175	176	177	178	180	182	183	184	185	186	187	189
157	158	159	160	162	164	166	167	168	169	171	173	174	175	176	177	178	180	182	184	185	186	187	188	189	191

2. nach dieser Scala mit einem Zuschlage von fünfzehn (15) Procent bei Pressen, wovon je zwei nur Ein Pumpwerk haben, abwechselnd thätig sind und stossweise beladen werden;
3. nach derselben Scala mit einem Zuschlage von fünf und zwanzig (25) Procent bei Pressen, wovon jede mit eigenem Pumpwerk versehen ist und kuchenweise beladen wird;
4. nach der gleichen Scala mit einem Zuschlage von vierzig (40) Procent bei Pressen, wovon jede mit eigenem Pumpwerk versehen ist und stossweise beladen wird;
5. bei Pressen, wovon je zwei mehr als Ein Pumpwerk haben oder zwar nur Ein Pumpwerk besitzen, aber gleichzeitig thätig sein können, nach demselben Ausmasse, wie bei Pressen, wovon jede mit eigenem Pumpwerk versehen ist (3 und 4).

Wo nach der Anmeldung der Rübenzuckerfabrik die Beladung der Pressen kuchenweise geschieht, dürfen die Packtische nicht beweglich sein. Auch müssen dieselben um wenigstens 16 Centimeter höher sein als die Pressplatte bei ihrem tiefsten Stande.

Ferner darf, wenn die Anmeldung auf kuchenweise Beladung lautet, kein Pressblech eine Handhabe besitzen.

B. Bei hydraulischen Pressen, welche durch Menschenhand oder thierische Kraft getrieben werden, ist die Zahl der täglichen Pressungen mit neunzig Procent derjenigen Anzahl zu bemessen, welche nach vorstehenden Bestimmungen (1 bis 5) entfallen würde.

III. Ergeben sich bei der Abmessung der Packhöhe einer Presse oder bei der Abmessung der Länge oder Breite der Pressbleche, beziehungsweise der Pressflächen zwischen den Leitstangen, Bruchtheile eines Centimeters, so bleiben dieselben unberücksichtigt.

Wenn ferner der nach der obigen Bestimmung (I.) berechnete Flächenraum der Pressbleche oder, bei Verwendung der Presshorden, der Pressfläche nicht genau einem in der obigen Scala mittelst Quadratcentimetern ausgedrückten Flächenraume entspricht, so ist bei der Ermittelung der Anzahl der täglichen Pressungen derjenige Flächenraum zu Grunde zu legen, welcher dem wirklichen anrechenbaren Flächenraume am nächsten kommt, z. B. das Flächenmass von 2115 Quadratcentimetern, wenn der wirkliche anrechenbare Flächenraum 2116 Quadratcentimeter beträgt.

Wenn aber der wirkliche anrechenbare Flächenraum der Pressbleche, beziehungsweise der Pressfläche von jedem der in der Scala unmittelbar auf einander folgenden Flächenräume, zwischen welche er fällt, gleich weit absteht, so ist die Anzahl der täglichen Pressungen nach dem kleineren Flächenraume zu ermitteln.

Bei denjenigen Zuckerfabriken, welche die den Namen Diffusion führende Art der Saftgewinnung aus frischen Rüben anwenden und deren Diffusionsgefässe nicht einzeln thätig, sondern zu sogenannten Batterien verbunden sind, kann auf Ansuchen der Unternehmer die Pauschalirung der Rübenzuckersteuer nach der Leistungsfähigkeit der Werksvorrichtungen und der Zeitdauer ihrer Verwendung eintreten.

Die Ermittelung der Leistungsfähigkeit geschieht nach folgendem Ausmasse:

a) Bei Diffusionsbatterien, welche aus je neun (9) oder mehr Diffusionsgefässen mit einem durchschnittlichen Rauminhalte von mindestens 25 Hectolitern bestehen, werden für jeden Tag (24 Stunden) und für jeden Hectoliter des mittelst Wassereingusses ermittelten Gesammtrauminhaltes der Diffusionsgefässe, sechshundert fünfzig (650) Kilogramm frischer Rüben bemessen.

b) Bei Diffusionsbatterien, welche aus je neun (9) oder mehr Diffusionsgefässen von einem kleineren durchschnittlichen Rauminhalte als je 25 Hectoliter bestehen, wird der gleiche Massstab (a) aber mit einem Zuschlage angewendet, der für jeden Hectoliter, um welchen der durchschnittliche Rauminhalt der Diffusionsgefässe unter 25 Hectoliter steht, zwölf (12) Kilogramm frischer Rübe beträgt.

Bruchtheile eines Hectoliter, welche in dem durchschnittlichen Rauminhalte der Diffusionsgefässe vorkommen, werden, insofern es sich um die Bestimmung dieses Zuschlages handelt, als ein ganzer Hectoliter gezählt.

Bei einer Batterie, welche z. B. 9 Diffusionsgefässe mit dem durchschnittlichen Rauminhalte von je 19.24 Hectolitern hat, werden demnach für den Tag und für jeden Hectoliter des Gesammtrauminhaltes von 173.16 Hectolitern 710 Kilogramm frische Rüben bemessen.

c) Bei Diffusionsbatterien aus weniger als 9 Diffusionsgefässen wird die Leistungsfähigkeit nach den vorstehenden Bestimmungen derart bemessen, als ob die Batterie aus 9 Diffusionsgefässen von dem gleichen durchschnittlichen Rauminhalte, den die vorhandenen haben, zusammengesetzt wäre.

Wenn also z. B. eine Batterie aus 8 Diffusionsgefässen mit dem durchschnittlichen Rauminhalte von 22.25 Hectolitern bestände, so würde auf einen Rauminhalt von 22.25 × 9 = 200.25 Hectolitern das Mass von 674 Kilogramm frischer Rübe per Tag und Hectoliter angewendet.

Sind ausser den zur Verwendung während der Pauschalirungsperiode bestimmten Diffusionsgefässen noch andere solche Gefässe in der Rübenzuckerfabrik vorhanden, so werden dieselben für die ganze Dauer der Pauschalirungsperiode unter amtlichen Verschluss gehalten und müssen aus jeder Verbindung mit andern Gefässen ausgeschieden sein.

Die Fabriken stehen unter der Controle der Finanzbehörde, welcher sie je 6 Wochen vor Beginn einer Campagne ein genaues Verzeichniss der Lokalitäten und Werkvorrichtungen, nebst genauer Beschreibung der Saftgewinnungsapparate, insbesondere bei Centrifugen mit Angabe des Flächenmaasses der Siebfläche, bei Saftpressen mit Angabe der Breite und Länge der Pressbleche, oder bei Anwendung von Presshorden mit Angabe der Pressfläche innerhalb der Leitstangen, dann der Presshöhe jeder einzelnen Presse, ferner der Zahl und des Rauminhaltes der Scheidekessel und der Abdampfungsapparate in doppelter Ausfertigung zu überreichen haben. Dann ist bei jeder Presse anzugeben, ob sie mittelst Menschen oder Thiere, Wasser oder Dampfkraft in Bewegung gesetzt wird und ob die Be- und Entladung jeder einzelnen Presse kuchenweise oder auf einmal stattfindet. Jede Aenderung, Vermehrung oder Vergrösserung der Werkvorrichtungen (während der Betriebszeit übrigens bei schwerer Strafe untersagt), sowie jeder Wechsel in der Fabriksleitung, jede Betriebsstörung, sofern in Folge derselben ein Anspruch auf Steuernachlass erhoben werden soll, müssen der Finanzbehörde angezeigt werden. Der Betrieb einer Rübenzuckerfabrik darf erst dann begonnen werden, wenn der Fabrikant im Besitze der amtlichen Bescheinigung über die Bemessung des Steuer-Pauschales ist. Demgemäss ist 3 Tage vor Ablauf jeden Monats das für die Dauer desselben zur Verarbeitung gelangende Rübenquantum schriftlich anzumelden unter der Beifügung des entfallenden Steuer-Pauschales. An dem in der Anmeldung als Ende des Betriebes angezeigten Tage muss der Betrieb der Fabrik ohne Weiteres eingestellt werden und werden die vorhandenen Saftpressen, Centrifugen, Macerationsgefässe u. s. w. durch Versiegelung oder in anderer geeigneter Weise ausser Gebrauch gesetzt.

Einfuhrzölle.

	Per 100 Kg. netto.
Raffinirter Zucker aller Art, wie auch Candis .	O. W. Fl. 27,—
Zuckermehl zum Handel	- - 18,90
- - Raffiniren	- - 12,60
Colonialsyrup	- - 6,40

Rückvergütungen
ohne Rücksicht auf Besteuerung des Zuckers.

	Per 100 Kg. netto.
Raffinirter Zucker aller Art nicht unter 99% Polarisation	O. W. Fl. 11,18
Rohzucker von wenigstens 90% Polarisation . .	- - 9,10

Für Rohzucker unter 90% Polarisation wird keine Rückvergütung geleistet.

Russland.

Zum Zwecke der Produktionsbesteuerung ist das ganze Reich in drei Rayons eingetheilt.

Zum Rayon I gehören die Gouvernements Kiew, Podolien, Wolhynien und das Königreich Polen, und gilt dafür eine gesetzliche Ausbeute von 7 pCt.

Zum Rayon II die Gouvernements Charkow, Poltawa und ein Theil des Tschernigow'schen Gouvernements, mit einer Ausbeute von 6½ pCt.

Zum Rayon III die übrigen Gouvernements mit einer Ausbeute von 6 pCt.

Die Fabriken selbst werden eingetheilt in industrielle und landwirthschaftliche, und werden unterschieden nach der Art der Safterzeugung in Fabriken mit Pressen, und in Fabriken mit Diffusion.

Die Besteuerung richtet sich hierbei nach der Anzahl der Pressen und nach dem Volumen der Diffusionsgefässe in folgender Weise: Die vierundzwanzigstündige Arbeit einer Presse wurde auf 85 Berkowetz festgesetzt und bei Diffusionsfabriken rechnet man als vierundzwanzigstündiges Arbeitsergebniss 16 Berkowetz auf 100 Eimer Volumen.

Mach Maassgabe des Rayons, des Charakters der Fabrik, und der Art und Weise der Safterzeugung wird nun folgende Norm der Zuckerausbeutung aus einem Berkowetz Rüben angenommen:

	Fabriken mit Diffusion		Fabriken mit Pressen	
	industrielle	landwirthschaftliche	industrielle	landwirthschaftliche
Rayon I.	32 Pfd.	30 Pfd.	30 Pfd.	28 Pfd.
Rayon II.	30 -	28 -	28 -	26 -
Rayon III.	28 -	26 -	26 -	24 -

Die nach dieser Norm berechnete Zuckerausbeute unterliegt sodann einer Besteuerung von 70 Kopeken per 1 Pud Zuckersand, welcher Satz auf 90 Kopeken erhöht wird, wenn der Gesammtertrag an Steuer und Zoll pro 1877/78 unter 6,500,000 Rubel bleibt.

Die Zuckerausfuhr ist zollfrei.

Bei der Einfuhr wird an Zoll per netto Pud erhoben:

	Sandzucker	Raffinadzucker
Im Jahre 1877	Rubel 2.10 Kop.	Rubel 3.10 Kop.
- - 1878 und bis auf Weiteres . . .	- 2.— -	- 3.— -

Die Exportvergütung beträgt bis zum 1. Mai 1878

für raffinirten Zucker, weissen Zucker und Puderzucker	pr. Pud 80 Kop.	= M. 15,62 pr. 100 Kg.
für Zucker zwischen weiss u. gelb	- - 75 -	= - 14,44 - - -
für gelben Zucker	- - 45 -	= - 8,79 - - -

Frankreich.

Ueber die Handhabung der Zuckersteuer in Frankreich gibt das „Dictionaire de l'administration“ (Paris 1877) nachfolgende Zusammenstellung:

a) Des fabriques du sucre indigène.

Les conditions imposées aux fabricants de sucre dans le but d'assurer la perception des droits sont particulièrement tracées: 1° par la loi du 31 mai 1846; 2° par le décret du 27 mars 1852; 3° par celui du 1er septembre 1852; qui a remplacé l'ordonnance royale du 29 août 1846; 4° par la loi du 7 mai 1864.

D'après l'art. 1er du décret du 1er septembre 1852, les fabriques de sucre sont soumises à la surveillance permanente du service des contributions indirectes. Les employés chargés de cette surveillance sont autorisés à entrer dans les fabriques et dans tous les locaux enclavés dans la même enceinte ou y attenant, de sept heures du matin à six heures du soir pendant les mois de janvier, février, novembre et décembre; de six heures du matin à sept heures du soir pendant les mois de mars, avril, septembre et octobre; de cinq heures du matin à huit heures du soir pendant les mois de mai, juin, juillet et août; et, en outre, à toute heure de nuit et de jour, en toute saison, lorsque les travaux se continuent pendant la nuit (L. 28 avril 1816, art. 235 et 236; L. 1846, art. 6). Ils tiennent pour chaque fabrique un compte des produits de la fabrication, tant en jus et sirops qu'en sucres achevés ou imparfaits (L. 1846, art. 7). Ils vérifient et prennent en compte le volume des sirops versés dans les formes ou cristallisoirs. Ils peuvent marquer ces vaisseaux ou désigner, par une étiquette générale, tous les sirops provenant du même empli. (D. 1er sept. 1852, art. 11.)

Quiconque veut fabriquer du sucre, préparer ou concentrer des jus ou sirops cristallisables, est tenu de faire au bureau de la régie des contributions indirectes une déclaration présentant la description de la fabrique et indiquant le nombre et la capacité des vaisseaux de toute espèce destinés à contenir des jus, sucres, sirops, mélasses et autres matières saccharines. Le fabricant doit, en outre, prendre une licence. Cette licence est de 100 fr. en principal. Elle n'est valable que pour un seul établissement et pour l'année dans laquelle elle a été délivrée. (L. 1846, art. 3 et 4. L. 1er sept. 1871, art. 6.)

Toute communication intérieure des lieux déclarés par le fabricant, avec les maisons voisines non occupées par lui, est interdite. Les jours et fenêtres du magasin affecté au dépôt des sucres achevés doivent être garnis d'un treillis de fer avec des mailles de 5 centimètres d'ouverture au plus. L'administration peut même exiger: 1° que tous les jours et fenêtres de la fabrique et des bâtiments attenants soient garnis d'un treillis de même dimension; 2° qu'il n'existe aucune communication intérieure avec tout autre bâtiment; 3° que la fabrique et ses dépendances n'aient qu'une porte principale habituellement ouverte. (D. 1er sept. 1852, art. 2.)

A l'extérieur du bâtiment principal de l'établissement doivent être inscrits les mots: Fabrique de sucre. (Id., art. 3.)

Tout fabricant est tenu d'inscrire les principales opérations de sa fabrique sur des registres qui lui sont fournis à cet effet par l'administration. Ces registres, cotés et paraphés par le chef de service, doivent être à toute réquisition, et à l'instant même de la demande, représentés aux employés qui y apposent leur visa. (L. 1846, art. 5; D. précité, art. 7.)

Chaque année, et quinze jours au moins avant l'ouverture des travaux de défécation, le fabricant déclare aux employés exerçant la fabrique: 1° le procédé qu'il emploiera pour l'extraction des jus; 2° les heures de travail pour chaque jour de la semaine. Tout changement dans le procédé d'extraction des jus ou dans le régime de la fabrique, pour les jours et heures de travail, doit être précédé d'une nouvelle déclaration. Lorsque le fabricant veut suspendre ou cesser les travaux de sa fabrique, il en fait également la déclaration. (D. 1er sept. 1852, art. 6.)

Les sucres en cristallisation ne peuvent être retirés des formes ou cristallisoirs qu'à la suite d'une déclaration faite pour toutes les opérations de la journée. Cette déclaration indique le nombre des formes ou cristallisoirs de chaque série qui doivent être lochés. Les sucres doivent être extraits en présence du service, qui en vérifie le poids et le prend en charge. Les lochages ne doivent avoir lieu que de jour. (D. précité, art. 13.)

Dans les établissements où l'on emploie les appareils à force centrifuge, le fabricant déclare, par journée, les sirops qui doivent passer à la turbine. Il indique la nature des sirops et leur quantité. Le sucre obtenu ne peut être enlevé qu'après vérification et prise en charge de son poids par le service. (D. préc., art. 14.)

Il est fait par les employés, avant la reprise et après la cessation des travaux de chaque campagne, ainsi qu'à la fin des défécations, un inventaire général des produits de la fabrication. Les quantités de sucre excédant le résultat de la balance du compte sont ajoutées aux charges; le droit est dû sur les quantités manquantes (L. 1846, art. 8), mais le ministre des finances peut en accorder la remise. (D. 7 janv. 1860.)

Il ne peut être introduit de sucres indigènes ou exotiques, de sucres imparfaits, sirops ou mélasses dans les fabriques. Les résidus des établissements, après cessation complète de l'exploitation, sont seuls exceptés en tout temps. Néanmoins, le fabricant raffineur peut recevoir des sucres indigènes ou exotiques, achevés, libérés et non libérés d'impôt. (L. 1846, art. 10. D. 17 avril 1858, art. 2. Déc. min.)

Sont saisis tous les sucres, sirops et mélasses recélés dans la fabrique ou ses dépendances, ainsi que ceux appartenant aux fabricants, qui seraient trouvés dans des magasins ou dépôts non déclarés, soit dans la commune où est située la fabrique, soit dans les communes limitrophes. (L. 1846, art. 14.)

La fabrication des glucoses est en principe soumise aux mêmes règles que celle des sucres de betterave.

b) **Des Raffineries de sucre.**

Le raffinage est l'opération par laquelle on dégage le sucre de toute matière étrangère pour obtenir une cristallisation qui présente une masse nette, blanche et brillante.

L'importation du sucre raffiné est prohibée (D. 27 mars 1852, art. 1er). Les sucres destinés à être exportés après raffinage sont placés sous le régime de l'admission temporaire. (L. 7 mai 1864, art. 5.)

Les raffineurs sont soumis aux visites et vérifications des employés de la régie des contributions indirectes, conformément aux art. 235 et 236 de la loi du 28 avril 1816. Ils sont tenus de leur ouvrir, à toute réquisition, leurs ateliers, magasins, greniers, maisons, caves et celliers, et tous autres bâtiments enclavés dans la même enceinte que la raffinerie ou y attenant (D. 27 mars 1852, art. 2). Le ministre des finances peut, en outre, soumettre à l'exercice les raffineries de sucre situées dans l'arrondissement où il existe une fabrique de sucre et dans les cantons limitrophes de cet arrondissement. (Même D., art. 3.)

Lorsqu'une raffinerie a été soumise à l'exercice, notification doit en être donnée au raffineur. Dans un délai de quinze jours, à partir de cette notification, le raffineur fait au bureau de la régie le plus prochain une déclaration analogue à celle prescrite pour les fabriques de sucre. Il doit aussi se munir d'une licence et faire inscrire à l'extérieur du bâtiment principal la destination de son établissement. (D. 1er sept. 1852, art. 28 et 29.)

Il ne peut être introduit que des matières libérées d'impôt dans les raffineries de sucre. Nulle introduction ne peut avoir lieu qu'à la suite d'une déclaration du raffineur et qu'après vérification par les employés. Les quantités vérifiées sont prises en charge d'après le poids reconnu à l'arrivée; elles doivent être représentées aux employés à toute réquisition. (Même D., art. 31.)

Les quantités de sucre qui doivent être mises en fabrication ou en décomposition dans les raffineries soumises à l'exercice sont déclarées par journées et vérifiées par les employés. Elles donnent ouverture, d'après le resultat de la vérification, à un crédit de fabrication de 90 kilogr. de sucre pur pour 100 kilogr. de sucre brut que les raffineurs ont reçu. (D. 11 août 1860.)

c) Circulation des sucres.

Aucune expédition ne peut être faite des fabriques de sucre que sur déclaration du fabricant et après vérification par les employés chargés du service et la délivrance d'un acquit-à-caution, qui doit toujours accompagner les sucres dans l'étendue de tout arrondissement où il existe une fabrique et dans les cantons limitrophes de cet arrondissement. (L. 1846, art. 15; D. 1er sept. 1852, art. 26.)

Les sucres, sirops et mélasses ne peuvent être enlevés que de jour. Ils doivent être transportés dans des colis fermés suivant les usages du commerce (même D., art. 27). Dans le cas où ces colis doivent être plombés, l'expéditeur rembourse les frais de cette opération au taux déterminé par le ministre des finances. (L. 1846, art. 20.)

Il n'est délivré d'acquit-à-caution pour régulariser le transport en franchise des sucres libérés d'impôts que sur la justification du paiement des droits et sur la représentation des sucres. (D. 1er sept. 1852, art. 38.)

Les chargements doivent être conduits à la destination déclarée dans le délai porté sur l'acquit-à-caution. Ce délai est fixé en raison des distances à parcourir et du mode de transport. (D. précité, art. 40.)

Les voituriers, bateliers et tous autres qui conduisent des chargements de sucre, sont tenus d'exhiber sur tous les points soumis à la surveillance, et à l'instant même de la réquisition des employés des contributions indirectes, des douanes ou des octrois, les expéditions de la régie dont ils doivent être porteurs. (L. 1846, art. 18.)

Tout conducteur d'un chargement de sucre, accompagné d'un acquit-à-caution délivré par la régie des contributions indirectes, est affranchi de l'obligation de lever un passavant pour circuler dans les lignes soumises à la surveillance des douanes. (D. 1er sept. 1852, art. 41.)

Les règles que nous venons d'exposer sur la circulation des sucres souffrent toutefois quelques exceptions: 1° au-dessous de 20 kilogr., les quantités qui ne sont enlevées ni des fabriques, ni des magasins d'un fabricant peuvent toujours circuler sans expédition (L. 1846, art. 15); 2° la circulation des sucres de toute espèce, et quelle qu'en soit l'origine, demeure affranchie de toute formalité dans l'intérieur des villes assujetties à un droit sur les boissons au profit du Trésor, perçu à l'effectif aux entrées, et dans lesquelles il n'y a pas de fabrique de sucre, sans préjudice cependant des obligations imposées à la circulation dans le rayon des douanes (L. 1846, art. 17); 3° celle des sucres raffinés, provenant de tout autre lieu que d'une usine soumise à l'exercice, a lieu seulement sous laissez-passer (D. 1er sept. 1852, art. 37); 4° la circulation des sucres en poudre peut aussi être effectuée sous laissez-passer, lorsque la quantité expédiée ne dépasse pas, pour le même expéditeur, 1,000 kilogr. par mois et par destinataire (D. précité, art. 37); 5° pour les glucoses à l'état de sirop ou à l'état concret, la surveillance ne s'exerce que dans un rayon de 1,000 mètres autour de la fabrique. (L. 1846, art. 23.)

d) Dispositions générales.

Aux termes de l'art. 4 du decret du 27 mars 1852, les contestations relatives à la qualité ou à la richesse des sucres indigènes et des matières sucrées de toute nature, provenant des fabriques ou raffineries de sucre et des fabriques de glucose, sont déférées aux commissaires experts institués par l'art. 19 de la loi du 27 juillet 1822. C'est ce qui se pratique, du reste, en vertu de la législation générale des douanes, pour les sucres des colonies ainsi que pour les sucres étrangers. (D. 1er sept. 1852, art. 20.)

Toute infraction aux règlements est punie d'une amende de 1,000 fr. à 5,000 fr. et de la confiscation des sucres, glucoses, sirops et mélasses fabriqués, recélés, enlevés ou transportés en fraude. En cas de récidive, l'amende peut être portée à 10,000 fr. Lorsqu'il a été constaté plus de deux contraventions à la charge d'un fabricant ou d'un raffineur, un arrêté du ministre des finances peut ordonner la fermeture de l'établissement dans lequel la fraude a été commise. (L. 1846, art. 26; D. 27 mars 1852, art. 7. L. 30 déc. 1873, art. 3.)

Les contraventions aux lois et règlements concernant la perception des droits imposés sur le sucre et sur la glucose, sont constatées et poursuivies dans les formes propres à l'administration des contributions indirectes.

Pour la pesée des sucres et des glucoses, lors des exercices, recensements et inventaires, ainsi que pour la vérification des chargements au départ ou à l'arrivée, les fabricants, les expéditeurs et les destinataires sont obligés de fournir les ouvriers et les poids, balances et autres ustensiles nécessaires à l'effet d'opérer la pesée et de reconnaître la nuance des sucres. Les fabricants sont tenus également de fournir, sur la demande des employés, les ouvriers, l'eau, les vases et ustensiles nécessaires pour vérifier, au moyen de l'empotement, la contenance des vaisseaux. (L. 1846, art. 25.)

Deux entrepôts pour les sucres sont établis aux frais de l'État, l'un à Paris, l'autre à Lille. Il peut en être établi dans toutes les autres villes lorsque celles-ci prennent l'engagement de pourvoir à tous les frais. (L. 1846, art. 21.)

Aux termes de l'art. 36 du règlement du 1er septembre 1852, les sucres indigènes acquittent la taxe sur le poids effectif. A l'égard des sucres exotiques importés en futaille, il est accordé une tare légale fixée à 13 p. cent. pour les sucres des colonies françaises, et à 12 p. cent. pour les sucres étrangers. (D. 30 nov. 1852; Circ. douanes 30 déc. 1852.)

Les droits sont dus sur les sucres indigènes à la date de l'enlèvement. Ils doivent être acquittés au comptant: ces paiements ne donnent pas lieu à l'escompte. Néanmoins, le redevable peut être admis à présenter des obligations dûment cautionnées, à 4 mois d'échéance, lorsque la somme à payer,

d'après chaque décompte, s'élève à 300 fr. au moins. Ces obligations donnent lieu à un intérêt de retard et à une remise spéciale, dont le taux et le montant sont déterminés par des arrêtés du ministre des finances. Sont considérés comme effectués au comptant les paiements faits dans les cinq jours de l'enlèvement, et, au plus tard, à la première tournée du receveur, si la fabrique est comprise dans la circonscription d'une recette ambulante. (D. 1er sept. 1852, art. 36; L. 15 févr. 1875.)

Für die Verbrauchsabgabe werden die verschiedenen Zuckersorten klassifizirt wie folgt:

als unterhalb der Pariser Type No. 13 stehend der Zucker mit einer Titrage bis zu 91 Grad excl.

von No. 13 bis 20 incl. der Zucker von 91 Grad bis 98 Grad excl.

als weisses Zuckermehl der Zucker von 98 Grad und mehr.

Die Steuer selbst beträgt:

	Per 100 Kg.
für Rohzucker jeden Ursprungs unter No. 13 . . .	Frs. 65,52
- von No. 13 bis No. 20	- 68,64
- dem raffinirten gleichgestellten Zucker, weisses Zuckermehl	- 70,20
- raffinirten Zucker, einheimisches Fabrikat und aus den franz. Kolonieen	- 73,32
- Zucker aus erschöpfter Melasse durch Baryt und andere Prozeduren gewonnen	- 26,—
- Melassen, nicht zur Destillation bestimmt, von mindestens 50% Zuckergehalt	- 19,34
- Glucose (Traubenzucker) in syrupartigem oder festem Zustande	- 11,44

Die Einfuhrzölle betragen:

für Rohzucker bis zu No. 13 aus aussereuropäischen Plätzen	Frs. 65,52
- - von No. 13 bis No. 20 aus aussereuropäischen Plätzen	- 68,64
- - bis No. 13 aus europäischen Plätzen	- 68,64
- - von No. 13 bis No. 20 - -	- 71,76
- weisses Zuckermehl über No. 20 aus den franz. Kolonieen	- 70,20
dasselbe aus fremden Ländern ist	verboten.
für raffinirten Zucker aus den französischen Zucker-Kolonieen	Frs. 73,32
dasselbe aus anderen Ländern ist	verboten.
Belgische Rüben-Rohzucker zahlen eine Surtaxe von	Frs. 2,—

Rüben-Rohzucker aus Deutschland und anderen Ländern, mit denen Handelsverträge bestehen, ausgenommen Oesterreich, zahlen die gleiche Surtaxe von	Frcs. 2,—
Rüben-Rohzucker aus Oesterreich zahlen eine Surtaxe von	- 3,60 und 4%
für Melasse zu Destillationszwecken aus den französischen Kolonieen	zollfrei.
- - aus fremden Ländern	Frs. 3,12
- - für andere Zwecke (nicht zur Destillation) mit einem Zuckergehalt von mindestens 50%	- 25,42
- - mit einem Zuckergehalt von über 50% .	- 68,64

Für die zeitweilige zollfreie Zulassung bestehen 4 Klassen. Es gehören zur

		Mit einem Titrage von
I. Klasse	die Zucker von No. 15 bis No. 18 .	91 bis 98 Grad excl.
II. -	- - - No. 10 - No. 14 .	85 - 92 - -
III. -	- - - No. 7 - No. 9 .	76 - 85 - -
IV. -	- - unter No. 7	76 Grad Minimum.

Die Einlieferungen einheimischer Zucker einer höheren Nuance als No. 18 (incl. des weissen Zuckermehls) zur zeitweiligen Zulassung können durch den Export raffinirten Hutzuckers nach Maassgabe eines Rendements von 97 Procent beglichen werden. Dasselbe gilt für aussereuropäischen Rohrzucker gleicher Qualität.

Die Exportvergütung entspricht für die einzelnen Qualitäten genau den Sätzen der Verbrauchssteuer.

Belgien.

Die Belgischen Fabriken sind nach einer sogenannten Abonnements-Methode besteuert. Dieses Abonnement besteht darin, dass nach einer auf 15 Grad Celsius erwärmten Saftprobe die Steuerleistung bemessen wird, wobei pro Hectoliter Saft und für jeden Grad der Dichtigkeit ein Fabrikatsergebniss von 1500 Gramm angenommen wird. Die auf Grund dessen berechnete Rohzucker-Ausbeute unterliegt sodann einer Steuer von Frs. 45 per 100 Kg., welche von der Regierung gegen Sicherstellung 4 — 6 Monate creditirt wird. Bezüglich der näheren Modalitäten für die Feststellung des Steuerbetrages wird auf die für Frankreich bestehenden Vorschriften und Einrichtungen verwiesen. Der einzige Unterschied zwischen dem

Steuerverfahren beider Länder ist der, dass die belgische Kontrole nach erfolgter Bestimmung des Dichtigkeitsgrades des Saftes beendigt ist, während die französische zur weiteren Kontrole der richtigen Steuerbemessung die noch folgenden Operationen bis zur Fertigstellung des Fabrikats einer fortdauernden strengen Aufsicht unterwirft.

Einfuhrzölle
auf Zucker jeder Abstammung.

		Per 100 Kg netto.
Candis		Frs. 54,70
Raffinirter Zucker in Broden und Zucker über No. 18		- 51,13
Rohzucker No. 18	angenommenes Rendement 94% .	- 48,07
- - 17		
- - 16		
- - 15		
- - 14	angenommenes Rendement 88% .	- 45,—
- - 13		
- - 12		
- - 11		
- - 10		
- - 9	angenommenes Rendement 80% .	- 40,91
- - 8		
- - 7		
- unter No. 7 bei einem Rendement von 67% .		- 34,26
Melasse von 50% Zuckergehalt		- 15,—

Rückvergütungen.

	Per 100 Kg.
Für Candis	Frs. 54,70
- raffinirten Zucker in Broden	- 51,13
- einheimische Rohzucker von No. 11 aufwärts .	- 45,—
- - - - No. 8 bis No. 11 excl.	- 40,91

Für Zucker unter No. 8 wird keine Steuervergütung geleistet. Für Bastardzucker ist die Steuer-Rückvergütung gleich der zu entrichtenden Steuer. Die Vergütung erfolgt nur nach der Beschaffenheit der zu exportirenden Waare und zwar sofort, oder durch Gutschrift des hierfür debitirten Steuerbetrages.

Holland.

Die niederländischen Fabriken werden je nach Wahl des Fabrikanten auf zweierlei Art besteuert. Erstens nach der sogenannten Abonnementsmethode, ganz nach dem belgischen Verfahren mit dem einzigen Unterschiede, dass per Hectoliter Saft und für jeden Grad der Dichtigkeit 1635 Gramm Rohzucker-Ausbeute angenommen werden; zweitens nach der Quantität des Zuckers, welche durch beständige Ueberwachung der Fabrikation in allen ihren Stadien festgestellt wird. Diese letztere Methode ist jedoch fast ganz ausser Anwendung gekommen. Das nach einer der Methoden als erzeugt angenommene Zuckerquantum unterliegt sodann dem nämlichen Steuersatze, welchen fremder Rüben- und Rohrzucker bei der Einfuhr entrichtet.

Die Einfuhrzölle betragen:

						Per 100 Kg.
Für Candis						Fl. 28,80
- raffinirten Zucker						- 27,—
- Rohzucker, aussergewöhnliche Classe No. 19—20						- 25,38
- -	I. Classe	No.	15—18	Rendement	94%	- 25,38
- -	II.	-	10—14	-	88%	- 23,76
- -	III.	-	7—9	-	80%	- 21,60
- -	IV.	-	4—6	-	67%	- 18,09
Melado und Syrup						- 18,09

Rückvergütungen.

Für Candis, Brodzucker und Bastardzucker ist die Steuervergütung conform der bezahlten Steuer, bei Bastard und Farin entsprechend der Type, welcher sie angehören. Bei Rohzucker geschieht die Rückvergütung nach Massgabe der 4 Steuerklassen und des Rendements.

England.

Die Zuckerzölle sind seit Mai 1874 aufgehoben, mit Ausnahme der Abgabe von den zur Bierbrauerei verbrauchten Zuckern, welche per 100 Kg. M. 22,63 beträgt.

Italien.

Seit dem 2. Juni 1877 unterliegt die Zuckerfabrikation in Italien einer Steuer von 21 Lire, 15 Centesime auf jeden metrischen Centner rohen oder raffinirten Zuckers. Die Fabriken werden permanent durch die Finanzbeamten in allen ihren Operationen beaufsichtigt, um die der gedachten Steuer unterliegende Menge Zuckers festzustellen. Die Einfuhrzölle gelangen vom Nettogewicht zur Erhebung und betragen:

für Rohzucker	41 Lire 95 Cent.
- raffinirten Zucker	50 - — -

Vom Bruttogewicht kamen als Tara für jede 100 Kg. in Abzug:

für Fässer, Fässchen und Kisten bei raffinirtem Zucker .	6 Kg.
- dieselben bei nicht raffinirtem Zucker	10 -
- grosse Kisten von schwerem Holz bei nicht raffinirtem Zucker	15 -
- Körbe von indischem Rohr bei nicht raffinirtem Zucker	5 -
- Säcke bei Zuckern aller Art	1 -

Durch die mannigfachsten Declarationen, Inventuren und Aufzeichnungen ist eine genaue Kontrole hergestellt. Für jedes Hectoliter geklärten Saftes und für jeden Densimetergrad über die Dichtigkeit des Wassers bei 15° C. wird eine Zuckerausbeute von 1400 Gramm Zucker angenommen. Die Densimeter werden von der Steuerbehörde geliefert. Als Melasse wird nur derjenige Rückstand betrachtet, dessen Gehalt sich geringer als 50% und dessen Dichtigkeit sich nicht über 1410 Gramm per Liter (bei 42° R.) erweist.

Bei der Ausfuhr wird der Betrag der Eingangs- bezw. Fabrikationssteuer zurückerstattet besteuert.

Dänemark.

In Dänemark wird das fertige Product nach Massgabe des Gewichts und des Gehaltes an krystallinischem Zucker und zwar je nach der Reinheit desselben besteuert.

Die Steuer beträgt:

a) für jedes Pfund fabricirten Zuckers, welcher dunkler ist als Holl. Stand. No. 19 unter Abzug von 8 pCt. die nämliche Summe, welche der Zoll des auf Holl. Stand. No. 10 bis 18 bestimmten importirten fremden Zuckers beträgt,

b) für Zucker, welcher Holl. Stand. No. 19, entspricht oder heller ist, sowie für Candis, Zucker in Broden etc. eine Summe, dass 7 Pfund solchen Zuckers 8 Pfunden des unter *a* genannten gleichstehen.

Der Zoll beträgt:

	Per danisches Zollpfund.		
für Rohzucker	4,53 Schill.	1 Zollctr.	= 10,65 M.
- - unter No. 10 .	4,13 -	1 -	= 9,72 -
- Candis etc.	6,53 -	1 -	= 15,48 -

Demgemäss beträgt die Steuer für einen Zollcentner Rohzucker unter No. 19 9 Mark 80 Pf., für einen Zollcentner Candis 11 Mark 20 Pf.

Die Tara beträgt:

Für Candis in Havannakisten	12 pCt.
- - - anderen Kisten	10 -
- - - Körben pr. Korb	5 Pfd.
- andere Zucker in Fässern	10 pCt.
- - - - Kisten	12 -
- Rohzucker No. 10/18 in Fastagen und Kisten	14 -
- - - - - Emballage von Baumwolle, Leinen oder Gummi, einfache Umhüllung	1 -
- - - - - doppelte Umhüllung	2 -
- alle übrigen Zucker in Fastagen	10 -

Rückvergütungen.

Für Candis und Zucker in ganzen oder zerschlagenen Hüten etc. ohne Unterschied der Farbe, ferner für pulverisirten Zucker, welcher heller ist, als die den Zollämtern übersandte Normalprobe, desgl. für Syrup wird bei der Ausfuhr aus dem dänischen Zollgebiete eine Zollvergütung zugestanden, deren Höhe sich nach dem Rendement des Zuckers richtet.

Schweden.

Ein Gesetz vom Jahre 1869 bestimmt hinsichtlich der Rübenzuckerbesteuerung, dass 1 Ctr. rohe Rüben 6 ¼ Pfd. Rohzucker gleich zu stellen sind und setzte demnach für die Besteuerung folgenden Modus fest:

		frei	
für die Campagnen 1876/77 bis incl.	1878/79	²/₅	des Einfuhrzolles auf Rohzucker, welcher gegenwärtig 8 Kronen = M. 9,— pr. Ctr. beträgt.
- - - 1879/80 - -	1881/82	³/₅	
- - - 1882/83 - -	1884/85	⁴/₅	

Von 1885 ab bleibt die Steuer von ⁴/₅ des jeweiligen Einfuhrzolles unverändert bestehen.

Einfuhrzölle.

	Per Schwedischen Ctr. Kronen	Oere	
Zucker in Broden und gestossen, Candis so wie Rohzucker von nicht dunklerer Farbe als No. 18 der Holländischen Standardmuster	11	60	= M. 13,05
Rohzucker unter No. 18 der Holländischen Standardmuster	8	—	= - 9,—
Syrup	4	—	= - 4,50

Rückvergütungen.

Für raffinirten Zucker aller Art werden per Centner 9 Kronen 60 Oere = M. 10,80 rückvergütet.

Norwegen.

Die Einfuhrzölle betragen:

für sämmtliche Zuckersorten gleichmässig. pr. Norw. Pfd. 5½ Sh. = M. 20,62 pr. Norw. Ctr. (49,8 Kg.)

- gewöhnlichen Syrup und Melasse pr. Norw. Pfd. 1 Sh. = M. 3,75 (pr. Norw. Ctr.)

Rumänien.

Laut Gesetz vom 21. Juni 1873 ist der inländische Zucker während eines Zeitraumes von 20 Jahren von der Promulgirung des Gesetzes an, von jeder landesfürstlichen wie communalen Steuer befreit. Jeder im Inlande erzeugte Zucker muss den Stempel der Fabrik auf dem Hute und dem einhüllenden Papiere, sowie auch auf dem Fasse eingegraben, an sich tragen, widrigenfalls der Zucker als geschmuggelt betrachtet wird. Sämmtliche zur Zuckererzeugung dienende Maschinen sind bei der Einfuhr während des vom Gesetze bestimmten Zeitraums frei von jeglicher Steuer. Nur aus heimischen Rüben erzeugter Zucker darf in den Fabriken als Product abgesetzt werden, Contraventionen haben den Verlust der Concession zur Folge.

Die Einfuhrzölle betragen:

	Per 100 Kilo netto.
für raffinirten Zucker in Broden, gestossen oder in Mehlform, Candis, Fruchtzucker und Zuckerlösungen	M. 16,—
- Roh- und Farinzucker	- 9,60
- Syrup und Melasse	- 4,80

Serbien.

Die Abgabe auf Zucker beträgt:

Als Einfuhrzoll auf raffinirten Zucker in Broden oder Pilé	4½ Piaster
- Verzehrungssteuer	20 -
- Nebenspesen	½ -
Zusammen	25 Piaster = M. 8,48

Als Tara wird vergütet für Zucker in	Säcken	3 pCt.
- - - - - - -	Fässern von weichem Holz . . .	10 -
- - - - - - -	Fässern von hartem Holz . . .	15 -

Schweiz.

Der Einfuhrzoll auf Zucker jeder Art und jeder Abstammung beträgt für je 100 Kg. ohne Taravergütung	Frs. 7,—
- - - Syrup und Melasse	- 3,—

Spanien.

Die Eingangszölle betragen:

	Per 100 Kg.
für Zucker aller Art in spanischen Provinzen erzeugt	22,50 pes. = M. 19,44
- denselben aus fremden Ländern für Nationen mit Verträgen	30,80 - = - 26,61
- - ohne Verträge	32,25 - = - 27,86

Als Tara für Kisten und Fässer werden 14 pCt. vergütet. Ausser den genannten Zollsätzen werden noch als transitorische Abgaben erhoben:

für Rohzucker per 100 Kg.	8,80 pes. = M. 7,60
- raffinirten Zucker per 100 Kg. . . .	13,50 - = - 11,66

Portugal.

Die Eingangszölle betragen:

für Rohzucker per 100 Kg.	M. 38,83
- raffinirten Zucker per 100 Kg.	- 62,40

Als Ausfuhrzoll wird eine Abgabe von 150 Reis = M. 1,20 und 1 ½ pCt. Zuschlag vom Werthe erhoben.

Die speciellen Zollämter für Zucker befinden sich in Lissabon und Oporto.

Griechenland.

Die Einfuhrzölle betragen:

für Brodzucker und Zuckermehl . . .	Dr. 17,58	=	M. 14, 6
- nicht raffinirten Zucker	- 10,55	=	- 8,44

Türkei.

In der Türkei unterliegt der Zucker der auf dem gesammten Import lastenden Abgabe von 8 pCt.

Buchdruckerei von Gustav Schade (Otto Francke) in Berlin N.

FSC
www.fsc.org
MIX
Papier | Fördert
gute Waldnutzung
FSC® C083411

Kolibri 360 GmbH
Ferdinand-Jühlke-Straße 7
99095 Erfurt, Deutschland
produktsicherheit@kolibri360.de